Anterliwtiau
Huw Jones
o Langwm

Golygwyd gan

A. Cynfael Lake

Cyhoeddiadau Barddas

Argraffiad Cyntaf – Rhagfyr 2000

ISBN 1 900437 37 8

Y mae Cyhoeddiadau Barddas yn gweithio
gyda chefnogaeth ariannol Cyngor Celfyddydau Cymru,
a chyhoeddwyd y gyfrol hon gyda chymorth y Cyngor.

Cyhoeddwyd gan Gyhoeddiadau Barddas
Argraffwyd gan Wasg Gwynedd, Caernarfon

Cynnwys

Rhagair

Iaith lafar gyhyrog oedd iaith anterliwtiau'r ddeunawfed ganrif. Fodd bynnag, ceir cryn anghysondeb yn y tri thestun a gyhoeddir yma ac a welodd olau dydd yn wreiddiol rhwng 1762 a 1783. Wrth olygu'r testunau, cywirwyd y gwallau argraffu amlwg (a oedd yn bur niferus yn achos *Histori'r Geiniogwerth Synnwyr*) ac ychwanegwyd ambell air yma a thraw lle y galwai'r ystyr am hynny. Yr egwyddor y ceisiwyd ei dilyn, fodd bynnag, oedd ymyrryd cyn lleied ag yr oedd modd â'r testun. Ac felly cadwyd ffurfiau a gyfrifid yn wallus heddiw (megis *nid ellir, ni aeth, ac hynny*) a chadwyd hefyd yr hyn y gellid ei ddisgrifio yn gamdreiglo bwriadol. Gwnâi Huw Jones hynny yn achlysurol er mwyn sicrhau'r cyflythrennu sydd yn nodwedd mor amlwg ar ei waith ef a gwaith ei gyd-anterliwtwyr. Y newid amlycaf a wnaed oedd ceisio sicrhau cysondeb o ran y terfyniadau. Geilw'r odlau am ffurfiau megis *unweth / geneth / treftadeth* (yn hytrach nag *unwaith / geneth / treftadaeth*), *tlyse / sidane / plesie* (yn hytrach na *tlysau / sidanau / plesiai*), ac felly dewiswyd arfer y ffurfiau hyn a'u tebyg yn rheolaidd yn y tri thestun, er na wnaed hynny yn y gwreiddiol.

Carwn gydnabod fy niolch i Alan Llwyd am ei barodrwydd i gyhoeddi'r casgliad hwn o anterliwtiau, ac am ei ofal wrth lywio'r gyfrol trwy'r wasg, i Wasg Gwynedd am waith glân a destlus, ac i staff Llyfrgell Genedlaethol Cymru Aberystwyth a Llyfrgell Coleg y Gogledd, Bangor am eu cymorth hwy. Er pan ddechreuais weithio ar anterliwtiau Huw Jones bu gan E.G. Millward ddiddordeb mawr yn y gwaith, a charwn fynegi fy niolch iddo yntau am ei gymwynasgarwch ar yr achlysur hwn fel ar achlysuron eraill yn y gorffennol.

A Cynfael Lake
Hydref 2000

Rhagymadrodd

Ei fywyd

Er bod Huw Jones o Langwm[1] yn enw cyfarwydd i'r sawl sy'n ymddiddori yn llenyddiaeth y ddeunawfed ganrif, prin yw'r ffeithiau am y dyn ei hun. Gwelodd Charles Ashton ei waith mewn llyfryn a argraffwyd yn 1727, ac o'r herwydd tybiodd ei eni tua 1700[2]. Fe'i dilynwyd gan rai o'i gyfoeswyr[3], a chan *Y Bywgraffiadur Cymreig* maes o law.[4] Twyllwyd Charles Ashton gan ddiawl y wasg oblegid ym mhumdegau'r ganrif yr ymddangosodd y llyfryn dan sylw.[5] Gallai Twm o'r Nant, tua 1753, gyfeirio at 'Hugh o Langwm, prydydd enwog yn yr amser honno',[6] ac y mae yn amlwg fod ei enw yn hysbys erbyn dechrau'r pumdegau er mai yn ail hanner y degad y dechreua'r cyfeiriadau ato amlhau. Ni lwyddais i daro ar un cyfeiriad ato cyn y flwyddyn 1749.[7] Diogelach cynnig ei eni, felly, yn nhridegau, neu o bosibl yn nauddegau'r ganrif. Gwyddom iddo farw ym mis Rhagfyr 1782, ac iddo gael ei gladdu yn Efenechdid yn sir Ddinbych ar y 29ain o'r mis hwnnw.[8] O fewn dim, yr oedd pum bardd yn ei goffáu, a John Jones, Caeronw, yn eu plith. Meddai hwnnw:

> Huw Llangwm sydd lwm ei le—dan garreg
>   Yn gorwedd mewn caethle;
> Bardd enwog o bêr ddonie
> 'R dydd a fu ydoedd efe.[9]

Talodd Twm o'r Nant, yntau, deyrnged iddo yn ei 'Gywydd Henaint a Threigl Amser':

> O! mor werthfawr harddfawr hyf,
> Ac anwyl fyddai gennyf,
> Gwrdd Huw Sion, a'i gyson gerdd,
> Bardd Llangwm, bwrdd llawengerdd.[10]

'Bardd enwog o bêr ddonie' oedd 'Huw Sion, a'i gyson gerdd', ond gwahanol iawn fyddai'r ddedfryd ymhen canrif. Mynnai Charles Ashton mai 'bardd gwerinaidd, diddysg, a

charbwl' a ganai 'cryn lawer o sothach' oedd Huw Jones.[11]
'Crach-brydyddion' oedd Huw a'i ddau gyfaill, Elis y Cowper
a Dafydd Jones o Drefriw, yng ngolwg William Rowlands, y
tri yn fwy gwrthun yn ôl safonau dirwestol y bedwaredd
ganrif ar bymtheg am eu bod yn 'hoff iawn o gwmni Syr John
Heidden', a Huw Jones, o'i ran yntau, yn gwbl golledig gan
iddo ganu cerddi ac arnynt 'sawr Pabaidd'.[12]

Yn Llangwm y'i ganed, os gellir rhoi coel ar *A Biographical
Dictionary of Eminent Welshmen*.[13] Ni welwyd prawf o hynny,
ond prin fod amheuaeth ynghylch ei gyswllt â'r pentref.[14]
Daeth 'o Langwm' yn rhan annatod o'i enw, a chrybwyll Huw
ei hun ar sawl achlysur ei gyswllt â'r lle. Fe'i geilw ei hun 'Y
Bardd sychedig o Langwm',[15] a 'Huw Jones o Langwm' yw'r
enw ar y ddau gyhoeddiad o'r eiddo a drafodir maes o law.
Fe'i disgrifia ei hun hefyd yn 'siopwr Llangwm',[16] a
chofnododd un tro trwstan yn ei hanes mewn baled y
rhoddwyd iddi'r teitl a ganlyn: 'Hugh Jones siopwr
Llangwm yn Sir ddimbech yr hwn oedd yn Jel Rhythyn am
Ddyled ac a wnaeth Gerdd iddo i hunan, Iw chânu ar Barnad
Bwngc'.[17] Ei barodrwydd i 'goelio rhai' a arweiniodd at ei
garcharu:

> Gwedi hynu rhois fy Mrŷd ar drîn y Bŷd yn Bowdwr
> Yr oedd fy Meddwl i Mor llawn os happie mi awn yn Sioppwr
> Mi eis yn Barchus yn y wlad wrth Brynu yn ddryd a gwerthu yn Rhad
> Nid oedd undynn yn y wlad mwy i gariad ar i Geiriau
> Y Rwan rydw i yn dallt fy mai gwael yw'r happ o goilio rhai
> Wrth hynn r aeth llawer undyn llai fe ae'r llanw yn drai ryw droue.

Ym mhennill olaf y gerdd, enfyn ei gyfarchion at ei wraig a'i
blant:

> Rwy'n gyru 'f Anerch im hên le mewn modde gole gwiwlan
> Att fyngwraig a mlant sydd Bŷr a rhain mewn cŷr am caran.[18]

Cafodd Wiliam Morris achlysur i gyfeirio at fab Huw Jones,[19]
a dichon mai marwnad Huw i'w ferch yw'r gerdd a
ddiogelwyd yn llawysgrif LlGC 346B:

> Ow fy ngheneth loweth lon mi gaf yn famser brydd-*d*er bron
> am dy fwynder ffraethder *f*fri y fydde n fwyn im boddio i
> Er pan i ganed gynta ir byd ag er pan Sigled iddi gryd
> Pleser y nghalon inion i mewn gole teg oedd i gweled hi

Er pan gerddodd gynta gam yn ole modd yn wylo i mam
Er pan gafodd laeth o fron y nghalon i oedd yn hoffi hon
pan esdedde ar fy nghlin y*n* houw i thro yn hawdd i thrin
Ow na chlown hi yn y wlad Gole i thon yn galw i thad.[20]

Diau mai'r ysbaid yn y carchar yw cefndir yr englyn a ganlyn
a luniodd Huw Jones a William Wynn, Llangynhafal:

WW   Ai prydydd net ufudd wyt ti?—
HJ   Gwehilion / A helwyd o'r rheini.
WW   Cwyn fudraidd, canu ni fedri.
HJ   Na thewi chwaith, bendith Dduw i chwi.[21]

Ymhen rhai blynyddoedd, gallai Huw gyfeirio yn ddychanol
at y digwyddiad. Daw'r trethwr at y cybydd yn yr anterliwt
Hanes y Capten Ffactor i hawlio'r hyn sy'n ddyledus, ac i
fygwth ei daflu i garchar Rhuthun oni chaiff ei arian:

Dowch i ffwrdd i Ruthun,
Mi gym'ra' ichwi siamber tros y flwyddyn;
Fe gewch gan *goaler* Dyffryn Clwyd
Eich maethu â bwyd amheuthun.

Ow! hen fulen asw,
Nid adwen i mo hwnnw....
Os af i Ruthun, myn fy llw,
Fy niwedd a fydd marw o newyn.

Deuai'r un profiad i'w ran yn y flwyddyn 1762. Fe'i
carcharwyd yn Llundain, fe ymddengys, am 'hen ddyled
argraph'.[22] Yn un o lythyron y Morrisiaid y crybwyllir y
digwyddiad hwnnw, ac y mae'r ohebiaeth rhwng y tri brawd
o Fôn yn cynnig goleuni gwerthfawr ar Huw Jones a'i fywyd.
Ymwelodd Huw â Phenbryn Goginan, ym mis Mai 1761 yn
ôl pob tebyg, ac yn ei ddull dihafal ei hun, cofnododd Lewis
yr achlysur mewn llythyr at Edward Richard:

I was favoured lately with the company of a mountain poet who
prided himself in being a wanderer like the ancients. He is known
by the name Hugh Jones of Llangwm. He is truly an original of the
first order, and worth seeing, hath a natural aversion to Saxons and
Normans and to all languages but his own.[23]

Nid dyma gywair yr holl gyfeiriadau at Huw Jones. Rhaid
cofio nad oedd y brodyr yn sylwebwyr diduedd o bell ffordd.
Yr oeddent yn bur chwannog i ddifrïo y rhai hynny a oedd

11

yn is na hwy ar yr ysgol gymdeithasol, a daw eu rhagfarnau i'r amlwg dro ar ôl tro. Yn ôl Goronwy Owen, 'carp safnrhwth tafod-ddrwg' oedd Elis y Cowper,[24] a geilw'r Morrisiaid Huw yn 'llymgi Llangwm', 'chwiwgi', 'cettog o ddyn rhwydd diniwaid', 'ceryn llysowenaidd', 'dylluan ddol', 'penbwl', 'bungler', ac yn 'rhyw hurthgen o swydd Ddinbych'.[25] Yn yr achos hwn, yr oedd rhywfaint o gyfiawnhad i'r cystwyo. Dewisodd Huw beidio â thalu ei ddyledion i'r argraffwr, William Roberts, a diweddodd hwnnw ei ddyddiau yn y tloty, yn fawr ei drueni.

O'r llymgi penllwyd Llangwm! fe andwyodd yr hen W^m. Roberts y printiwr..a gorfu arno fyned i Dŷ gweithio'r plwyf yn ei henaint a musgrellni i gael tamaid o fara, lle y bu farw, wedi i'r chwiwleidr Llangwm ei ddifuddio o'i holl eiddo...ffei o hono, ffei o hono!²⁶

Y mae gweithgarwch Huw Jones yn ddigon hysbys, hyd yn oed os yw'r darlun bywgraffiadol y gellir ei gynnig yn fyr ac yn annigonol. Fe'i cofir heddiw ar gyfrif ei waith yn cyhoeddi canu ei gyfoeswyr, ac ar gyfrif ei gynnyrch llenyddol ei hun, yn faledi ac yn anterliwtiau.

Ei gyhoeddiadau

Cyhoeddodd Huw Jones ddwy gyfrol bwysig. Ymddangosodd *Dewisol Ganiadau yr Oes Hon* yn y flwyddyn 1759²⁷, a'r *Diddanwch Teuluaidd* bedair blynedd yn ddiweddarach yn 1763.²⁸ Gwaith beirdd Môn yw'r ail gyfrol, sef Goronwy Owen, Lewis Morris a Huw Huws, y Bardd Coch, ond gwelir hefyd rhwng ei chloriau ddyrnaid o gerddi Robin Ddu, Siôn Owen, Richard Morris a Richard Bwclai, er nas enwir yn y mynegai ar ddechrau'r gyfrol. Nid ar chwarae bach yr eid ynglŷn â chyhoeddi llyfrau yn y ddeunawfed ganrif. Yr oedd y rhwystrau ymarferol yn lluosog, y fenter ariannol yn fawr, a'r cyhoedd yn fynych yn llugoer, fel y tystia'r 'Englyn a wnaeth Huw Jones llangwm ynghastell y Waun o achos ir gweision Ar Meistr ei Ddiystyru a gwawdio ei lyfrau':

12

Y Castell a'r saws sy'n costio *ae*'n danwydd
Ar Dynion sydd ynddo
Ar holl gyfoeth boeth y bo
A chebyst i'r sawl ai achybô.[29]

Llyfrynnau o natur grefyddol a gyhoeddwyd yn bennaf yn ystod yr ail ganrif ar bymtheg a'r ddeunawfed. Prin oedd y cyfrolau o farddoniaeth a welodd olau dydd, ac o'r herwydd yr oedd y llwybr y dewisodd Huw Jones ei ddilyn yn un dieithr ac ansicr, er bod eraill wedi dangos y ffordd.[30]

Mawr oedd diddordeb y Morrisiaid yn yr ail gyfrol, a gellir dilyn hanes y cyhoeddi—a gwerthfawrogi'r gamp a gyflawnodd Huw Jones—yn llythyron y brodyr rhwng 1761 a 1763.[31] Erbyn 1761 yr oedd Huw, yn dilyn llwyddiant *Dewisol Ganiadau*, â'i fryd ar gyhoeddi cyfrol arall. Aeth i Fôn ym mis Chwefror i ymweld â Huw Huws ac i ddeisyf rhai o'i gerddi. Nesaf, aeth ar ofyn Wiliam Morris gan obeithio cael gan hwnnw gerddi Lewis Morris, ond ni fentrai Wiliam godi gwrychyn ei frawd hynaf, a gyrrwyd Huw Jones i Geredigion at lygad y ffynnon. Erbyn mis Mai, yr oedd Huw wedi gweld Lewis—a chofnodwyd eisoes ymateb hwnnw pan welodd y gŵr o Langwm am y waith gyntaf—ac wedi derbyn casgliad o'i gerddi. Nesaf, aeth ar ofyn Wiliam Morris gan

Erbyn mis Tachwedd 1761, yr oedd Huw wedi bod yn Llundain ac wedi argraffu'r cynigion. Bu ffawd o'i blaid, oblegid cafodd afael yno ar y casgliad o gerddi Goronwy Owen a oedd ym meddiant Richard Morris. Bu'r brodyr yn cymell Goronwy i gyhoeddi ei gerddi cyn gynted ag y gwelsant ei waith yn 1752, ond hwyrfrydig oedd y bardd i wneud hynny. Newidiasai ei gân erbyn 1756, a chynigiodd Alan Llwyd fod â wnelo hynny â phenderfyniad Goronwy, er na wyddai'r Morrisiaid hynny ar y pryd, i groesi Môr Iwerydd ac i geisio porfeydd brasach yn Virginia.[32] Gwyddai na châi gyfle arall i gyhoeddi ei waith ac aeth ati i gynnull y cerddi a'u paratoi ar gyfer y wasg. Cyhoeddwyd cynigion, ac anogwyd y darpar brynwyr i archebu eu copïau ac i dalu'r blaendal. Cyfeiria Alan Llwyd hefyd at drafferthion ariannol Goronwy, a geill ei fod yn amcanu elwa yn ariannol ar ei gynllun, boed hynny trwy deg neu trwy dwyll.

Ym mis Tachwedd 1757, yr oedd Goronwy a'i deulu ar

13

fwrdd y 'Trial', yn barod i hwylio i Ogledd America, a'r gyfrol heb ei chyhoeddi. Syrthiodd y baich ar ysgwyddau'r Morrisiaid, neu, yn hytrach, ar ysgwyddau ieuainc Siôn Owen. Daethai ef i Lundain ym mis Mehefin neu Orffennaf 1757.[33] Yr oedd Lewis Morris, ei ewythr, yno eisoes gan fod ei elynion wedi ei gyhuddo o gamweinyddu cyfrifon gwaith plwm Esgair-y-mwyn, a bu'n rhaid iddo ymddangos gerbron swyddogion y Trysorlys i'w amddiffyn ei hun. Gan fod Siôn yng ngwasanaeth ei ewythr, fe'i gwysiwyd yntau. Ni chafodd fod yn segur yn y brifddinas. Bu'n gohebu ar ran ei ewythr, Richard Morris, â chyfeillion llengar yng Nghymru, a cheisiodd fynd â'r maen i'r wal a dwyn canu Goronwy i olau dydd. Nid oedd llawer o lewyrch ar bethau, a barnu wrth ei sylw mewn llythyr at Ieuan Fardd, 'Gronow's Poems go on but slowly tow[ds] the Press for there is nobody that does any thing but my self',[34] ac aeth pethau o ddrwg i waeth. Dychwelodd Lewis Morris i Geredigion ym mis Ionawr 1758, ond nid oedd galw am wasanaeth Siôn Owen mwyach. Cafodd swydd clerc ar long rhyfel, a hwyliodd i Fôr y Canoldir ar y pedwerydd ar ddeg o fis Ebrill 1759. Cyn diwedd y flwyddyn, yr oedd Ieuan Fardd yn gresynu:

> Newydd oer i ni a ddaeth,
> A cherydd, a thrwch hiraeth:
> Marw fu Siôn, mawr fy syniad,
> Owain ydoedd glain ein gwlad;
> Bardd ieuanc, beraidd awen,
> Coeth yn y Gymräeg hen.[35]

Diau fod Lewis wedi sylweddoli, erbyn 1761, na fedrai'r Cymmrodorion fynd â'r maen i'r wal. Ac y mae lle i gredu na rôi fawr bwys ar y cynllun. Prin oedd y Gymraeg rhwng Lewis a'i ddisgybl, Goronwy, erbyn 1758. Mynegai Lewis ei farn yn ddi-flewyn-ar-dafod yn ei lythyron:

> Nawdd Duw rhag y fath ddyn! a suprizing composition! What poet ever flew higher? What beggar, tinker, or sowgelder ever groped more in the dirt?[36]

a thalodd Goronwy y pwyth trwy lunio portread gwrthun o'i gyn-athro yn ei gerdd alegorïol, 'Cywydd y Diawl':

14

Dyn yw, ond heb un dawn iach,
Herwr, ni bu ddihirach...
Rhuo gan wyn rhegi wna,
A damio'r holl fyd yma;
Dylaith i bawb lle delo,
Llawen i bawb lle na bo.[37]

Dychwelodd Huw i Gymru i ddosbarthu ei gynigion.
Yr oedd yn ei ôl drachefn yn Llundain ym mis Mawrth 1762, ac
erbyn mis Mai, yr oedd y tudalennau cyntaf wedi eu gosod
a'u cywiro, a Richard Morris yn ffyddiog y cyhoeddid y
gyfrol ymhen tri mis. A'r cynlluniau yn mynd rhagddynt yn
hwylus, collwyd gwasanaeth Huw Jones. Cyfeiriodd ei gamau
yn ôl tua Chymru, ac os gellir rhoi coel ar y chwedl a
gyrhaeddodd glustiau Ieuan Fardd, treuliodd beth amser cyn
hynny dan glo.[38] Dychwelodd i Lundain ym mis Hydref, er
nad arhosodd yno yn hir. Teithiodd i Lundain am y
pedwerydd tro yn 1763. Yr oedd yno erbyn mis Mehefin, a
barnu wrth y cyflwyniad ar ddechrau'r gyfrol.[39] Cyhoeddodd
Richard Morris ar yr 21ain o fis Awst 1763, 'Mae Llangwm
wedi myned ar gerdded efo'i lyfrau'.[40] Cyrhaeddodd sir Fôn
erbyn calan gaeaf y flwyddyn honno.

Ysywaeth, dewisodd Huw gadw'r arian a dderbyniodd am
werthu'r *Diddanwch*. Ni welodd yr argraffydd yr un geiniog,
a chyfeiriwyd eisoes at ei dynged alaethus. Mawr oedd dicter
y brodyr oblegid yr oedd a wnelont hwythau â'r gyfrol, ac
adlewyrchai ymddygiad Huw Jones yn anffafriol arnynt hwy
ac ar Gymdeithas y Cymmrodorion. Nid oes amheuaeth na
dderbyniodd Huw gymorth helaeth gan y tri brawd, ac er mai
'llyfr y Llangwm' chwedl Richard Morris, oedd y *Diddanwch*,
syniwyd amdano fel pe bai yn un o gyhoeddiadau'r
Cymmrodorion. Gwaith yr aelodau a gynhwyswyd rhwng ei
gloriau, Lewis a ysgrifennodd y ddau ragair (wedi cryn
bwyso arno), y naill yn annerch Pen-llywydd y Gymdeithas,
sef 'Y Parchedig a'r Urddasol Bendefig, Wiliam Fychan,
Esq', a'r llall yn annerch 'William Parry, Esq; Deputy-
Comptroler of His Majesty's Mint in the Tower of London,
and Secretary to the Cymmrodorion Society'. Anfonodd
Wiliam gerddi i'w cynnwys yn y gyfrol a chyflwynodd Lewis
yntau (ar ôl mwy o brocio) rai cerddi diweddar o'i waith ei

15

hun. A'r brodyr a gasglodd lawer o'r tanysgrifwyr. Bu Richard a Wiliam yn ddyfal yn darllen y proflenni, ac y mae'n arwyddocaol hefyd mai William Roberts oedd argraffydd swyddogol y gymdeithas. Serch hynny, ni ddylid bychanu cyfraniad Huw Jones. Trwy ei ddygnwch a'i ddyfalbarhad ef y cyhoeddwyd y gyfrol, a phriodol cydnabod hynny. Ni fu i'r *Diddanwch* hybu delwedd Lewis Morris, a barnu wrth ymateb Charles Ashton:

Ceir yn [y bennod] hon fraslinelliad o ddau fardd galluog, o leiaf; sef Lewis Morris a Williams o Bant-y-celyn. Yr oedd gan y ddau athrylith gref, a defnyddiodd un ohonynt ei athrylith er budd y genedl. Y mae y cynllun amseryddol yn peri ieuad annghymarus yn fynych. Ac ni cheir hyny yn fwy amlwg nag yn y bennod hon.[41]

Nid oes amheuaeth na fu ei gyhoeddi yn garreg filltir bwysig o safbwynt Goronwy Owen a'i ddylanwad. Y mae dau beth y tâl eu cofio. Gyrfa lenyddol fer a gafodd Goronwy. Dechreuodd gyfansoddi o ddifrif ddiwedd 1751. Gadawodd Brydain yn 1757, a darfu am ei weithgarwch creadigol i bob pwrpas. Serch hynny, bu'r dylanwad a gafodd ei gerddi a'i lythyron ar feirdd ei wlad yn un pellgyrhaeddol. Edrycher ar y cyfnod cyfatebol yng ngyrfa lenyddol Pantycelyn. Ymddangosodd ei gasgliad cyntaf o naw emyn mewn pamffledyn yn dwyn y teitl *Aleluia* yn y flwyddyn 1744. Ymddangosodd yr ail ran, y drydedd a'r bedwaredd y flwyddyn ddilynol, y bumed a'r chweched yn 1747. Cyhoeddwyd y rhannau gyda'i gilydd yn un gyfrol yn 1749.[42] Pe bai enwogrwydd Pantycelyn i'w fesur yn ôl cynnyrch y blynyddoedd hyn, nid gormod honni mai ffigur ymylol a dieithr fyddai erbyn heddiw. Fel y gwyddys, cafodd Pantycelyn yrfa hir a chynhyrchiol. Rhwng 1744 a blwyddyn ei farw yn 1791, cyfnod o hanner canrif namyn tair blynedd, cyhoeddodd cynifer â naw a phedwar ugain o weithiau, a'r rheini yn bur amrywiol, ac yn cynnwys emynau, marwnadau, cerddi hir, gweithiau rhyddiaith a gwyddoniadur. Ni allai gyrfa lenyddol y ddau fod yn fwy gwahanol. Yn ail, cwmni dethol o wŷr llên a wyddai am Oronwy a'i waith yn ystod y blynyddoedd 1752-7. Maes o law, cynyddai'r cylch a'i ddylanwad, a digwyddodd hynny pan wahoddwyd y Gwyneddigion i noddi'r eisteddfod a gynhaliwyd yn y Bala ym mis Hydref 1789. Ond ymhen deng mlynedd ar hugain y byddai hynny. Trwy'r *Diddanwch* y daeth gweithiau Goronwy i sylw cyffredinol am y tro cyntaf, ac y mae'r troeon y'i hailgyhoeddwyd yn tystio i'w bwysigrwydd.[43]

Ychydig a wyddom am gyfrol gyntaf Huw Jones, sef *Dewisol Ganiadau yr Oes Hon*, a ddaeth o wasg Stafford Prys yn yr Amwythig yn y flwyddyn 1759. Y mae ei chynnwys yn bur ddadlennol. Cerddi carolaidd a gyfansoddwyd gan Huw ei hun a'i gyd-faledwyr yw cynnwys yr ail ran tra gwelir yn y rhan gyntaf ddetholiad o awdlau a chywyddau ac englynion Goronwy Owen, Ieuan Fardd, Rhys Jones o'r Blaenau, ac eraill. Fel Dafydd Jones o Drefriw, y mae'n amlwg fod gan Huw Jones, yntau, ddiddordeb yn y canu caeth. Lluniodd nifer o englynion, ac yn rhagymadrodd *Dewisol Ganiadau*, cais esbonio'r hyn a barodd iddo ddwyn ynghyd a chyhoeddi'r deunydd anghymarus:

> fy meddwl innau oedd printio hynn [y cerddi caeth]...i ddangos i Brydyddion Ifaingc a chymry aneallus, mor drwsgl y maent yn arferu'r Jaith, ac yn eiliaw rhigymau pen rhyddion gan ochel Cywrainddoeth athrawiaeth y dysgedigion o herwydd eu bod mor anhawdd dyfod i wybodaeth o honynt.[44]

Clywir sôn am y gyfrol mewn llythyr a ysgrifennodd Wiliam Morris at ei nai, Siôn, yn Llundain 'Duw Calan Gaeaf' 1758:

> Wawch, dyma rhyw ddyn rhyd y wlad yn casglu subscribers ynghyd tuagat argraphu peth o waith Grono, Ieuan Fardd, Mr. W. Wynne, a pamphlet, felly ceisiwch f'eneidiau bawb ddwfr iw long, gan fod y gelynddyn ar eich gwarthaf. This is a comon balad singer, meddynt imi.[45]

Y mae'n arwyddocaol nad yw Wiliam yn enwi'r 'gelynddyn'. Dichon nad adwaenai Huw Jones ar y pryd, ac na wyddai ryw lawer amdano: 'This is a comon balad singer, *meddynt imi*'. Nid ymddengys ei fod yn awyddus i hyrwyddo'r cynllun, ac nid syn hynny gan fod Richard Morris, ei frawd, â'i fryd ar ddwyn i olau dydd y deunydd a baratowyd gan Oronwy ac a adawodd yn ei ofal cyn gadael Lloegr. Ni ryngai'r cynllun fodd Ieuan Fardd ychwaith—yr oedd ei gyfaill, Dafydd Jones o Drefriw, ar fin cyhoeddi *Blodeu-gerdd Cymry*.[46] Sut, felly, y cafodd Huw Jones afael ar y deunydd a gynhwyswyd yn rhan gyntaf *Dewisol Ganiadau*? Tybed ai William Wynn, Llangynhafal, oedd y ddolen-gyswllt?[47] Ei gerddi ef sy'n agor y gyfrol.[48] At hyn, fe'i cyferchir mewn tair cerdd, sef awdl a chywydd o waith Edward Jones, Bodfari, ac awdl o waith Ieuan Fardd. Cafodd William Wynn reithoriaeth Manafon yn 1747, a daeth Ieuan ato yn gurad yn 1754, er mai byr fu ei arhosiad yno. Gohebai Ieuan â Lewis Morris, ei athro, a pherthynai Wynn yntau i'r cylch diwylliedig. Diogelwyd yn llawysgrif Peniarth 122 a gopïwyd gan Ieuan Fardd a William Wynn ddwy gerdd o waith Goronwy a gafodd le yn y *Dewisol Ganiadau*, sef 'Bonedd a Chyneddfau'r Awen' a 'Chywydd y Farn',[49] a geill fod y testun a argraffwyd gan Huw Jones yn seiliedig ar y deunydd a oedd ym meddiant y ddau ŵr eglwysig.

Yn ôl Lewis Morris, rhoes William Wynn sêl ei fendith ar gynllun Huw Llangwm:

> There is another bungler now a publishing some poetry by subscription, one Hugh Jones. Mr. Wiliam Wynn says he is a professed poet, and he hath given him leave to print some of his works. Mr. Wynn is fonder of fame than I should be, when got through such mean channels.[50]

Gwahanol yw cân William Wynn wrth ohebu â Richard, ond efallai na ddymunai ddangos iddo hyrwyddo cyfrol a oedd yn tanseilio'r cynlluniau a oedd ar waith yn Llundain:

> We have another Publisher, one Hugh Jones of Llangwm. I am told his Book is now in the Press. He has some of the works of Goronwy, Ieuan & myself; what he has besides I know not tho' I have subscribed; murdering work I suppose.[51]

Lluniai Huw englynion yn achlysurol; gwelir chwech o'i waith, er enghraifft, ar ddechrau'r *Diddanwch Teuluaidd*.[52] Hyd y gwyddys, un cywydd a ganodd Huw Jones, a hwnnw'n farwnad i neb llai na William Wynn, Llangynhafal. Talodd deyrnged hael iddo sy'n dadlennu llawer am ansawdd ei ddiwylliant ef ei hun:

Cywydd newydd a wnau
a gwawdlym enwog owdlau
Ei gerddi ail ag urddas
oedd oi fron i Adda frâs
Dab Gwilym iw rym yr aeth
Ond Edmwnt oedd ei Dadmaeth
E gaed hir glod Gutto'r Glynn
ag Iolo yn ei galyn
Ac Edwin enwog ydoedd
ac Einion gyfion ar goedd
Bu Tudur ar llwybyr llêd
fanylach o lîn Aled.[53]

Pan oedd yn yr Amwythig yn disgwyl i'r argraffwyr
gwblhau eu gwaith, lluniodd Huw gerdd yn annog ei
danysgrifwyr i aros yn amyneddgar am eu copïau:

Pob Cymro da radde sy'n disgwyl ers dyddie
Lyfr dewis ganiade iw brone am ei bris
Fe cowse bob gwladwr yn gynt yn ei barlwr
Oni bae'r Printwr a'r Prentis.

Fy nal yno wnaethon gan ddodi imi addwidion
Mi gweithiwn yn union wyr ceimion ou co
A Saeson ar redeg o feswl y pymtheg
Sy'n pwnio ffrithoneg ffraeth yno.

Cleger ai cege'n waeth na hen wydde
Wat wat meddwn ine y bore n ddi barch
Fy llyfre ddanfona i'r Cymry mwyneiddia
Py cawn i nhw oddiyma'n ddi amarch.

Mae byd melltigedig o gwmpas tre'r Mwythig
A phobl gythreulig aniddig yn awr
Rhai'n lladd a rhai'n crogi rhai llesg a rhai'n llosgi
Rhai dynion mwyn ini mewn unawr.

Y Soldiers cyn goched yn britho y llyged
A nhwythe'r Capteinied yn cerdded oi co
Cymry wlad addas sydd ore yn y dyrnas
Py gallwn o eu dinas fynd yno.

Py cawn i'r gwyr mwynion ymadel ar Saeson
Down atoch yn union Trwy'r Tirion Dduw Tad
Ar Prydydd mwyn galon nid eiff at y Saeson
Ddim pellach na'r Deirnion rwi'n dirnad.[54]

Bwriad gwreiddiol Huw oedd cynnwys yn ei ail
flodeugerdd ei farwnad ef, a'r eiddo Ieuan Fardd, i William

Wynn, ac y mae yn amlwg ei fod yn coleddu'r dymuniad i uniaethu â newydd-glasurwyr y ddeunawfed ganrif.[55] Gwaith beirdd Môn a gafodd y flaenoriaeth yn y diwedd, ond amcanai Huw gyhoeddi cymar iddi:

Dyma'r LLYFR CYNTAF a'r a elwir,
Diddanwch Teuluaidd,
Yn dyfod i'ch plith yn ol fy addewid i,
Yr hwn nid yw'n cynwys ond GWAITH
Beirdd Mon yn unig.
O herwydd bod genyf mewn Llaw ychwa-
neg o GANIADAU nag a gynhwys-
ai'r Llyfr hwn; mae ail Lyfr i ddyfod
allan o Waith Beirdd Dinbych, Meirion,
ac eraill.[56]

Cyflwynodd Ieuan Fardd ddeunydd i'w gynnwys yn y chwaer gyfrol, ond er i Huw gyfarwyddo'i garedigion 'i dalu Chwecheiniog ymlaenllaw, a'r gweddill pan dderbyniont y Llyfr. Yr hwn a gyflwynir i'ch mysg mewn byr o amser',[57] ysywaeth, ni lwyddodd i fynd â'r maen i'r wal y tro hwn.

Ei faledi

Yr oedd enw Huw Jones o Langwm ar dafodleferydd ym mhumdegau a chwedegau'r ddeunawfed ganrif, ond nid o ganlyniad i'w lafur arloesol yn dwyn o'r wasg farddoniaeth Goronwy Owen ac eraill. Ei waith ei hun a gyfrifai am ei enwogrwydd. Yr oedd yn faledwr o fri, ac yn awdur anterliwtiau, ac yn ffodus, diogelwyd cryn swrn o'i gynnyrch.

Nid oes amheuaeth nad y faled oedd cyfrwng mwyaf poblogaidd y ganrif. Daeth y canu rhydd newydd, sef y canu hwnnw a oedd yn seiliedig ar fesurau cerddorol, a nifer ohonynt o darddiad estron, i amlygrwydd yn ail hanner yr ail ganrif ar bymtheg. Er bod Huw Morys, Edward Morris ac Owen Gruffudd, Llanystumdwy, yn feirdd caeth a gyfansoddai gywyddau ac awdlau ac englynion, gwnaeth y tri ddefnydd helaeth o'r cyfrwng amgen. Eu disgynyddion hwy yw baledwyr y ddeunawfed ganrif. Cerddi wedi eu priodi ag alawon cerddorol yw'r baledi, a lluniwyd cannoedd ohonynt yn llythrennol. Rhestrodd J. H. Davies ryw 750 o lyfrynnau baledol, a chan fod pob un yn cynnwys dwy gerdd neu dair, rhydd hynny awgrym o raddfa'r gweithgarwch ac o apêl y cyfrwng. Er bod sawl awdur adnabyddus, safai tri ben ac ysgwydd uwchlaw'r gweddill. Elis y Cowper, Twm o'r Nant a Huw Jones o Langwm oedd y tri hynny. Rhestrir tua chant o faledi Huw Jones gan J. H. Davies, ac fe'u canwyd ar bynciau arferol y baledwyr a chan ddilyn yr un arddull. Gwneir defnydd cywrain o odlau mewnol ac o gyflythrennu, ac er bod galw am fformiwlâu treuliedig ac ymadroddion llanw a sawl dilyniant hir o ansoddeiriau er mwyn cynnal y gofynion technegol, nid oes amheuaeth na fyddai'r cyfan yn taro'n swynol ar glust y sawl a'u clywai, ac na werthfawrogid dawn yr awdur wrth drin geiriau yn grefftus. Sonnir yn y baledi am ddamweiniau a llofruddiaethau, ac am ffenomenâu rhyfedd ac anesboniadwy; ymdrinnir ag amgylchiadau cyfoes a effeithiai ar y gymuned wledig megis haint ar anifeiliaid, codiad ym mhris y menyn neu listio gwŷr i ymuno â'r milisia, ac â digwyddiadau ar y llwyfan rhyngwladol megis y rhyfel rhwng Prydain ac America. Y mae nifer yn grefyddol neu yn foesol eu cywair fel y tystia eu teitlau: 'Rhybydd i bechaduriaid feddwl am awr angeu, gan ystyried mor frau a darfodedig yw oes dyn',[58] neu 'Cerdd newydd yn gosod allan amal Bechode ag anwiredde dynion a rhybydd I Edifarhau Cin mund yn rhu hwyr'.[59] Cyflawnai'r baledwr yn fynych rôl y bardd swyddogol wrth ddathlu priodas Edward Lloyd, Trefnant,[60] neu ddydd 'dyfodiad Sir Wacin [sic] Williams Wynne o Wynnstay Bart Yn un ar hugain oed'.[61]

Hoff bwnc gan Huw oedd meddwdod a'i ganlyniadau. O graffu ar y baledi ar y thema honno, ymglywir â dyfeisgarwch yr awduron, a'u parodrwydd i weithio un wythïen i'r eithaf. Lluniodd ambell faled storïol ei naws, megis 'Hanes tosturus pedair Gwraig, wrth wlana a feddwodd ar Frandi',[62] ond cerddi ymddiddan yw'r rhelyw. Sylwer ar y modd yr amrywia Huw Jones y pwnc: 'Ymddiddan rhwng y prydydd ar gôg sef y prydydd yn dyfod or dafarn ar fore ddydd Sul ag yn clowed y gôg, hithau yn i Geryddu ef am ei feiau ag yn ei gynghori i wellau ei fuchedd',[63] 'Ymddiddan Rhwng y meddw ai gydwybod Cun myned ir farn',[64] 'Ymddiddan rhwng y

21

meddwyn a Gwraig y Dafarn, ar ol ir Arian Ddarfod',[65] 'Cerdd, neu ymddiddan rhwng Gwr wedi meddwi, a'r Wraig yn ei geisio adre'.[66] Cyhoeddwyd nifer o gerddi Huw Jones gan y gwerthwr baledi dyfeisgar, Evan Ellis. Erbyn 1759, yr oedd hwnnw yn cartrefu yn y Bryn Caled ym mhlwyf Llangwm, a bu'n pwyso'n drwm ar ei gymydog ac ar Elis y Cowper. Ysywaeth, y mae'r cyfan, bron, o lyfrynnau baledol Evan Ellis yn ddiddyddiad, a diau mai ei awydd i werthu'r deunydd dros gyfnod o amser a esboniai hynny. Gallai wneud hynny yn ddidrafferth gan mai cerddi ar bynciau crefyddol a apeliai ato, ac nid oedd perygl i'r rheini ddyddio a cholli eu newydd-deb fel yn achos y baledi a adroddai'r hanesion am ddamweiniau a llofruddiaethau.[67]

Ei anterliwtiau
Rhwng 1762 a 1783 argraffwyd tair anterliwt o waith Huw Jones,[68] a chynigir testun wedi ei olygu o'r tair isod. Eu henwau oedd *Hanes y Capten Ffactor*,[69] *Histori'r Geiniogwerth Synnwyr*[70] a *Protestant a Neilltuwr*.[71] Lluniwyd *Hanes y Capten Ffactor* yn y flwyddyn 1762, yn ôl tystiolaeth pennill olaf y gân sy'n cloi'r chwarae:

Mil saithgant, dwy a thrigen
Oedd oed ein perchen pur
I'w gyfri' yn lân olynol
Sancteiddiol weddol wŷr,
Pan wnaed y chw'ryddieth fwynedd
Mor lluniedd yn ei lle;
Ffarwél i'r lân gyn'lleidfa,
Duw a'ch dygo i noddfa'r Ne'.

ac fel y dengys yr wynebddalen, fe'i cyhoeddwyd yn 1762. Crybwyllir hon ar fwy nag un achlysur yn llythyron y Morrisiaid. Ym mis Mawrth y flwyddyn honno, yr oedd Huw Jones yn Llundain, a'r gwaith o gysodi'r *Diddanwch Teuluaidd* a chywiro'r proflenni yn mynd rhagddo. Clywn fod Huw yn ôl yng Nghymru ym mis Mai yn gwerthu copïau o'r anterliwt a ddaeth o wasg William Roberts, argraffwr y *Diddanwch*. Y mae'n amlwg iddo ddewis lladd dau aderyn â'r un ergyd, ac

22

iddo ddal ar y cyfle pan oedd yn Llundain i ddwyn *Hanes y Capten Ffactor* trwy'r wasg. Yn ôl tystiolaeth y llinellau a ddyfynnwyd, lluniwyd yr anterliwt yn 1762. Tybed nad yn ystod ei arhosiad yn Llundain yr ysgrifennodd Huw hi? A thybed nad yno y trawodd ar fersiwn Saesneg o'r stori a adroddir yn yr anterliwt? Y mae'r ail anterliwt, *Histori'r Geiniogwerth Synnwyr*, yn anghyflawn. Collwyd dau dudalen neu dri ar y diwedd.[72] Galwodd G. G. Evans sylw at y ddau bennill sy'n digwydd yn yr olygfa gyntaf:

Mi ges awdurdod i wneud cyfri'
Gan y Duwc o Bedford a'i hen Ladi;
Mi drewes wrth Wilkes ar ryw brydnawn
Ac a dybies y cawn i 'nghrogi.

Fe fu'n dwrdio ac yn siarad dewrder
Eisie imi wneud cyfiawnder;
Ebr finne, "Dyna reswm ffôl.
Pwy aiff i nôl Pretender?"[73]

Ar sail y cyfeiriad at 'y Duwc o Bedford' ac at John Wilkes yn y pennill uchod, barnai G. G. Evans i Huw lunio'r anterliwt tua 1765.[74] Yr oedd yn rhesymol tybio i'r awdur gynnwys yn ei waith gyfeiriadau at ddigwyddiadau a oedd yn destun siarad ar y pryd. Argraffwyd y gwaith yn Wrecsam gan Richard Marsh. Yr oedd ef yn dilyn ei grefft erbyn 1772,[75] a thybiai G. G. Evans ddarfod argraffu'r anterliwt y flwyddyn honno neu yn fuan wedyn.[76]

Yn 1783 yr argraffwyd *Protestant a Neilltuwr*. Bu farw Huw Jones ym mis Rhagfyr 1782, a gellid tybio mai ei fenter olaf ydoedd ceisio cyhoeddi'r anterliwt hon.[77] Y mae yn hon, megis yn *Histori'r Geiniogwerth Synnwyr*, gyfeiriadau at John Wilkes. Yn wir, fe'i henwir ar bedwar achlysur, a dyma awgrym fod *Protestant a Neilltuwr*, hithau, yn perthyn i ddiwedd y chwedegau.[78] Digwydd un cyfeiriad arall sydd o gymorth i'w ddyddio. Ar ddechrau'r chwarae, cyfeiria'r ffŵl at yr awdur, 'Huw'r prydydd', ond cynigir sylwadau ar nifer o anterliwtwyr eraill, ac yn eu plith Siôn Cadwaladr, Twm o'r Nant ac Elis y Cowper. Yng nghwrs yr ymson, enwir un anterliwt yn benodol, sef *Gras a Natur* Elis y Cowper a

23

gyhoeddwyd yn 1769.[79] O ystyried y cyfeiriad hwn, a'r cyfeiriadau at Wilkes, gellir cynnig ei llunio tua 1769-70. Cyhoeddwyd y tair anterliwt dros gyfnod o ugain mlynedd, ond fe'u cyfansoddwyd rhwng 1762 ac 1770. Cyhoeddwyd un testun arall yn ystod yr un cyfnod. Gwaith a luniodd Huw Jones a Siôn Cadwaladr o'r Bala ar y cyd yw'r *Brenin Dafydd.*[80] Nid oes dyddiad ar wynebddalen y copi print, ond bernir ei argraffu yn 1765. Awgrymir mai gwaith ar y cyd yw 'Einion ap Gwalchmai' drachefn. Fe'i lluniwyd tua 1756,[81] a'i ddiogelu mewn dwy lawysgrif, ond i Siôn Cadwaladr y'i priodolir yn y *Cydymaith.*[82] Nid oes amheuaeth ynghylch awduraeth y pedair anterliwt y cyfeiriwyd atynt uchod, y tair o eiddo Huw a'r un a luniwyd ganddo ef a Siôn Cadwaladr ar y cyd. A oes tystiolaeth i Huw gyfansoddi mwy na hyn? Wedi'r cyfan, bostia'r ffŵl ar ddechrau *Protestant a Neilltuwr*:

Wel, myn y gole, on'd oes arna-i gywilydd
Gael enterlute gan hen Huw'r prydydd,
A chymaint o'r rheini sydd wedi bod
Yn cael mawr glod trwy'r gwledydd?

Diogelwyd fersiwn llawysgrif o *Hanes Brenin Bohemia.* Yn ôl y copïwr, Huw Jones a'i lluniodd.[83] Gwelodd Aneurin Owen anterliwt a ddiflannodd bellach, sef *Hanes Castell Dinas Brân.*[84] Ac efallai fod awgrym pellach o'r deunydd a luniwyd, ac a gollwyd. Un o'r elfennau a gyfrifai am boblogrwydd yr anterliwt oedd y caneuon. Gwelir yn y baledi a'r llawysgrifau a berthyn i'r ddeunawfed ganrif nifer o gerddi sydd naill ai yn cyfateb i ganeuon a ddatgenid gan gymeriadau'r anterliwt neu yn adleisio rhai o themâu canolog y cyfrwng. Disgwylid i'r cybydd, er enghraifft, gwyno am y trethi, pris y farchnad, diogi'r gweision ac yn y blaen, ac nid rhaid chwilio yn ddyfal am faledi sy'n cyfleu ei safbwynt:

Mae pob tylawd fel gwr bonheddig
Bwyta a chodi Gwneud y chydig
Mwya pleser yr holl langcie
Tobaco a chwrw a mynd i chware
Neu eiste a'i 'Lode a'r lawr
A phob rhyw hogen fain gynffonog

Cyn yr enillo Bynt o gyflog
bydd honno'n feichiog fawr.[85]

Perthynai apêl arbennig i gân y ffŵl i gynghori'r merched i osgoi temtasiynau'r cnawd. Diogelwyd oddeutu dwsin o ganeuon gan Huw Jones ar y thema hon yn y llawysgrifau ac yn y baledi. O blith y rhain, un yn unig sy'n perthyn i anterliwt hysbys. O'r *Brenin Dafydd* y daw honno.[86] Diau mai caneuon a luniwyd ar ddelw caneuon cynghori'r anterliwt yw'r gweddill,[87] ond geill fod ambell un yn perthyn i anterliwt a ddiflannodd.

Cyn dadansoddi saernïaeth y tair anterliwt a'r themâu sydd ynddynt, priodol ystyried cyswllt Huw Jones â'r cyfrwng. Yn yr hunangofiant a luniodd yn ystod blynyddoedd olaf ei fywyd,[88] rhoes Twm o'r Nant gryn sylw i'w anterliwtiau, a hynny ar draul agweddau eraill megis ei ymwneud â'r eisteddfodau a gynhaliwyd dan nawdd y Gwyneddigion yn wythdegau a nawdegau'r ddeunawfed ganrif. Rhestrodd Twm y gweithiau a luniodd, a disgrifiodd y rhan a gymerai yn y chwarae. Gwelwn i yrfa'r perfformiwr ddechrau pan gafodd Twm ran mewn anterliwt am fod ganddo lais canu da:

Ond cyn fy mod yn ddeuddeg oed, fe gododd saith o lanciau Nantglyn i chware *interlute*, a hwy a'm cymerasant gyda hwynt, rhwng bodd ac anfodd i'm tad a'm mam, i chwarae 'part' merch, oblegid yr oedd gennyf lais canu, a'r gorau ag oedd yn y gymdogaeth.[89]

O fewn dim o dro yr oedd Twm yn llunio anterliwtiau ei hun, a gellir olrhain datblygiad y perfformiwr a'r awdur, diolch i'r hunangofiant. Troes y llanc a gymerai 'bart' merch yn seren, ac yn hytrach na chyfansoddi ar gais eraill, dechreuodd Twm lunio gweithiau y gallai ef ei hun elwa arnynt. Ar sail cofnod Twm o'r Nant, cymerwyd yn ganiataol bod yr awduron eraill yn cymeryd rhan yn y gweithiau a lunient, ond nid yw hynny, o anghenraid, yn dilyn. Beth, ynteu, am rôl Huw Jones?

Barnai nifer o sylwebyddiwr diweddar fod i Huw ran yn y chwarae. 'Y mae'n sicr ei fod yn ennill ambell geiniog trwy ganu a gwerthu baledi ac actio anterliwtiau',[90] meddai

25

Thomas Parry, a mynnodd H. Parry Jones ei fod yn 'a leading player in Interludes'.[91] Y dystiolaeth fwyaf arwyddocaol, o safbwynt Huw Jones ei hun, yw ei faled 'Ffarwel i Enterliwt'. Disgrifia yn y person cyntaf lluosog y gwmnïaeth a'r hyfrydwch a brofwyd yn canlyn y chwarae, a gresyna fod y cyfan ar ddarfod:

> Y-ni a fuon, dynion dawnus,
> Rai call, araul, mwyn, cellweirus,
> Yn dilyn chw'ryddiaeth, afiaeth ofer,
> Gwnaem dynnu'n hirfaith, dyna'n harfer;
> Rhodio'r wlad mewn rhad anrhydedd
> Gyda'n chware, geirie gwaredd.
> Cael cwrw clir hyd y sir, a difyr oedd dyfod
> I drin oferedd, puredd parod,
> Yn llwyr, a darnio llawer diwrnod.
> Cael cwmni'r glân rianod gwynion
> I gadw mabieth gyda meibion;
> Cael ym mhob man, tre' a llan, ddiddan iawn ddyddie,
> Cael yn ein brig fawledig flode,
> Parch a chariad, euraid orie.

> Ond eto, er hyn, mor syn yw swnio,
> Cyn ymadael cawn ein mwydo,
> Ac wedi hynny'n ddewrgu ddirgel,
> Garw amodau gore ymadel—
> Rhai at wair a'r lleill at fedi,
> Rhai'n ddisiarad at waith seiri,
> Rhai bob tro at waith go', i'w gofio mewn gefel,
> Pob amodau, pawb i ymadel;
> Rhoi'r dôn i'w chadw, dyna'r chwedel,
> Cân ffarwel i bob llawenydd,
> Awn yn un galon efo'n gilydd,
> Pawb i'w fan, gan ado'r llan, bu diddan ein dyddie.
> Cyn ein diwedd, oeredd eirie,
> Is wybren enwog, sobrwn ninne.[92]

Y mae'n bosibl fod yn y gerdd a luniodd Huw pan oedd yng ngharchar Rhuthun awgrym iddo ganlyn anterliwt pan oedd yn ŵr ifanc:

> Fine a fûm yn Ifangc gunt yn buw mewn helunt hwylus
> Yn cael gorfoledd ymhôb man a Dyddiau anrhydeddus
> Mi fum fellu dros ruw hyd heb hidio dim am bethe'r Bŷd
> Yn cael cymdeithion freulon fryd a cheraint i gŷd chwareu

Rhois flodeu 'f amser dyner dwyn mewn llawn [sic] a thre a lle a llwyn
I bob rhyw Lodes gynes gwyn a fydde mwun i mine.[93]

Nid oes dim yn yr anterliwtiau eu hunain sy'n profi fod Huw
yn un o'r actorion. Gwir fod yr awdur yn cael ei enwi yng
nghwrs y chwarae ar sawl achlysur, weithiau yn
ganmoliaethus, droeon eraill yn ddilornus, a pherthynai cryn
hiwmor i'r rhannau hynny pe lleferid y geiriau naill ai gan
Huw ei hun, neu yn ei ŵydd gan gymeriad arall.
Trown gan hynny at dystiolaeth ei gyfoeswyr, a gellid
dechrau gyda sylw Twm o'r Nant. Pan oedd yn llanc ifanc
rhoes anterliwt o'i waith i Huw Jones.

Mi wneuthum *Interlute* cyn bod yn 14 oed yn lân i ben; a phan glybu
'nhad a'm mam nid oedd i mi ddim heddwch i'w gael; ond mi beidiais
â'i llosgi; mi a'i rhoddes i Hugh o Langwm, prydydd enwog yn yr
amser honno; yntau aeth hyd yn Llandyrnog ac a'i gwerthodd am
chweugain i'r llanciau hynny, pa rai a'i chwaraeasant yr haf canlynol.
Ond ni chefais i ddim am fy llafur, oddieithr llymaid o gwrw gan y
chwaraeyddion pan gwrddwn â hwynt.[94]

Sylwer mai gwerthu'r anterliwt i gwmni o lanciau a wnaeth
Huw, a chyfeiria Richard Morris drachefn at yr unrhyw
weithgarwch. Argraffwyd *Hanes y Capten Ffactor* rhwng
misoedd Mawrth a Mai 1762, fel y nodwyd. Cyfeiria Richard
Morris at symudiadau Huw mewn llythyr at ei frawd Lewis,
ddiwedd Mai 1762: 'Daccw Langwm wedi picio i Gymru i
werthu rhyw enterlud a wnaeth ei hun, ac a brintiodd yma',[95]
ac ailadroddodd y sylw ddeufis yn ddiweddarach.[96] Gwerthu'r
anterliwt a wnâi Huw yn ôl Richard a oedd newydd ffarwelio
ag ef, ond ymhen rhai wythnosau, byddai Wiliam Morris yn
cyfeirio at Huw Jones: 'Dim hanes am Langwm, chware neu
warau anterlywt y mae rwy'n tebyg'.[97] Anodd gwrthod
tystiolaeth Wiliam. O'r brodyr, ef yn unig a arhosodd yn ei
gynefin. Deuai i'w glustiau hanesion am drigolion ei sir, ac
am yr hyn a'u difyrrent, yn anterliwtiau ac yn
wylmabseintiau. Eto, dengys y llythyr sy'n cynnwys y sylw
nad oedd ef ei hun wedi gweld Huw Jones, a dyfalu yr oedd—
rwy'n tebyg—ynghylch symudiadau'r gŵr hwnnw. Unwaith
eto, nid oes yma dystiolaeth ddiymwad fod i Huw ran yn y
chwarae.

Cynlluniai Twm ei anterliwtiau olaf mewn modd a'i gwnâi yn bosibl i nifer bychan eu cyflwyno, a chaent hwythau wedyn rannu'r enillion. Po lleiaf nifer yr actorion, mwyaf yr elw. Nid oedd angen mwy na dau i gyflwyno *Tri Chryfion Byd*. Ond ni fodlonai'r awdur ar hynny. Dangosodd Rhiannon Ifans mai Twm ei hun a gâi'r rhannau gorau yn *Tri Chryfion Byd*, ac mai ef, heb os nac oni bai, oedd canolbwynt y perfformiad. O'r wyth cân yn yr anterliwt hon, datgenid chwech gan gymeriadau y cymerid eu rhan gan Dwm, a chan mai deuawd oedd un o'r ddwy a oedd yn weddill, yr oedd iddo ran yn hon yn ogystal.[98] Cyflwynid *Protestant a Neilltuwr* gan gwmni o dri, a rhennid y deg rhan rhyngddynt. Er mai dwy ran yn fwy sydd yn *Histori'r Geiniogwerth Synnwyr*, rhaid wrth bedwar i lwyfannu hon, a rhaid wrth chwech o leiaf i lwyfannu'r pedair rhan ar hugain sydd yn *Hanes y Capten Ffactor*. A barnu wrth y rhannau a'r modd y'u trefnid, nid ymddengys fod llunio gweithiau i'w cyflwyno gan nifer bychan yn flaenllaw ym meddwl Huw, a gall hyn yn ei dro awgrymu nad trwy chwarae mewn anterliwt yr enillai ef ei damaid.

★ ★ ★

Cyfrwng anhrefnus ar lawer ystyr oedd anterliwtiau'r ddeunawfed ganrif oblegid fe'u llunnid trwy ddwyn ynghyd ddwy haen annibynnol. Galwodd G. G. Evans yr haen gyntaf yn ddeunydd cyfnewidiol.[99] Gallai hon fod yn stori boblogaidd gyfoes neu yn stori a'i gwreiddiau yn nigwyddiadau'r gorffennol; gallai fod yn feiblaidd neu yn llenyddol ei tharddiad, ond gallai hefyd gyflwyno digwyddiad cyfoes ac amserol. Y deunydd hwn a rôi i'r anterliwt ei henw, a gwelir bod dau o weithiau Huw Jones yn seiliedig ar storïau poblogaidd, a serch yn hawlio lle canolog ynddynt—sef *Hanes y Capten Ffactor* a *Histori'r Geiniogwerth Synnwyr*—ac felly yn *Hanes Brenin Bohemia*, yn yr anterliwt goll, *Hanes Castell Dinas Brân* (a barnu wrth y teitl) ac yn *Y Brenin Dafydd* drachefn, ond bod y pwnc yn cael ei gyflwyno yn y fan honno mewn cyd-destun ysgrythurol. Un o bynciau llosg y dydd, sef y gwrthdaro rhwng Protestant a Neilltuwr, neu, yn fwy penodol, rhwng yr Eglwys Wladol a Methodistiaeth, yw deunydd crai yr anterliwt olaf. Y cybydd a'r ffŵl oedd cymeriadau canolog yr ail haen, sef y deunydd traddodiadol. Disgwylid i'r cybydd gwyno am ei fyd, fe'i twyllid gan y ffŵl, dro arall gan ei deulu. Cyn diwedd y chwarae gwyddai'r gynulleidfa y byddai yn clafychu, yn edifarhau, ac yn marw. Gŵr ffraeth a di-flewyn-ar-dafod oedd y ffŵl, cymar y cybydd, un a ymhoffai yn y rhyw deg ac yn ei ddiod. Byddai ei ymadroddion yn fynych yn gwrs a gwatwarus, a'r arwydd ffalig a gariai yn fodd i godi cywilydd ar y merched ymhlith y gynulleidfa, a'u difyrru, ond odid.

Cyflwynid y ddwy haen, a'u datblygu, am yn ail. Hynodrwydd anterliwtiau Twm o'r Nant yw'r modd yr ymroes i asio'r ddwy haen a chreu gweithiau a oedd o'r herwydd yn fwy crwn a boddhaus o ran eu saernïaeth. Gwnaeth hynny trwy gyflwyno'r gwrthdaro traddodiadol rhwng y cybydd a'r ffŵl, fel y gwnâi'r awduron eraill, ond yn hytrach nag adrodd stori annibynnol yn yr haen gyfnewidiol, gwelodd yn dda gyflwyno dilyniant o gymeriadau haniaethol megis Pleser a Gofid, Cyfoeth a Thlodi, Cybydd-dod ac Oferedd. Câi'r rhain ddisgrifio eu priodoleddau yn eu tro, ond gofalai Twm hefyd ei fod yn cyfosod haniaethau anghymarus, ac arwain hyn at wrthdaro a phegynnu. Ar wastad cyffredinol y digwydd hyn, ond ar yr un pryd, perthyn i'r sylwadau wedd alegorïol oblegid y mae'r gwrthdaro ar wastad uwch rhwng yr haniaethau yn ddrych i'r gwrthdaro rhwng y cybydd a'r ffŵl yn y ddrama deuluol, gyfarwydd.

Gweithiau Twm yn unig a gyhoeddwyd yn ystod y bedwaredd ganrif ar bymtheg a'r ugeinfed, ac ef yn unig a ddenodd sylw'r beirniaid. Traethodd Caledfryn ar ei rinweddau a'i wendidau ar dudalennau'r *Traethodydd* yn y flwyddyn 1852,[100] a bu Saunders Lewis,[101] R. M. Jones,[102] ac eraill,[103] yn trafod ei waith yn fwy diweddar. Cydnabuwyd camp Twm o'r Nant, ond ar draul ei gyd-anterliwtwyr. Meddai A. Watkin-Jones, 'The other writers of interludes are all very much on a level, and their work will not bear much dramatic criticism',[104] tra barnai Hugh Bevan, 'Datblygid dwy ddrama wahanol ochr yn ochr heb boeni am y cysylltiad

29

rhyngddynt. Ni ellir priodoli unrhyw fath o rinwedd artistig i'r anterliwt fel cyfanwaith...gwnaeth [Twm o'r Nant] ymdrech i roi unoliaeth crefft i'r ffurf ddramatig'.[105]

Yng ngweithiau Huw Jones, gwelir yr anterliwt yn ei noethni gwreiddiol, fel petai, cyn dyfod Twm o'r Nant i roi ar y cyfrwng ei nod ei hun. Gan fod y cyfrwng yn un mor anaddawol, hawdd tybio mai clytio'r deunydd rywsut-rywsut a wnâi'r rhan fwyaf o'r awduron, a bardd Llangwm yn eu plith. Ychydig o astudio a fu ar ei weithiau, ac ar weithiau Siôn Cadwaladr ac Elis y Cowper, a hynny yn fwyaf arbennig am nad oedd testunau o'u gweithiau o fewn cyrraedd. O gael anterliwtiau Huw Jones ynghyd rhwng cloriau un gyfrol, cynigir am y tro cyntaf gyfle i ddadansoddi ei weithiau mewn gwaed oer, ac i gynnig barn wrthrychol ar ansawdd ei gynnyrch. Fe'n galluogir hefyd i ystyried Twm o'r Nant yng nghyd-destun gweithiau ei gyd-anterliwtwyr yn hytrach nag mewn gwagle, ac i farnu yn fwy cytbwys natur ei arloesi a'i hawl i'r clod a roddwyd iddo gan genedlaethau o sylwebwyr.

Y peth cyntaf a wneuthum oedd rhannu penillion y tair anterliwt dan sylw yn bedwar dosbarth, sef

(i)   y penillion a berthyn i'r haen draddodiadol, sef hanes y cybydd.
(ii)   y penillion a berthyn i'r haen gyfnewidiol.
(iii-iv) y penillion hynny a gysylltir â dyletswyddau defodol neu ffurfiol y ffŵl.

Ni ddylai'r ddau ddosbarth cyntaf beri syndod, ond efallai y dylid cyfiawnhau'r ddau sy'n dilyn. Er bod y ffŵl yn gymar ffyddlon i'r cybydd, ac iddo ran weithredol yn hanes y cymeriad hwn, disgwylid iddo gyflawni gorchwylion eraill. Ef, ar ddechrau'r chwarae, sy'n galw am osteg ac yn ennyn sylw'r gynulleidfa, a'i waith ef yw pwysleisio neges neu foeswers yr anterliwt ar y diwedd, ffarwelio â'r gynulleidfa, diolch iddi am ei gwrandawiad, a deisyf gan bob un geiniog yn dâl am gael gwylio'r perfformiad. Yna, yng nghwrs y chwarae, caiff gynghori'r merched a dawnsio. Nid yw'r rhannau hyn yn rhan o stori twyllo'r cybydd, ac o'r herwydd rhoddwyd y penillion a berthyn i'r ddwy haen hyn mewn dosbarthiadau ar wahân. O ddilyn y trywydd hwn, cafwyd bod nifer y penillion ym mhob dosbarth fel a ganlyn:

Protestant a Neilltuwr

Hanes Gwgan y Cybydd	185	39.5%
Dadl Protestant a Neilltuwr	189	40.4%
Agoriad a diweddglo	67	14.3%
Cân a dawns y Ffŵl	27	05.8%
Cyfanswm penillion	468	

Histori'r Geiniogwerth Synnwyr

Hanes Trachwant Bydol	147	39.7%
Stori'r Marsiant	154	41.6%
Agoriad a diweddglo	48	13.0%
Cân y Ffŵl	21	05.7%
Cyfanswm penillion	370	

Y Capten Ffactor

Hanes Deifes y Cybydd	249	41.3%
Hanes y Capten Ffactor	262	43.5%
Agoriad a diweddglo	78	12.9%
Dawns y Ffŵl	14	02.3%
Cyfanswm penillion	603	

Yr hyn sy'n arwyddocaol yw fod cydbwysedd rhyfeddol rhwng y ddwy brif haen yn y tair anterliwt hyn,[106] a chyfetyb cyfartaledd y penillion hefyd yn y ddwy anterliwt gyntaf sydd yn ddigon tebyg o ran eu hyd, sef 468 pennill a 370 pennill. Amrywia'r cyfartaledd ryw ychydig yn *Hanes y Capten Factor*, ond nid yw hynny'n annisgwyl gan fod hon cymaint â hynny yn hwy.[107] Dyma awgrym digamsyniol fod Huw yn cynllunio ei anterliwtiau yn ofalus ac yn ymwybodol, a daw hynny'n amlycach o edrych ar adeiladwaith yr anterliwtiau unigol.

Llwyfennir parau o olygfeydd cyfartal o ran nifer y penillion yn *Protestant a Neilltuwr*, ac nid rhyfedd felly fod cyfanswm y penillion yn y naill haen a'r llall mor debyg. Yr unig eithriad yw'r ddwy olygfa olaf, ond eto, o'u cyfosod, gwelir cydbwysedd oblegid caiff Gwgan 24 pennill yn y bedwaredd olygfa a 34 yn y nesaf (cyfanswm 59) tra hawlia'r

31

ddadl grefyddol 35 pennill yn y bedwaredd olygfa a 26 yn y nesaf (cyfanswm 61).

Agoriad

Gwgan 1	45 + cân
Neilltuwr 1	49 + cân
Gwgan 2	46 + cân
Neilltuwr 2	43 + cân
Gwgan 3	38
Neilltuwr 3	36

Y Ffŵl a'i gân i gynghori'r merched

Gwgan 4	24
Neilltuwr 4	35

Y Ffŵl yn dawnsio

Gwgan 5	34 + cân
Neilltuwr 5	26 + cân

Diweddglo

Y mae'r ddwy anterliwt nesaf yn fwy dadlennol. Yn wahanol i *Protestant a Neilltuwr*, nid yw'r parau o olygfeydd yn cyfateb y tro hwn.Yn *Hanes y Capten Ffactor* rhoddir y flaenoriaeth, yn rhan gyntaf yr anterliwt, i stori'r cybydd.[108] Wedi cyfres o bedair golygfa, gwelir bod tua 80% o'i stori ef wedi ei chyflwyno, ond llai na hanner stori'r Capten Ffactor. Digwydd y gwrthwyneb yn yr anterliwt fyrrach, *Histori'r Geiniogwerth Synnwyr*. Yn y golygfeydd sy'n rhagflaenu'r gân gynghori, sef ychydig dros hanner yr anterliwt, cyflwynir rhagor na deuparth yr haen gyfnewidiol, a thua hanner yr haen sy'n adrodd stori'r cybydd. Ac eto, er nad oes cydbwysedd yng nghynllun mewnol y ddwy anterliwt hyn, dengys y dadansoddiad uchod i Huw gadw'r ddysgl yn bur wastad rhwng y naill haen a'r llall.

Pa mor ddyfal bynnag y ceisiai Huw sicrhau cydbwysedd, ni allai anwybyddu gofynion y ffurf, a'r rheidrwydd i ddatblygu un stori yn annibynnol ar y llall. Sut yr ymatebai'r gynulleidfa a wyliai'r chwarae? Yn y lle cyntaf, câi gyfarwyddyd pwrpasol gan yr awdur. Ar ddechrau'r chwarae, cynigid crynodeb o ddigwyddiadau'r haen gyfnewidiol, sef y deunydd newydd, dieithr; gwyddai'r gynulleidfa am ffraethineb y ffŵl ac am droeon trwstan y cybydd, ac nid oedd angen manylu o ganlyniad.[109] Cyflwynid y chwarae yn yr awyr agored, ar drol neu godiad tir. Ni cheid llenni, na thoriad i ddynodi bod un olygfa yn darfod, a'r nesaf yn cychwyn, a gwelai'r gynulleidfa gyfres o olygfeydd yn dilyn ei gilydd ribidires. Eithriad yw'r testun o *Ffrewyll y Methodistiaid* a luniwyd ym mhedwardegau'r ddeunawfed ganrif, ac a rannwyd yn dair act, a phob act yn cynnwys nifer o olygfeydd.[110] Ond efallai fod y darlun hwn yn gamarweiniol, oherwydd ymrôi Huw Jones a'i gyd-anterliwtwyr i amlygu'r ffin rhwng y naill olygfa a'r llall, a gwyddai'r gynulleidfa yn burion fod un haen ar orffen ac un arall ar ddechrau.

Un ffordd amlwg, ac amrwd, o wneud hynny—a dull a arferir yn helaeth gan yr awdur—oedd trefnu bod y sawl a oedd ar y llwyfan yn gadael, ac arall yn dod i gymryd ei le. Ar ddiwedd un olygfa yn *Hanes y Capten Ffactor*, diflanna'r cybydd a'r trethwr sy'n hawlio ei arian, a daw'r Capten Ffactor a dau o'i swyddogion i'r llwyfan. Yn anfynych yn anterliwtiau Huw Jones y bydd un cymeriad naill ai yn ei gyflwyno ei hun neu yn cyflwyno'r sawl sydd ar fin ymddangos,[111] ac yn wahanol i anterliwtiau Twm o'r Nant, ni fydd y ffŵl yn pontio rhwng dwy haen trwy aros ar y llwyfan a sgwrsio yn fyr â'r cymeriad sydd newydd ymddangos cyn diflannu.

Yn ail, gwneir defnydd helaeth o fformiwlâu wrth gloi golygfeydd. Pair Huw i'w gymeriadau ffarwelio â'r gynulleidfa:

Ffarwél i'r claear lafar lu,
Mi af heno i'm tŷ fy hunan;
Ni wn i pa bryd nac o ba le
Daw ynte i'r gole gwiwlan.

neu ddatgan eu bod yn 'mynd i lawr' oddi ar y llwyfan:

Rhaid imi fynd oddi yma i lawr,
Mi a'm clywa' 'nawr yn oeri;
Pan ddelw-i nesa' a'm plentyn bach
Cewch gân amgenach genny'.

33

Weithiau byddant yn esbonio eu bod yn gadael er mwyn cyflawni rhyw weithred neu'i gilydd, a phair hyn fod y stori yn symud yn ei blaen yn absenoldeb y cymeriad a lefarodd y geiriau. Yn anterliwtiau Huw Jones, bydd cân yn fynych yn dynodi fod diwedd yr olygfa yn ymyl, a dyma drydedd dyfais sy'n amlygu rhaniadau'r chwarae. O edrych ar y deg golygfa yn *Protestant a Neilltuwr*, gwelir bod tair yn diweddu â ffurfmiwla ffarwelio &c, mae dwy yn diweddu â chân, pedair â chân a ffurfmiwla. Yr unig arwydd i'r gynulleidfa, felly, yn yr olygfa sy'n weddill, fod un haen ar orffen, yw ymadawiad y sawl sydd ar y llwyfan. At hyn, gwneid rhyw gymaint o ddefnydd o wisgoedd. Dyma ddull arall sy'n hwyluso'r symudiad o'r naill haen i'r llall, ond yr oedd i'r gwisgoedd swyddogaeth bwysig hefyd gan y disgwylid i un cymeriad chwarae sawl rhan. Byddai'r cybydd a'r ffŵl yn ddigon hawdd eu hadnabod, y naill yn ei ddillad clytiog a'r llall â'i arwydd ffalig. Gweithred symbolaidd y cybydd a brofodd dröedigaeth yn *Protestant a Neilltuwr* yw newid ei ddillad:

> Ni wisga-i mo'r dillad i fynd yn dylle
> A chadw fy arian mewn coed neu furie;
> Mi fynna' ddillad newydd glân
> Ac mi luniaf gân o'm gene.

Cyfeirir at wisg y marsiant yn *Histori'r Geiniogwerth Synnwyr*, a chyfarwyddir y Capten Ffactor i wisgo wasgod arbennig yn Fenis.

Yn fwy na dim, rhaid cofio mai gerbron gwylwyr profiadol y perfformid yr anterliwt. Gwyddent am y cyfrwng ac am yr hyn y gellid ei ddisgwyl, ac ni chaent anhawster i ddilyn y ddau drywydd annibynnol a arlwyid ger eu bron. Ar ddiwedd *Y Brenin Dafydd*, ensynnir bod y gynulleidfa yn un feirniadol a fyddai ar ddiwedd y chwarae yn cloriannu'r deunydd a'r modd y'i cyflwynwyd:

> Wel, rŵan bydd y dadal
> A'r sesiwn fawr a'r sisial
> Ar y chwaryddion, a'r chware, a'r ddau fardd;
> Os trwyad' y tardd y treial.

Yn *Protestant a Neilltuwr* yn yr un modd, enwir yr anterliwtwyr pwysicaf; awgrymir bod eu henwau ar dafodleferydd, a bod gan bob awdur ei ddilynwyr. Wrth gynllunio ei anterliwtiau, ceisiai Huw Jones gadw'r ddysgl yn wastad rhwng y ddwy haen, ond gwnâi ymdrech hefyd i gynorthwyo'r gynulleidfa trwy ddiffinio'r golygfeydd ac amlygu'r ffin rhwng y naill stori a'r llall.

★ ★ ★

Diau mai'r deunydd cyfnewidiol fyddai man cychwyn yr anterliwt. Yn hyn o beth, y mae'r ddwy anterliwt storïol yn bur wahanol i'w gilydd, er bod serch yn ddolen-gyswllt amlwg. Stori seml ac uniongyrchol a adroddir yn *Histori'r Geiniogwerth Synnwyr*.[112] Yn y lle cyntaf, cyfarfyddir â'r marsiant a'i wraig, y ddau newydd briodi, a'u bywyd yn fêl. Cyn pen dim, fodd bynnag, daw'r marsiant wyneb yn wyneb â Bronwen, y butain, a buan yr anghofia am ei wraig. Rhaid iddo hwylio i wlad dramor, a rhydd ei wraig geiniog iddo a deisyf arno brynu ei gwerth o synnwyr. Gwna yntau hynny, a'r synnwyr, neu'r cyngor, a roddir iddo gan henwr yw dychwelyd yn dlodaidd ei wisg at y ddwy wraig. Fe'i gwrthodir yn ddiseremoni gan Fronwen—nid oes ganddi ddim i'w ddweud wrth y 'clymsi begars' sy'n anharddu ei chartref—ond fe'i hymgeleddir gan ei wraig briod, a dychwel ati yn llawn edifeirwch. Dyrnaid o gymeriadau sy'n cyflwyno'r stori hon, y marsiant, ei wraig, y butain, a'r henwr, a chyffelyb yw'r holl olygfeydd: y marsiant mewn un olygfa, er enghraifft, yn ffarwelio â Bronwen ac yna yn ffarwelio â'i wraig, ac mewn golygfa arall yn dychwelyd at y ddwy yn eu tro.

Y mae *Hanes y Capten Ffactor* yn fwy cymhleth. Gŵr ifanc a afradodd ei holl eiddo yw'r Capten Ffactor, ond daeth at ei goed ac fe'i penodwyd yn gapten llong. Ar ei fordaith gyntaf i Dwrci, gwêl gorff Cristion ar y stryd, a thâl hanner canpunt er mwyn sicrhau claddedigaeth deilwng iddo. Nesaf gwêl ferch ifanc, Prudensia, ar fin cael ei dienyddio; tâl ganpunt i'w hachub, a daw yn 'howsciper' iddo yn Llundain. Cyn ei fordaith nesaf i Fenis, rhydd Prudensia wasgod iddo, ac fe'i hanogir i'w gwisgo pan fydd yn ymddangos gerbron y tywysog. Dilyn y Capten y cyfarwyddyd, a datgelir yn fuan mai'r tywysog hwnnw yw tad Prudensia. Mawr yw ei lawenydd o glywed fod ei ferch yn fyw, ac fe'i haddewir yn wraig i'r Capten. Â yntau a'r Capten Convoy ar frys i Lundain i'w chyrchu, ond yn ystod y fordaith yn ôl i Fenis teflir y Capten Ffactor dros fwrdd y llong i'r môr gan y Capten Convoy cenfigennus sydd â'i fryd ar gael Prudensia yn wraig briod iddo ef ei hun. Llwydda'r Capten Ffactor i nofio i ynys gyfagos, ac fe'i cludir i Fenis gan gychwr, ar yr amod y caiff hwnnw ei gyntafanedig ymhen deng mis ar hugain yn dâl am ei wasanaeth. Priodir y Capten a Phrudensia, genir mab iddynt, ac ymhen deng mis ar hugain dychwel y cychwr i hawlio ei wobr. Rhaid parchu'r cytundeb, ond ni fyn y cychwr gadw'r mab gan fod arno ddyled i'r Capten,—ef oedd y corff hwnnw yn Nhwrci y talwyd i sicrhau iddo gladdedigaeth deilwng. Gwelir ar unwaith fod y plot y tro hwn yn fwy astrus, y cymeriadau yn fwy niferus, a'r golygfeydd eu hunain yn amrywio oherwydd nad yr un cymeriadau sy'n dod wyneb yn wyneb megis yn *Histori'r Geiniogwerth Synnwyr*. Yn y ddwy olygfa yn Fenis, er enghraifft, y Capten sy'n dod wyneb yn wyneb â'r tywysog a'r dywysoges y tro cyntaf, Prudensia yr ail dro, gan fod Ffactor wedi ei daflu i'r môr.

Dangoswyd eisoes i Huw Jones sicrhau cydbwysedd rhwng y ddwy brif haen yn ei weithiau. Dylanwadodd hyn ar stori'r cybydd yn y tair anterliwt. Stori seml a gyflwynwyd yn *Histori'r Geiniogwerth Synnwyr*. Y mae'n dilyn mai byr a chynnil yw hanes y cybydd yn yr un gwaith. Ar y llaw arall, gan fod *Hanes y Capten Ffactor* yn fwy cymhleth, yr oedd angen mwy o benillion i adrodd y stori, ac er mwyn sicrhau cydbwysedd, rhaid oedd i Huw Jones gynnwys elfennau ychwanegol wrth adrodd hanes y cybydd. Yr oedd ganddo ddewis arall. Gallai fod wedi asio wrth stori seml *Histori'r Geiniogwerth Synnwyr* stori lawnach am y cybydd, a dwyn ynghyd hanesion amlweddog y Capten Ffactor ar y naill law a stori symlach yn seiliedig ar thema twyllo'r cybydd. O wneud hynny, ceid dwy anterliwt debyg o ran eu hyd. Nid y llwybr hwnnw a ddilynwyd. Dyma ddangos eto nad yn ddifeddwl y cynlluniodd Huw ei anterliwtiau.

Beth, ynteu, am hanes y cybydd? Yr un yw'r elfennau yn y tair anterliwt,—yn *Protestant a Neilltuwr* a *Histori'r Geiniogwerth Synnwyr* sy'n debyg o ran eu hyd, ac yn *Hanes y Capten Ffactor* sydd dipyn yn hwy. Disgrifir y rhain isod, ynghyd â'r elfennau ychwanegol sy'n digwydd yn yr olaf. Y plant yw'r drwg yn y caws yn *Histori'r Geiniogwerth Synnwyr*. Y mae i'r cybydd ferch sy'n segura yng Nghaer, ond ni chlywir rhyw lawer amdani hi. Ymddygiad y mab yw asgwrn y gynnen: rhaid i'r tad dalu ei ddyledion, clywir iddo feichiogi merch y dafarn, a chyn y diwedd ymesyd y mab ar ei dad a dwyn oddi wrtho weithredoedd y tir. Yn y cyfamser bu'r ffŵl yn mesur tiroedd y cybydd, a diwedd y gân yw hawlio gan y tenantiaid fil o bunnoedd mewn rhenti yn hytrach na'r pumcant a gâi'r cybydd yn y lle cyntaf. Ond ni chafodd y cybydd, druan, geiniog yn ychwaneg yn ei logell, gan i'r ffŵl hawlio'r cyfan yn dâl am ei wasanaeth.

Ni chrybwyllir gwraig y cybydd yn yr anterliwt hon, ond y mae iddi le amlwg yn y ddwy anterliwt nesaf. Gwraig sy'n treulio ei hamser yn segura ac yn yfed te sydd gan y cybydd yn *Protestant a Neilltuwr* ac yn *Hanes y Capten Ffactor*. Y mae lle hefyd i amau ei diweirdeb. Yn *Protestant a Neilltuwr*, gwelir y wraig yn clafychu ac yn marw, fe'i cleddir a'i choffáu ar gân. Cyflwyna'r ffŵl siopwraig gyfoethog o'r enw Mal Bedleres i sylw'r cybydd, unir y ddau, ond drannoeth y briodas, cenfydd y cybydd fod y siop yn wag, a bod dyledwyr Mal ar ei warthaf. [113]

Gadael ei gŵr yn hytrach na marw a wna'r wraig yn *Hanes y Capten Ffactor*. Y ffŵl a merch y dafarn sy'n bennaf gyfrifol am dwyllo'r cybydd yn yr anterliwt hon. Rhoddir ar ddeall i'r cybydd fod y farchnad ar godi, ac yn ei gyffro geilw am ddiod yn ebrwydd. Ymhen dim, y mae'n feddw, a dwg y forwyn a'r ffŵl ei god. Dyma ddechrau ei ofidiau. Gwahoddasai'r forwyn i ymuno ag ef yn y gwely. Pan welwn hi nesaf y mae'n feichiog ac yn honni mai'r cybydd yw'r tad, a rhaid i hwnnw gyfrannu'n ariannol at fagwraeth y plentyn.

Sicrhaodd Huw Jones gydbwysedd rhwng y ddwy haen yn yr anterliwt hon trwy lunio sawl golygfa newydd sy'n chwyddo hanes twyllo'r cybydd. Nid oes gan Deifes fodd i dalu'r dreth am i Nansi a'r ffŵl ddwyn ei god, a phan ddaw'r trethwr gerbron, bygythir ei daflu ar ei ben i garchar Rhuthun. Mewn golygfa arall, fe'i gorfodir i gynnull gwŷr ar gyfer y milisia, ac afraid dweud bod y gwŷr a archwilir yn gwbl anabl i gyflawni'r gorchwylion disgwyliedig:

Rhai yn cwyno'n ddygyn
Fod rhywbeth yn curo eu corun,
A'r llall yn cerdded wrth ei bric
A rhyw golic yn ei galyn.

Maes o law gelwir y cybydd gerbron y cwrt ym Mangor i roi cyfrif am ei odineb. Anwybydda'r alwad ac mewn golygfa arall fe'i gwisgir mewn cynfas wen a'i orfodi i ddwyn ei benyd yn gyhoeddus gerbron yr offeiriad a'r gynulleidfa, er mawr cywilydd iddo.[114] Dilynir troeon gyrfa Nansi hefyd. Daw'r bragwr i hawlio ei dâl, a'i thynged hi yw gadael y dafarn a chrwydro'r wlad gyda'i phlentyn bychan gan ddeisyf cardod. Ei pharodrwydd i dwyllo eraill, medd Nansi, a'i harweiniodd i'r cyflwr hwn, a chyfeddyf hefyd iddi dwyllo'r cybydd trwy hawlio mai ef oedd tad y plentyn. Hi sy'n cynghori'r merched yn yr anterliwt hon.

Buasai cynulleidfa'r ddeunawfed ganrif yn dra chyfarwydd â'r themâu a amlinellwyd. Yr oedd twyllo'r cybydd a dwyn ei arian yn thema ganolog, a digwydd hyn yn y tair anterliwt. Twyllir y cybydd yn rhywiol hefyd. Rhoddir cryn sylw i'r thema hon yn *Hanes y Capten Ffactor*. Gwelwyd bod Gwerli, gwraig y cybydd, yn enwog am ei thrythyllwch, ac awgrymir ar ddiwedd y chwarae fod y ffŵl a'i lygaid arni. Nansi, fodd bynnag, yw'r twyllwr amlycaf. Tadogodd hi ei phlentyn ar y cybydd, a mynnu arian tuag at ei gynnal.[115] Ailadroddir y thema hon yn haen gyfnewidiol *Histori'r Geiniogwerth Synnwyr*. Yn honno, denwyd y marsiant oddi wrth ei wraig gan Fronwen, y butain dwyllodrus, megis y twyllwyd Dafydd gan Fathseba yn *Y Brenin Dafydd*.[116] Yn *Protestant a Neilltuwr*, beirniedir y Methodistiaid am eu parodrwydd i fanteisio ar y rhyw deg, ac ensynnir mai rhyw Sodom a Gomora o le yw teyrnas Howel Harris yn Nhrefeca.

Yn fynych, adroddid hanes priodas y cybydd. Perthynai i'r olygfa hon ddogn o asbri anghyfrifol a serthedd diedifar oblegid câi'r ffŵl barodïo'r gwasanaeth, ac ar dro gwelid y

cybydd a'i wraig yn cydorwedd ar y llwyfan. Nid rhyfedd i
Fardd y Nant fodloni ar gyfeirio yn gynnil at y digwyddiad
yn *Y Farddoneg Fabilonaidd* a *Pleser a Gofid*. Ar un ystyr,
dilynodd Huw Jones lwybr tebyg. Ni pharodïodd y
gwasanaeth, fel y gwnaed yn *Ffrewyll y Methodistiaid*, ac ni
chaniataodd Huw Jones i'r cybydd a'i wraig gydorwedd ar y
llwyfan, ond cyflwynir golygfa yr un mor gnawdol. Nid yw'r
cybydd yn garwr profiadol, a rhaid i'r ffŵl ei hyfforddi yn y
grefft, er mawr ddiddanwch i'r gynulleidfa. Y mae'r ffŵl wrth
law drachefn i uno'r Capten Ffactor a Phrudensia:

> Y fi ydy'r esgob penna'
> Sydd yn y deyrnas yma;
> Mi rof fi'r Capten gwych ei waed
> Yn dinsyth rhwng traed Prudensia.

Disgwylid i'r cybydd farw ar ddiwedd yr anterliwt, ond
mewn un anterliwt yn unig y gwelir y cymeriad Angau ar y
llwyfan. Yn *Hanes y Capten Ffactor* y digwydd hynny.
Disgrifir hunanladdiad y cybydd yn *Histori'r Geiniogwerth
Synnwyr*, a'i dröedigaeth yn *Protestant a Neilltuwr*. Er i Huw
dorri tir newydd yn yr olaf, nid ymwrthododd yn llwyr ag un
o ddigwyddiadau mwyaf cyfarwydd y cyfrwng oherwydd yng
nghwrs y chwarae gwelir gwraig y cybydd yn marw a'r ffŵl yn
ei marwnadu. Er bod angau yn dod i ran cybyddion Twm o'r
Nant, ni ddewisodd yr awdur wneud môr a mynydd o
olygfa'r claddu. Nid felly Huw Jones. Cludir y wraig ymaith
i'w chladdu yn ddiseremoni yn *Protestant a Neilltuwr*, a phrin
yw'r parch a ddangosir at gorff y cybydd yn *Histori'r
Geiniogwerth Synnwyr*.

Gwedd arall a barai gryn ddifyrrwch oedd y defnydd a
wnâi'r ffŵl o'i arwydd ffalig. Ni chrybwyllir y tegan o gwbl
yn *Histori'r Geiniogwerth Synnwyr*. Esbonia'r ffŵl yn *Protestant
a Neilltuwr* iddo ddewis ymwrthod â'r arwydd traddodiadol,
ond gan iddo gyfeirio ato mewn modd di-flewyn-ar-dafod,
llwyddodd i gyflawni'r un nod, sef codi cywilydd ar y
merched. Y mae'n amlwg fod gan ffŵl yr anterliwt gyntaf,
Hanes y Capten Ffactor, gleddyf ac arwydd ffalig, er mai
cynnil a dof yw'r cyfeiriad atynt, yn wahanol i'r *Brenin
Dafydd*. Y mae'r cywaith yn fwy cwrs ac aflednais drwyddo
draw nag un o'r tair anterliwt o waith Huw Jones.

Y mae'n amlwg fod elfennau neu themâu arbennig yn apelio at Huw, ac fe'u hailadroddir mewn sawl anterliwt. Ar fwy nag un achlysur, gwelir ei gymeriadau yn gwrthdaro yn gorfforol. Ceir y cybydd a'r ffŵl yn ymdaro yn *Histori'r Geiniogwerth Synnwyr*, a'r cybydd a'i fab mewn golygfa arall. Y cybydd a'i wraig sydd benben â'i gilydd yn *Hanes y Capten Ffactor*.[117] Yn yr un anterliwt, ymaflyd codwm rhwng Deifes Gybydd ac Angau sy'n arwain at dynged anochel y blaenaf. Elfennau gweledol oedd y rhain. Gwnaeth Huw ddefnydd helaeth o ddwy ddyfais lafar. Yn gyntaf peth, pair i'w gymeriadau dyngu a rhegi a difenwi yn ddilyffethair. Clywir llifeiriant o lwon lliwgar megis 'Corff y gŵr mwyn', 'Gwaed y gwcw', 'Myn botwm fy nghlos', 'Diawl a'ch coto', ynghyd â disgrifiadau dychanol megis 'llygad iâr mewn mwg', 'wyneb popty teils', 'crwper hen bawl', 'hangmon' a'u tebyg. Hoff ganddo hefyd fydryddu dywediadau cyfarwydd a diarhebion megis 'Hir pob aros, hwyr pob ara' ' a 'Drwg y ceidw'r diawl ei was' yn *Hanes y Capten Ffactor*; dro arall clywir adleisio rhai o'r hen benillion telyn:

Tri pheth sy anhawdd eu hadnabod:
Derwen, dyn a diwrnod;
Mae llawer lodes yn ddi-gêl
Wrth geisio mêl yn cael wermod.

Mae calon ddrwg mewn derwen,
Mae dyn yn prifio yn filen;
T'wynnu ar fore'r haul a wnaiff
Ac yn ddrycin yr aiff drachefen.

Un nodwedd a berthyn i anterliwtiau Twm o'r Nant, fel y dangoswyd, yw'r cynllun sy'n gyfrwng asio'r ddwy haen annibynnol. Hynodrwydd arall yw'r feirniadaeth gymdeithasol sy'n hydreiddio'r testunau. Priodol chwilio am sylwebaeth gyffelyb yng ngweithiau Huw Jones yntau, ond gwahanol iawn yw'r dystiolaeth y tro hwn. Y mae diogi'r gweision, a'u hawydd i ymwychu, yn destun digofaint i'r cybydd. Nid da ganddo ychwaith eu llacrwydd moesol. Lleisia ei gŵynion yn y tair anterliwt, ac yn *Protestant a Neilltuwr* a *Hanes y Capten Ffactor*, daw ei wraig o dan ei lach ar gyfrif ei hanniweirdeb, ei diogi, a'i pharodrwydd i dreulio ei hamser yn yfed te ac yn clebran. Er mor huawdl yw'r cybydd ar y pen hwn, sylwadau cyffredinol sydd ganddo, ac ni chais eu gosod mewn cyd-destun ehangach. Gwelodd Twm o'r Nant, fel Huw Jones, yrru plant i ysgolion dros y ffin yng Nghaer, a'r plant hynny o fewn dim yn gollwng y Gymraeg dros gof, ond ceisiodd ef esbonio'r arfer. Barnai Twm mai balchder dyn a barai iddo geisio ymgodi trwy newid ei iaith, ei wisg a'i arferion, ac yr oedd y balchder hwnnw i'w olrhain i'r cwymp yng Ngardd Eden:

> Fe dd'wedodd y sarph o'r dechre
> Y byddai dynion megys duwie,
> A'r balchder hwnw sy'n ffals ei wên
> Yn glynu mewn hen galone...
>
> Mae balchder Cymry ffolion
> I ymestyn ar ol y Saeson,
> Gan ferwi am fyn'd o fawr i fach
> I ddiogi'n grach fon'ddigion.[118]

Cynnil ac achlysurol hefyd yw'r sylwebaeth ar ymddygiad y dosbarthiadau hynny a feirniadwyd mor ddidrugaredd gan Fardd y Nant. Dychenir ariangarwch y cyfreithwyr yn *Histori'r Geiniogwerth Synnwyr*:

> Yr ydych chwi am ffis yn brysur
> Cyn dweud imi beth yw'r papur;
> On'd ydyw twrneiod yn arw i gyd?
> Mae hwn o'r un frid â'i frodyr.

a beirniedir y meddygon hwythau yn *Protestant a Neilltuwr*:

> Mae'r doctoried yn bethe dyrys,
> A'u castie nhw yn bethe costus.

Y stiwardiaid sy'n codi'r rhenti ac yn difeddiannu'r tenantiaid tlawd na fedrant gael deupen y llinyn ynghyd yw'r cocyn hitio yn *Histori'r Geiniogwerth Synnwyr*, ac y mae'r cybydd yn *Protestant a Neilltuwr* yn symbol o'r amaethwr da ei fyd sy'n manteisio ar eraill:

> Gwerthwch yr ŷd yn gynta'
> Dan drotian pan fo druta',
> A gyrrwch e i eitha' pen yr hoel,
> A gwerthwch ar goel y gwaetha...

Os gwerthwch chwi ŷd, a choelio am arian,
Rhowch yn eu bache nhw fesur bychan;
Teflwch wehilion bob yn ail to
A dysgwch gogio, Gwgan.

Nid da gan y cybydd y Methodistiaid, na'r offeiriaid hwythau. Ensynnir mai'r degwm sy'n mynd â bryd yr olaf, ac nad ydynt yn cynnig swcr ysbrydol a moesol i'w cynulleidfaoedd. Unwaith eto, ni wneir môr a mynydd o'r feirniadaeth. Cyflwynir dwy ochr y geiniog yn *Hanes y Capten Ffactor*. Estynnir maddeuant i'r cybydd godinebus, ond awgrymir y bydd y 'gosb', sef ymddangos yn gyhoeddus mewn cynfas wen gerbron yr offeiriad a chynulleidfa'r eglwys, yn cymell eraill i gyflawni'r unrhyw bechod. Ar yr un pryd, er mawr syndod i'r cybydd, ni chais yr offeiriad elwa yn ariannol ar sail ei gamwedd a'i anffawd.

Er bod y tair anterliwt yn ddrych i amgylchiadau a phrofiadau trwch y boblogaeth yn y ddeunawfed ganrif, yn *Protestant a Neilltuwr* y deuir agosaf at uniaethu â meddylfryd yr oes. Camarweiniol, braidd, yw ei henw, oblegid fe'i seiliwyd ar ddeunydd cyfoes, nid amgen, y gwrthdaro rhwng yr Eglwys Wladol a'r Methodistiaid. Nid oes amheuaeth nad un o gefnogwyr Eglwys Loegr yw Huw Jones. Y Protestant a gaiff y gair olaf ym mhob golygfa, ei safbwynt ef a gyflwynir yn y caneuon, ac ar ddiwedd y chwarae, cydnebydd y Methodist iddo gyfeiliorni pan adawodd yr Eglwys, ac fe'i croesewir yn ôl i'r gorlan.[119] Perthyn yr anterliwt, felly, i'r corff o weithiau gwrth-Fethodistaidd a luniwyd yng nghwrs y ganrif, ac anterliwt William Roberts, Llannor, *Ffrewyll y Methodistiaid*, yn eu plith.

Yr un, yn ei hanfod, yw'r portread o'r Methodistiaid yn yr holl weithiau hyn, a pherthyn iddo dair gwedd. Yn y lle cyntaf, dychenir dulliau addoli'r Dychweledigion. Disgrifir eu harfer o gwrdd fin nos mewn mannau anghysbell, eu sŵn wrth addoli, a'u pregethwyr di-glem:

A'r organ sydd yn llais hyfrydlon
Gyda lliaws o gantorion,
Gwell na'r hymne rych chwi'n ganu
Mewn ysgubor neu mewn beudy.

42

Yn y *Common Prayer* mae gwell gweddïe
O gyfan osodiad yr hen dade
Nag a wnaiff na gŵydd na chobler
Sydd heb fedru prin mo'u pader.

Yn ail, beirniedir Howel Harris a'i gyd-arweinyddion ar dir moesol. Creaduriaid trythyll ac anniwall ydynt sy'n hudo merched ifainc a'u twyllo:

O! roedd yno weddïo hwyr a bore.
Yr oeddem ni'n bur amal ar ein glinie,
A llawer gwraig yn cael twymo'i thrwyn
Rhwng Howel fwyn a m'finne.

Yn olaf, cystwyir y mudiad ar dir gwleidyddol. Disgynyddion Piwritaniaid yr ail ganrif ar bymtheg oedd y Methodistiaid yn ôl y farn boblogaidd, a'u bryd ar ddymchwel y llywodraeth a'r eglwys:

Eich epil fu'n rhyfela
Yn erbyn Charles y Cynta';
Un Olfyr Crwmwel, pen y rhain,
Oedd megis Cain fab Adda...

Dygasoch fywyd aer y Goron,
Chwi ysbeiliasoch blant ac wyrion;
Dygasoch dda y cywir ddeilied
Trwy godi i gneifio wrthyn', gnafied.

Er bod *Protestant a Neilltuwr* yn ailadrodd beirniadaeth William Roberts a'i gyd-ffrewyllwyr, ac er bod Huw Jones yn llefaru fel Eglwyswr selog ac uniongred, synhwyrir nad yw'r feirniadaeth mor chwyrn y tro hwn. Ar un ystyr, yr oedd cynllun yr anterliwt yn mynnu hynny. Ni ellid dychanu'r Methodist yn ddidrugaredd a chael ganddo ddychwelyd i'r gorlan eglwysig. Ond gellir cynnig hefyd fod y cywair llai ymosodol yn ddrych i amheuon yr awdur a'i barodrwydd i gwestiynu'r hen ragdybiaethau. Os yw'r Eglwys yn anterliwt William Roberts yn ddilychwin, y mae'r mudiad Methodistaidd yn offeryn yn llaw'r diafol. Cystwyir y Methodistiaid yn *Protestant a Neilltuwr*, fel y nodwyd, ond cedwir y ddysgl yn wastad trwy feirniadu'r Eglwys a'i gwasanaethyddion.

Nid ydyw'r bugeilied ond eiste wrth tân
A difa gwlân y defed...
Mae llawer ohonoch ym mhob lle
Yn camu'r llwybre cymwys.

Dyma thema gyfarwydd yn anterliwtiau'r ganrif, ond gweithred ddadleuol oedd ymgorffori'r feirniadaeth honno mewn gwaith a oedd, ar yr olwg gyntaf, yn rhybuddio'r 'glân Brotestanied' a wyliai'r chwarae i ymgadw rhag y Methodistiaid bygythiol. Dechreuodd Methodistiaeth fwrw gwreiddiau yn y gogledd ym mhedwardegau'r ganrif, ac i'r cyfnod hwn y perthyn 'gwaith cableddus' William Roberts. Yn y chwedegau, yn dilyn yr ail ddiwygiad yn Llangeitho, y gwelwyd y cenhadu cychwynnol yn dwyn ffrwyth, a thystia anterliwt Huw Jones, a luniwyd tua diwedd y chwedegau, i'r newid yn y farn gyhoeddus.

Er na ddewisodd Huw Jones ddilyn trywydd y sylwebydd cymdeithasol, mynnodd gyflwyno neges foesol ddigamsyniol. Y mae *Histori'r Geiniogwerth Synnwyr* yn cyflwyno:

...rhybudd i Gristnogion
Fyw yn onest ac yn union,
Yn wŷr, yn wragedd ac yn blant,
A gwylio chwant y galon.

O 'fyw yn onest ac yn union', daw ffyniant i ran yr unigolyn, ac ailadroddir y neges ym maledi niferus Huw Jones a'i gyd-awduron. Yn y tair anterliwt mawrygir gweithredoedd da, a gwneir hynny yn yr haen draddodiadol a adroddai hanes twyllo'r cybydd ac yn yr haen gyfnewidiol. Talodd y Capten Ffactor hanner canpunt i sicrhau claddedigaeth deilwng i'r gelain a orweddai ar y stryd, a thalodd ddwywaith cymaint i ryddhau Prudensia o ddwylo ei dienyddion. Fe'i gwobrwyir am ei onestrwydd a'i elusengarwch, a chaiff ferch y tywysog yn wraig briod. Gŵr twyllodrus oedd y Capten Convoy ar y llaw arall. Ceisiodd ennill Prudensia yn wraig trwy ei ddichell, a bu'n rhaid iddo dalu'r pris. Cefnodd y marsiant ar ei wraig yn *Histori'r Geiniogwerth Synnwyr*, gan ddewis ffafrau'r butain. Gwelodd y marsiant a'r butain eu camwedd, troesant at Dduw gan

44

ddeisyf—a derbyn—ei faddeuant. Un arall sy'n pechu, ac yn deisyf maddeuant, yw'r Brenin Dafydd:

> Duw Lywydd da lwys, hoff hyder a phwys,
> Clyw lais pechaduried sy a'u hymddiried yn ddwys
> Y cawn yn o glau ond edifarhau
> Dy gyflawn drugaredd o'r diwedd ein dau.

Cyflwynir yr unrhyw thema yn yr haen draddodiadol. Twyllodd Nansi'r cybydd yn *Hanes y Capten Ffactor* trwy ddwyn ei arian a thrwy dadogi ei phlentyn arno, ac y mae ei thynged yn rhybudd pwrpasol i eraill. Cydnabu Gwgan, cybydd *Protestant a Neilltuwr*, iddo roi ei fryd yn gyfan gwbl ar dda'r byd hwn, ond yn hytrach na marw fel y gwna Deifes yn *Hanes y Capten Ffactor* a Thrachwant Bydol yn *Histori'r Geiniogwerth Synnwyr*, ymwrthyd â'i hen ffyrdd a throi at grefydd. Ceir tröedigaeth ddeublyg yn yr anterliwt hon gan fod gweithred Gwgan yn paratoi'r ffordd ar gyfer yr olygfa olaf lle y gwelir y Neilltuwr yn dychwelyd i freichiau ei fam ysbrydol, sef Eglwys Loegr. Câi cynulleidfa Huw Jones ddwy stori ddifyr i'w diddanu ynghyd â rhybudd moesol na fuasai yn un rhy anodd i'w dreulio.

¹Defnyddia'r ffurf Gymraeg a'r ffurf Saesneg ar ei enw. Gwelwyd y ffurf 'Huwel ap Joan' ar un achlysur, gw. J. H. Davies, *A Bibliography of Welsh Ballads printed in the 18th Century* (London, 1909-11), rhif 95A yng nghopi Llyfrgell Genedlaethol Cymru sy'n cynnwys cofnodion atodol.

²Charles Ashton, *Hanes Llenyddiaeth Gymreig o 1651 O.C. hyd 1850* (Liverpool, [1893]), 231.

³T. R. Roberts, *Eminent Welshmen* (Cardiff & Merthyr Tydfil, 1908), 237; Robert Griffith, *Deuddeg o Feirdd y Berwyn* (Liverpool, 1910), 97-101. Y mae bywgraffwyr eraill yn nes at eu lle, gw. Robert Williams, *Enwogion Cymru, A Biographical Dictionary of Eminent Welshmen* (Llandovery, 1852), 256, lle y'i rhoddir yn ei flodau 1740-80; William Rowlands, *Cambrian Bibliography* ed. D. Silvan Evans (Llanidloes, 1869), 450; *Geirlyfr Bywgraffiadol o Enwogion Cymru* (Liverpool, 1870), 594.

⁴BC 441.

⁵Y mae'r eitem cyntaf yn rhestr Charles Ashton o weithiau Huw Jones, gw. *Hanes Llenyddiaeth Gymreig*, 231-44, yn cyfateb i faled rhif 95 yn *A Bibliography of Welsh Ballads*. Nid oes dyddiad ar yr wynebddalen yn yr olaf, ond dywedir ei hargraffu 'yn y Mwythig tros Evan Ellis'. Cynnwys hon ddwy faled, y gyntaf gan fardd anhysbys a'r ail gan Huw Jones. Y daeargryn a drawodd ddinas Lisbon yn y flwyddyn 1755 yw testun hon, a rhaid mai yn ystod y flwyddyn honno, neu yn fuan wedyn, y'i lluniwyd. Cyfeirir at y daeargryn a'r dinistr a achoswyd ganddo yn *Encyclopaedia Britannica* xiv (London, 1959), 197.

⁶G. M. Ashton, *Hunangofiant a Llythyrau Twm o'r Nant* (Caerdydd, 1964), 33. Nid oedd Twm o'r Nant wedi cyrraedd ei bedair ar ddeg 'yr amser honno'. Fe'i ganed yn 1739, gw. Cyd2 219.

⁷Marwolaeth Syr Watkin Williams Wynn yw pwnc y faled a luniwyd y flwyddyn honno, gw. *A Bibliography of Welsh Ballads*, rhif 116. Disgrifir achos ei farwolaeth mewn baled arall, gw. ibid., rhif 93: 'Dechreu Can. O farwnad neu o alarnad am farwoleth Sir Watkin Williams Wynn, Bart., yr hwn a cwympodd neu a Syrthiodd dros eu Ceffyl wrth hela ar ddydd Mawrth yr 26 o fedi mewn cae on agos i Wrexham'. Gw. ymhellach BC 1033-4.

⁸Cofnodion Esgobaeth Llanelwy, plwyf Efenechdid.

⁹Llsgr. LlGC 10870B, 15b: 'Englynion Iw gosod ar fedd Hugh Jones o Langwm yr hwn a gladdwyd mewn lle a Elwir mynechdid Gerllaw Rhuthyn yn Sir ddinbych ynghylch Diwedd y flwyddyn 1782'. Gwelir y dyddiad 1783 wrth un o'r englynion, ond gan eu bod yn digwydd gyda'i gilydd yn yr un llsgr., dichon eu cyfansoddi oll y flwyddyn honno. Lluniwyd un gan Ddafydd Ddu Eryri, a'r lleill gan Wiliam Evans ('o'r Gadlys ym mhlwyf Llanwnda hen', gw. MFGLl 4281), John Jones (awdur yr englyn a ddyfynnir uchod), Wiliam Hughes, Brynbeddau, a Wiliam Dafydd, Caernarfon. Dyma'r adeg yr oedd Dafydd Ddu yn dechrau sefydlu cymdeithasau llenyddol yn Arfon, gw. Cyd2 702, a diau mai yn un o gyfarfodydd un o'r cyfryw gymdeithasau y canodd yr athro a'i gywion yr englynion coffa hyn.

¹⁰*Gwaith Thomas Edwards* (I. Foulkes, Liverpool, 1874), 391.

¹¹*Hanes Llenyddiaeth Gymreig*, 246-7.

¹²*Cambrian Bibliography*, 450. Mynegwyd safbwynt cyffelyb gan y gohebydd a'i geilw ei hun yn Cadwgan yn *Y Gwyliedydd*, 1827, 150: 'Ai

tybed...mai Protestant o egwyddor oedd H. J. o Langwm, ynte, Pabydd dichell-ddrwg, megis eraill o'r hepil ddrygionus...Pwy bynnag a'i haddefo yn gysson â rheolau euraidd yr efengyl, ac â chredo diffuant y diwygwyr Protestanaidd, fe wna y parch diymwad sy gennyf i'r ysgrythyrau sanctaidd farnu y cyfryw yn gymmwysach i fyw a marw wrth draed y Bwystfil Rhufeinig, nag i gael ei gyfrif yn un o ddeiliaid rhyddion a Christionogol Sior y Pedwerydd'.

[13]E. H. Rowland, *A Biographical Dictionary of Eminent Welshmen* (cyhoeddwyd gan yr awdur, 1907), 136.

[14]"Dywedir...iddo fod yn byw mewn ty bychan yn ochr Bron Llan, sydd wedi mynd o'r golwg bellach. Bu rhai o'i ddisgynyddion yn byw ym Mhig-y-Bont hyd yn gymharol ddiweddar, dan y cyfenw Parry', gw. Thomas Jones, *Beirdd Uwchaled* (Lerpwl, 1930), 37.

[15]*A Bibliography of Welsh Ballads*, rhif 683.

[16]Yn ôl y *Bywgraffiadur*, fodd bynnag, 'Gweithiodd drwy ei oes fel gwas ar amryw ffermydd', gw. BC 441.

[17]*A Bibliography of Welsh Ballads*, rhif 196A. Copïwyd y chwe phennill cyntaf yn llsgr. LlGC 1238B, 221, a dyddir y gerdd 1756. Nid oes dyddiad wrth y fersiwn argraffedig, ond '...hanes John Jones, Yr hwn a groged yr yn [sic] y Flint, 15 o Fis Medi, 1756' yw testun y gerdd gyntaf yn y llyfryn.

[18]Ibid. Trigai sawl Huw Jones yn Llangwm ym mhedwardegau a phumdegau'r ganrif, a barnu wrth gofnodion y plwyf. Bedyddiwyd wyth o blant Huw Jones a'i wraig Rose rhwng 17 Tachwedd 1748 a 21 Gorffennaf 1762, a rhwng 1751 a 1755 bedyddiwyd dwy ferch Huw Jones a Gwen, a'r un nifer o ferched Huw Jones a Siân, a Huw Jones ac Elin, gw. Cofnodion Esgobaeth Llanelwy, plwyf Llangwm.

[19]ML II 600, llythyr Wiliam Morris at Richard Morris, 5 Tachwedd 1763: 'Glana gwr a ddaeth ym hannedd, wythnos i heddy oedd o ai fab ai beichiau o Ddiddanwch'.

[20]LlGC 346B, 212.

[21]LlGC 1238B, 161: 'Dyma'r Englun Ymddiddanion a fu rhwng H. J. a Mr Wunne llangannhafal yn Sel yn Rhuthun'. Ceir copi arall yn llsgr. Cwrtmawr 43, 4.

[22]ML II 488, llythyr Wiliam Morris at Lewis Morris, 21 Mehefin 1762.

[23]ALMA2 534, llythyr Lewis Morris at Edward Richard, 20 Mai 1761.

[24]J. H. Davies, *The Letters of Goronwy Owen (1723-1769)* (Cardiff, 1924), 127.

[25]Ymglywir â charedigwydd ac elusengarwch diarhebol Richard Morris yng nghanol y difrïo. Derbyniai Richard ei lythyron yn rhad, yn rhinwedd ei waith yn swyddfa'r Llynges, a chais gan ei frawd Lewis anfon llythyron Huw ato ef, Richard, yn hytrach nag at Huw ei hun yn uniongyrchol (gan mai'r derbynnydd a dalai bris cludiant yn y ddeunawfed ganrif): 'Gyrrwch attafi lythyrau Llangwm, tlawd yw efe, ac nis gall dalu', gw. ML II 473-4, llythyr Richard Morris at Lewis Morris, 9 Mai 1762.

[26]ALMA2 662-3, llythyr Richard Morris at Ieuan Fardd, 12 Ebrill 1766.

[27]DEWISOL GANIADAU / YR / OES HON. / Yn ddwy Rhann / Y Rhann Gyntaf. / Sydd yn cynwys Englynion, Cywyddau ac awd- / lau o waith yr Awduriaid goreu yn yr Oes / Bresenol. / Yr ail Rhann. / Carolau Plygain a Cherddi Newyddion na fu- / ant yn Argraphedig erioed or blaen; / O waith llawer o Beirdd CYMRU. / A gasglwyd ac a gynfansoddwyd gan,

47

/ HUGH JONES, Llangwm.

²⁸DIDDANWCH TEULUAIDD; / Y LLYFR CYNTAF: / YN CYNWYS GWAITH / Y PARCHEDIG . MR. GORONWY OWEN, LEWIS / MORRIS, ESQ.; HUW HUWS. &c. / BEIRDD MON MAM-GYMRU, / ac Aelodau o Gymdeithas y Cymmrodorion / O Gasgliad Huw Jones, o Langwm, C.C.C. / LLUNDAIN. ²⁹LlGC 672D, 199.

³⁰Cyhoeddodd Thomas Jones yr Almanaciwr yn 1696 *Carolau a Dyriau Duwiol*, ddeng mlynedd wedi i Ffoulke Owen ddwyn o'r wasg *Cerdd-lyfr* (1686), gw. BC 484, 660.

³¹Amlinellir yr hanes gan G. J. Williams, 'Llythyrau at Ddafydd Jones o Drefriw', *Cylchgrawn Llyfrgell Genedlaethol Cymru*, Atodiad, Cyfres III, Rhif 2, 36-8.

³²Alan Llwyd, *Gronwy Ddiafael, Gronwy Ddu* (Llandybïe, 1997), 186-8.

³³Cyfeiria Tegwyn Jones at ei hanes yn *Y Llew a'i Deulu* (Tal-y-bont, 1982), 59-63, 67-71.

³⁴ALMA1 370, llythyr Siôn Owen at Ieuan Fardd, 2 Tachwedd 1758.

³⁵A. Cynfael Lake gol., *Blodeugerdd Barddas o Ganu Caeth y Ddeunawfed Ganrif* (Llandybïe, 1993), 54.1-6.

³⁶ML I 489, llythyr Lewis Morris at Wiliam Morris, 18 Mehefin 1757.

³⁷*HollWaith Barddonol Goronwy Owen* (I. Foulkes, Liverpool, 1878),82-3.

³⁸'Ai gwir fod Llangwm yng ngwarcha'?', gw. ML II 483, llythyr Wiliam Morris at Richard Morris, 19 Mai 1762; 'Mae o Huw Langwm Ynghymru, meddynt, roedd yr Hirfardd wedi clywed i fod wedi ei garcharu yn Llyndain am hen ddyled argraph', gw. ML II 488, llythyr Wiliam Morris at Lewis Morris, 21 Mehefin 1762.

³⁹O dan ei enw, ychwanegwyd y manylion 'Llundain, Mehefin 24, 1763'. Ei benderfyniad ef yn ddiau oedd rhoi'r gerdd 'Cwynfan Merch (gwedi ufuddhau i'w Chariad, ac yntau ei gadel hi)' ar ddalen wag gyferbyn â cherdd gyntaf Goronwy Owen: 'Rhag bod y tu Dalen yn wen, gosodwyd hyn yma gan Huw Jones o Langwm', gw. *Diddanwch Teuluaidd*, xxxiv.

⁴⁰ML II 582, llythyr Richard Morris at Lewis Morris, 21 Awst 1763.

⁴¹Charles Ashton, *Hanes Llenyddiaeth Gymreig*, 230.

⁴²D. Alwyn Owen, 'Gweithiau Pantycelyn', *Meddwl a Dychymyg Williams Pantycelyn* gol. Derec Llwyd Morgan (Llandysul, 1991), 24-30.

⁴³Gw. Eiluned Rees, *Libri Walliae* (Aberystwyth, 1987), 360-1.

⁴⁴*Dewisol Ganiadau*, iii.

⁴⁵ML II 94, llythyr Wiliam Morris at Siôn Owen, 31 Hydref 1758.

⁴⁶Ar ddechrau'r gyfrol honno gwelir 'Englynion i Ddewi Fardd ac iw lyfr' o waith Ieuan, ac fe'u dilynir gan awdl fer o'i waith, gw. *Blodeu-gerdd Cymry*, iii-v. Digwydd enw 'Hugh Jones of Llangwm' ymhlith y tanysgrifwyr.

⁴⁷Arno, gw. R. Gwilym Hughes, 'William Wynn, Llangynhafal', *Llên Cymru* i (1950-1), 22-8.

⁴⁸Rhestrir wyth cerdd yn y mynegai. Blêr, braidd, yw trefn y cerddi, a gwelir rhwng cloriau'r gyfrol sawl cerdd nas cofnodir yn y mynegai, gan gynnwys pum pennill o gerdd William Wynn i'r Mynawyd.

⁴⁹Gw. J. Gwenogvryn Evans, *Report on Manuscripts in the Welsh Language* (London, 1898-1910), i, 748. Ar ddiwedd 'Cywydd y Farn', ysgrifennodd Ieuan 'wrote here by Mr. Ev. Evans Curate of Manavon'. Nid oedd gan

Ieuan a William Wynn feddwl uchel iawn o gerdd Goronwy. Ar ochr y ddalen, cofnodwyd sylwadau megis 'twyll gyngh[anedd] a chrych a llyfn', 'drwg ystyr', 'rhy debyg', 'nid gwir', 'torr cymeriad'.

[50]ALMA2 415, llythyr Lewis Morris at Edward Richard, 8 Tachwedd 1759. Rhoes William Wynn ddwy o'i gerddi i Ddafydd Jones i'w cynnwys yn *Blodeu-gerdd Cymry*, sef 'Carol Plygain ar fedle-fawr' a 'Madrondod rhyw Eglwyswr', gw. tt. 324, 511. Fe'i henwir hefyd ymhlith y tanysgrifwyr.

[51]ALMA2 402, llythyr William Wynn at Richard Morris, 24 Medi 1759.

[52]*Diddanwch Teuluaidd*, xxxi-xxxii.

[53]BL Add 14968, 151a. Ni ddefnyddiodd Huw y mesurau caeth i'r un graddau â dau o'i gydnabod sef Twm o'r Nant a Dafydd Jones o Drefriw, ond tystiodd G. G. Evans na welodd yr un cywydd o waith y baledwr a'r anterliwtiwr, Elis Roberts, gw. *Elis y Cowper* (Caernarfon, 1995), 22. Bu nifer o lawysgrifau canoloesol ym meddiant Twm o'r Nant a Dafydd Jones, ond ni wyddys am ddeunydd cyfatebol a fu'n eiddo i Huw Jones.

[54]*A Bibliography of Welsh Ballads*, rhif 155B.

[55]Fe'i disgrifia ei hun, ar ddalen olaf y *Diddanwch* 'eich ufudd Wasanaethwr HUW JONES o Langwm, Cyfaill Cymdeithas y CYMMRODORION yn LLUNDAIN', [266].

[56]Ibid.

[57]Ibid.

[58]*A Bibliography of Welsh Ballads*, rhif 83.

[59]*A Bibliography of Welsh Ballads*, rhif 101.

[60]*A Bibliography of Welsh Ballads*, rhif 241.

[61]Cwrtmawr 209, 30.

[62]*A Bibliography of Welsh Ballads*, rhif 683.

[63]*A Bibliography of Welsh Ballads*, rhif 100.

[64]*A Bibliography of Welsh Ballads*, rhif 111.

[65]*A Bibliography of Welsh Ballads*, rhif 171.

[66]*A Bibliography of Welsh Ballads*, rhif 221.

[67]Gw. A.Cynfael Lake,'Evan Ellis, "Gwerthwr llyfrau a British Oil &c" ', *Y Traethodydd*, Hydref 1989, 204-14.

[68]Un yn unig a restrir yn y *Cambrian Bibliography*, sef *Protestant a Neilltuwr*, gw. t. 615 o dan y flwyddyn 1783.

[69]HANES / Y / CAPT. FACTOR. / SEF EI / DAITH i Smyrna a Venis. / A'R MODD / Y Dioddefodd lawer o ADFYD ar / FOR a THIR; / A / Danghosiad o'i Weithredoedd da, / A'r modd y doeth ef i Ddiwedd daionus / ar ol hynny. / Gyda ychydig o GWRS Y BYD, er Rhybudd i / Bawb, na roddon mo'r gormod o'u serch ar / OLUD BYDOL. / A Rhyw faint o / DDIDDANWCH pleserus, a pherthynasol / i'r fath WAITH: / Ar Ddull ENTERLUT / O Waith H. JONES o LANGWM / Argraphwyd yn LLUNDAIN gan W. ROBERTS / ac a werthir gan yr AWDWR. 1762. [Pris 6 d.].

[70]Historir Geiniogwerth Synnwyr / Ar Ddull / ENTER LUTE. / Neu hanes Marchiant mawr yn / Lloeger a hoffodd Butain o flaen ei / wraig; ag fel y Cafodd Droeadig-/aith Drwy ryfeddol Raglunniaeth/ Duw. At yr hynn y chwanegir, y / chydig o gwrs y Byd Presennol, / ynghlych mesur y tiroedd, A Dyblu / Rhenti yn amryw fannau; Gyda / chydig ddidanwch Perthynasol ir / fath waith. / O Gyfansoddiad Hugh Jones Llangwn. / Pris Chwech einiog./ Argraphwyd yn NGWRECSAM gan R. Marsh / Gwerthwr Llyfrau.

[71]ENTERLUTE / NEWYDD / Ar Ddull Ymddiddan rhwng / Protestant a Neilltuwr / GYD AG YCHYDIG O / Hanes Ymrafael Opiniwnau a fu er / amser CHARLES I. hyd yn awr; / A byrr Grybwylliad am / Ffalster, Cybydd-dod, a Chydwybod / Gan HUGH JONES, o LANGWM / MWYTHIG / Argraphwyd gan T. WOOD, Gwerthwr Llyfrau / ar FRYN Y BALCHDER, 1783.

[72]Cofnodir yr hyn sydd ar yr wynebddalen yn G. G. Evans, 'Yr Anterliwd Gymraeg' (MA Cymru [Bangor], 1938), 213, ac yn *Revue Celtique*, i (1870-2), 384, gw. hefyd *Hanes Llenyddiaeth Gymreig*, 243-4, ond nid yw'r geiriad yn cyfateb yn union. Eto, dichon mai un argraffiad a gafwyd.

[73]'Yr Anterliwd Gymraeg', 216-7. Nodir mai i dud. 12 yr anterliwt y perthyn y penillion hyn, ond ar dud. 2 y'u ceir.

[74]'Yr Anterliwd Gymraeg', 216-7. Bwriwyd John Wilkes o'r Tŷ Cyffredin yn 1764. A'r flwyddyn honno, ymosododd tyrfa o wehyddion ar gartref John Russel, pedwerydd arglwydd Bedford, gan fynegi eu dicter at y llywodraeth a wrthodai dolli'r sidan tramor a fewnforid.

[75]Ifano Jones, *A History of Printing and Printers in Wales to 1810* (Cardiff, 1925), 118-19.

[76]c. 1775? yw'r dyddiad a gynigir yn LW cofnod 2929.

[77]Yn ôl LW cofnod 2924, fe'i golygwyd gan Walter Davies. Ni welais unrhyw gyfeiriad arall at gyswllt Gwallter Mechain (1761-1849) â *Phrotestant a Neilltuwr*. Awgrymir iddo actio yn un o anterliwtiau Twm o'r Nant yn 'hoglanc pymtheg', gw. John Thomas Owen, 'Gwallter Mechain: ei hanes, ei waith a'i safonau beirniadol' (MA Cymru [Aberystwyth], 1928), 7, a chynigir hefyd iddo lunio anterliwtiau ei hun. Meddai Isaac Foulkes, 'Thomas Edwards o'r Nant, a'r Interliwdiau', THSC, 1903-4, 45-6, 'Cyfansoddodd Gwallter Mechain yn nechreu ei yrfa awenyddol "anterliwt" neu ddwy: ychydig iawn o'r eneiniad oedd arnynt, ac yn ffodus gwelodd ef nas gellid interliwdiwr onohaw [sic], a newidiodd ei grefft'. Gw. hefyd Cynddelw, 'Cymdeithion Boreu Oes Gwallter Mechain', *Y Geninen*, 1885, 74-5.

[78]Bu diwedd y chwedegau a dechrau'r saithdegau yn gyfnod pur gyffrous yn ei hanes. Dychwelodd o'i alltudiaeth yn Ffrainc yn 1768, fe'i cynigiodd ei hun yn ymgeisydd dan faner rhyddid cyhoeddus a'i ethol yn A.S. Middlesex, ond ni chaniataodd y senedd iddo gymeryd ei sedd. Bu'n gryn ddraenen yn ystlys y llywodraeth yn ystod y blynyddoedd dilynol. Arwydd o'i boblogrwydd oedd ei ethol yn un o henaduriaid Llundain (1769), yn siryf (1771), ac yn arglwydd faer (1774), gw. *The New Encyclopaedia Britannica* xii (Chicago, 1986), 661-2.

[79]Cyd2 627.

[80]ENTERLUT, / Neu Ddanghosiad o'r Modd y darfu i'r / BRENHIN DAFYDD / ODINEBU EFO / GWRAIG URIAS / AT HYN Y CHWANEGIR / DAMEG NATHAN, / Yr hon sydd yn argyhoeddi DAFYDD, ag ynte / heb ei ddeuall, yn ei farnu ei hun yn euog. / [A] hyn sydd Siampl eglur i Bobl yr Oes bresennol, / sef, y rhai sydd arferol o ddilyn y cyfriw Bechod. / GIDA CHYDIG O / DDIGRIFWCH; / Neu'n bennaf i oleu fynegu, pa fodd y mae Cy- / bydd-dod, Oferedd, ag Anlladrwydd, yn cael / ei gynal yn y Bywyd ymma. / O Waith Hugh Jones, a John Cadwaladr. / CAERLLEON: / Argraphwyd gan W. READ a T.

50

HUXLEY, yn / agos i'r Eastgate, neu Borth y Dwyrain, ag a / werthir gan H. JONES, [Pris 6d.].

[81]G. G. Evans, 'Yr Anterliwt Gymraeg', *Llên Cymru* i (1950-1), 83.

[82]Cyd2 75. Yn ôl Cwrtmawr 522, 3-4 'Chwâryddiaeth a gyfansoddwyd fel y tybir Gan Sion o'r Bala a Huw Jones o Langwm...A Gyfansoddwyd tya ar Flwyddyn 1760'. Yn LlGC 2629C y digwydd yr ail gopi. Y gwaith arall a briodolir i Siôn Cadwaladr yw 'Gaulove a Clarinda' (c. 1756-62).

[83]LlGC 12865A: 'Diwedd Yr Enterliwt Hugh Jones Llangwm ai Gwnaeth [R]ees Lloyd ai ysgrifenodd Medi 7 1786'.

[84]"Interlude on the History of Castell Dinas Bran and Corwen, and various other places; by Huw Jones, of Llangwm, 1767', gw. Aneurin Owen, 'Catalogue of Welsh Manuscripts in North Wales', *Transactions of the Cymmrodorion*, ii (London, 1828), 417-18.

[85]*A Bibliography of Welsh Ballads*, rhif 77. Cf. 'Cwynfan yr Hwsmon trafferthus' yn llsgr. Cwrtmawr 39, 260. Gwaith Huw Jones yw'r ddwy hyn.

[86]LlGC 4971C, 380.

[87]Gweler, er enghraifft, 'Dechre Cerdd o Gyngor J ferched' yn LlGC 346B, 327 ('Y merched Jfangc nag ymdrowch fy nghangen clowch fy nghyngor'), a baled rhif 77 yn *A Bibliography of Welsh Ballads*, 'Cyngor merch gwedi i'w chariad ei beichiogi hi a'i Gwrthod a hithe'n hel i bowyd i fagu ei phlentyn' ('Dowch Ferched a Morwynion i 'styrio 'nghlŵy').

[88]*Hunangofiant a Llythyrau Twm o'r Nant*, 27-51.

[89]*Hunangofiant a Llythyrau Twm o'r Nant*, 32.

[90]Thomas Parry, 'Yr hen ryfeddod o Langwm', *Y Casglwr*, 16 (Mawrth 1982), 16.

[91]H. Parry Jones, 'The Conway and the Elwy valleys—some literary men of the eighteenth century', TCHSDd iv (1955), 67. Yn ôl Thomas Jones, *Beirdd Uwchaled*, 36, 'Bu Huw Jones yn actio rhai o interliwdiau'r bardd hwnnw [sef Twm o'r Nant]'. Fe'i disgrifiwyd yn 'fardd chwareuyddol enwog' (beth bynnag yw union ystyr hynny) yn *Y Gwyddoniadur Cymreig* vi (ail arg., Dinbych, 1892), 416e.

[92]E. G. Millward, *Blodeugerdd Barddas o Gerddi Rhydd y Ddeunawfed Ganrif* (Llandybïe, 1991), rhif 11. Cymharer â'r gerdd 'Marwnad Antarliwt' o waith Arthur Jones yn O. M. Edwards gol, *Beirdd y Berwyn*, 82-4. Copïwyd y gerdd yn llsgr. LlGC 4971C, 189, a cheir cerdd arall ar yr un pwnc gan yr un bardd ar dud. 293.

[93]*A Bibliography of Welsh Ballads*, rhif 196A.

[94]*Hunangofiant a Llythyrau Twm o'r Nant*, 33.

[95]ML II 486, llythyr Richard Morris at Lewis Morris, 28 Mai 1762.

[96]"He is about Wales selling an Enterlude of his own making, a rhai pethau digon digrif ynddi', gw. ML II 494, llythyr Richard Morris at Lewis Morris, 27 Gorffennaf 1762.

[97]ML II 503, llythyr Wiliam Morris at Richard Morris, 21 Awst 1762.

[98]Rhiannon Ifans, 'Celfyddyd y Cantor o'r Nant', *Ysgrifau Beirniadol* 21 (Dinbych, 1996), 120-46, ond yn fwyaf arbennig, 126-9.

[99]G. G. Evans, 'Yr Anterliwt Gymraeg', *Llên Cymru* i (1950-1), 83-96; ii (1952-3), 224-31.

[100]Caledfryn, 'Athrylith a Gweithion Thomas Edwards, o'r Nant', *Y Traethodydd* 1852, 133-51.

[101]R. Geraint Gruffydd gol., *Meistri'r Canrifoedd* (Caerdydd, 1973), 280-98.

[102]Bobi Jones, *I'r Arch* (Llandybïe, 1959), 47-69.

[103]Cyhoeddwyd dwy astudiaeth arall yn ddiweddar gan Rhiannon Ifans, *'Cân di bennill...?': Themâu anterliwtiau Twm o'r Nant* (Aberystwyth, 1997), ac A. Cynfael Lake, 'Cipdrem ar anterliwtiau Twm o'r Nant', *Llên Cymru* xxi (1998), 50-73.

[104]A. Watkin-Jones, 'The Interludes of Wales in the Eighteenth century', BBCS iv (1927-9), 106.

[105]Nodiadau darlith a draddodwyd i fyfyrwyr Adran y Gymraeg, Prifysgol Cymru Abertawe.

[106]Ni ddigwydd hyn yn *Y Brenin Dafydd*, cywaith Huw Jones a Siôn Cadwaladr. Y stori feiblaidd sy'n hawlio'r sylw pennaf y tro hwn: Hanes godineb Dafydd—51%, Hanes Madog Chwannog, y cybydd—33%, Agoriad a diweddglo—12%, Cân a dawns y Ffŵl—4%. Nid yw hon mor dynn ei gwead â'r anterliwtiau a luniodd Huw ar ei ben ei hun. Ar ddechrau'r chwarae, y mae gwraig y cybydd yn clafychu, fel y gwna yn *Protestant a Neilltuwr*, ond rhaid aros nes yr olygfa ddilynol cyn y gwelir hi'n marw.

[107]Ceir 346 pennill yn *Pleser a Gofid* Twm o'r Nant, a 414 yn *Cyfoeth a Thlodi*. O ran eu hyd, cyfetyb *Protestant a Neilltuwr* a *Histori'r Geiniogwerth Synnwyr* i'r ddwy hyn. Ar ddechrau'r olaf, awgrymir y bydd y perfformiad yn para am ddwyawr: 'Gobeithio byddwch am ddwy awr / O'ch cyrre'n fawr eich cariad'. Gan fod *Hanes y Capten Ffactor* cymaint â hynny'n hwy, gallai'r gynulleidfa ddisgwyl cael eu difyrru am ryw bedair awr.

[108]Cryn gamp mewn anterliwt hir fyddai cynnal diddordeb y gynulleidfa hyd y diwedd pan ddisgwylid i bob un gyfrannu ei geiniog yn dâl am weld y chwarae. Un dull o wneud hynny oedd adrodd y rhan fwyaf o'r stori 'wreiddiol' yn rhan olaf yr anterliwt. Diddorol hefyd mai yn ail hanner yr anterliwt y digwydd y rhan fwyaf o'r caneuon, a byddai'r rhain hefyd yn denu'r gynulleidfa. Sicrhawyd cydbwysedd pellach yn yr anterliwt hon trwy leoli'r dawnsfeydd yn hanner cyntaf y chwarae.

[109]Meddai'r traethydd ar ddechrau *Hanes y Capten Ffactor*: 'Fe ddaw yma ŵr ysmala [= y ffŵl] / O ran pleser i'r gyn'lleidfa, / A llawer peth (mynega' i chwi) / Nad wy'n eu henwi yma'.

[110]*Ffrewyll y Methodistiaid* gol. A. Cynfael Lake (Caerdydd, 1998).

[111]Mewn un olygfa yn *Hanes y Capten Ffactor*, esbonia Gwagsaw, y ffŵl, fod rhywun yn dynesu, ond nis enwir: 'Wel, mi af i lawr i 'rffwyso; / Mi welaf rywun eto'. Y Capten Ffactor yw'r 'rhywun' hwnnw, ac er bod y gynulleidfa yn ei weld am y tro cyntaf, nid yw yn ei gyflwyno ei hun pan ddaw i'r llwyfan.

[112]Ceir esgyrn sychion y stori yn y faled a luniodd Huw Jones am hanes ei garcharu, gw. baled rhif 196A yn *A Bibliography of Welsh Ballads*.

[113]Gwêl y cyfarwydd mai'r un plot sydd gan Dwm o'r Nant yn *Pleser a Gofid*.

[114]Llwyfennir golygfa gyffelyb yn *Y Brenin Dafydd*.

[115]Ceir awgrym pellach o dwyll rhywiol yn yr anterliwt. Bwriad y Capten Convoy wrth daflu'r Capten Ffactor i'r môr oedd ennill Prudensia yn wraig briod.

[116]Gwelir mai'r merched a feiir yn y naill achos a'r llall. Medd gwraig y Marsiant: 'Mae merch drwy serch a chastie / Yn hudo dynion weithie...Y dyn a grewyd gynta', / Fo dwyllodd merch hwn yma', ac medd y ffŵl yn *Y*

Brenin Dafydd: 'Wel, nad elw-i byth i'r Werddon! / On'd dyna helynt greulon? / Calyn un arall heblaw ei gŵr! / Dyna hen hŵr annhirion'.
[117]Ceir awgrym bod y traethydd a'r ffŵl yn croesi cleddyfau—yn llythrennol—yn yr anterliwt hon.
[118]*Gwaith Thomas Edwards*, 3-4.
[119]Dilynir yr un trywydd yn y faled a luniodd 'R.R.', sef 'Cerdd y ymddiddanion rhwng Dau Gymydog Protestant a Methodist, y rhai sydd mewn Ymddadl gyndyn ai gilydd am y Gwir Crefydd, ond or Diwedd yn cyduno i fynod ir Eglwys yn Gariadus', gw. rhif 720 yn *A Bibliography of Welsh Ballads*.

Byrfoddau

ALMA   Hugh Owen, *Additional Letters of the Morrises of Anglesey* (London, 1947-9)

BBCS   *Bwletin y Bwrdd Gwybodau Celtaidd*, 1921-93

BC   *Y Bywgraffiadur Cymreig hyd 1940* (Llundain, 1953)

Cyd2   Meic Stephens gol., *Cydymaith i Lenyddiaeth Cymru* (ail argr., Caerdydd, 1997)

LW   Eiluned Rees, *Libri Walliae* (Aberystwyth, 1987)

LlGC   Llawysgrif yng nghasgliad Llyfrgell Genedlaethol Cymru, Aberystwyth

MFGLl   *Mynegai i Farddoniaeth Gaeth y Llawysgrifau* (Caerdydd, 1978)

ML   J. H. Davies gol., *The Letters of Lewis, Richard, William and John Morris, of Anglesey* (Aberystwyth, 1907-9)

TCHSDd *Trafodion Cymdeithas Hanes Sir Ddinbych*, 1952-

THSC   *The Transactions of the Honourable Society of Cymmrodorion*, 1892/3-

Enwau'r Chwaraeyddion

Gwagsaw, y Ffŵl
Traethydd
Capten Ffactor
Marsiant Llundain I a II
Deifes Gybydd
Gwerli, Gwraig y Cybydd
Pretty Nansi, Merch y Dafarn
Trethwr
Mât
Boson
Consul
Supersul
Syltan
Sarasin
Prudensia, Merch Tywysog Fenis
Rhingyll Bangor
Bragwr
Gweinidog Plwyfol
Stanislaus, Tywysog Fenis
Louisia, y Dywysoges
Capten Convoy
Cychwr
Angau

Hanes y Capten Ffactor

Enter gyntaf y Diddanwr, sef Gwagsaw

Gwagsaw   Gwaed y Grog lân, fy eneidie!
           Mae yma niwl anaele,
           A gwragedd yn cerdded yn ddrwg eu naws
           Efo'u cywion ar draws y caee.

           Yr oeddwn i 'n breuddwydio
           Gryn ddwyawr cyn fy neffro,
           Ac yn gweled rhyw berson o Wlad yr Ha'
           Yn ffair Gynwyd yn bwyta ei ginio.

           Yr oeddwn yn gweled rhwng tywyll a gole
           Ddwy wraig yn ymelyd tu ucha' i'r cymyle,
           A minne yn chwerthin o faes fy ngho'
           Oddi tanyn' wrth ysbïo eu tine.

           Gweled y byddwn fi gwedi boddi
           Wrth dŷ tafarn yn sir Aberteifi,
           A gwelwn yn Llunden oddi ar fy nhin
           Brinder o win a brandi.

           Mi fyddwn yn gweled—ond pwy alle goelio?—
           Blant Aberystwyth yn mynd i ffwrdd tua Brysto,
           A Modryb Elin o'r Tŷ'n y Bryn
           Yn eiste ac yn dirwyn ysto'.

           Yr wy'n deall wrth y breuddwyd yma
           Yr a-i 'n broffwyd penysmala
           Os gwnewch chwi gofio ar hyn o ffair
           Heb ddadal bob gair a ddweda'.

           Hi wna 'leni flwyddyn galed,
           Fe chwydda ganole'r merched,

A llawer un, fe wyddoch pam,
Y bo'n g'wilydd gan eu mam eu gweled.

Yn Ffrainc y bydd trefn anaele:
Meirw fel cywion hyd dine'r caee;
Bydd byd y ci ar y bwtler a'r cwg,
A Lewsyn a fydd ddrwg ei leisie.

Fe gyfyd y farchnad eto
Onid wyf yn camddyfeisio;
Bydd byd o'i go' ar bob dynan gwael,
A'r cybyddion yn cael eu boddio.

Enter y Traethydd

Traethydd   Pwy sy yma'n geren a'i geg yn agored?
Gwagsaw   Ond y fi'n pregethu i'r Methodistied;
               Ond ni feddylies i erioed hyd yr amser hyn
               Fod mo Harris gyn ddihired.

Traethydd   Taw â siarad dy wiriondeb.
Gwagsaw   Tewch eich hunan, neu mi dorraf eich wyneb;
               Beth yr wyt yn neidio i fewn mor gas
               Fel eidion bras i breseb?

Traethydd   Beth yw dy fusnes, Ffŵl pendene?
Gwagsaw   Myned yr oeddwn i ganu gwylie,
               Ac eiste yma i drwsio fy nghwd
               I aros Wil Siwrwd, syre.

Traethydd   On'd ei di oddi yma'n wisgi,
               Ni bydda-i dro yn dy hollti.
Gwagsaw   Mi fyddwn yn edrych ger eich bron
               Yn annhirion gwedi 'y nhorri.

Traethydd   Cais fynd oddi yma'n sydyn
               Onide fe dala' i'th gorun.
Gwagsaw   Howld, mae cledde ganddoch chwi;
               Nid oes gen-i ond 'sglodyn.

Traethydd   Dos oddi yma yn union
               Gyda dy bricie croesion.

Gwagsaw	Na leddwch mo'na-i, hyll ei wawr,
	Rwyf yn ŵr mawr ym Meirion.

Exit Gwagsaw. Mynegiad y chwarae

Traethydd   Trwy'ch cennad, y gyn'lleidfa,
Sydd abal amal yma,
Eich ffafor chwi, 'r cwmpeini da,
Drwy 'mynedd a ddymuna'.

Os ych, y Cymry tyner,
Am ryw ddiniwed bleser,
Gwrandewch i'n llais trwy eirie teg,
Cewch yn gyfiawndeg fwynder.

Cewch glywed gennyf destun
Y chw'ryddieth fydd yn calyn,
A henwe'r chw'ryddion yn ddi-wad
Trwy bur osodiad sydyn.

Fe ddaw gŵr ifanc propor,
Bon'ddigedd, hardd ei ordor,
I ddweud ei gyffes ei hun o'i ben,
A'i henw fo, 'r Capten Ffactor.

Mae e 'n ymgomio'n gywren
 dau farsiandwyr Llunden
Am fynd i Dyrci mewn llong ar frys
Yn foriwr lliwus llawen.

Pan êl i wlad Symyrna
Lle mae'r holl gyfoeth mwya',
Mae'n llwytho ei long 'mysg dynion certh
O'r pethe gwerthfawroca'.

Mae gyda ei fât a'i foson
Yn tramwy'r dre' ryw noson,
Ac ar y stryd tan law y rhain
Mae'n canfod celain Cristion.

Gofynne i bawb o'i ddeutu
Paham na chawse ei gladdu;

"Cyfreth ein tre' ", ebr nhw, "oedd lym
Na fedde fo ddim i dalu".

Mae'n talu hanner canpunt
Am gael y corffyn ganddynt,
A'i gladdu (mae'n ystyriol ffrind)
Cyn iddo fynd i'w helynt.

Mae'n canfod glanferch dirion
Rhwng dwylo ei dienyddion
Yn mynd i'w thagu, teg ei gwawr,
Heb wneuthud fawr achosion.

Mae'n talu canpunt eto
Am safio hoedel honno;
Fe a'i dwg i Lunden, gangen bêr,
Yn lân howsgiper iddo.

Yr ail *voyage* mae'n mynd i Fenis
I gael ei ddiwael ddewis,
A thad ei howsgiper mewn aur glog
Oedd d'wysog dros yr ynys.

Mae hithe, 'r gangen hylwydd,
Yn gwneud ag ede a nodwydd
Iddo fo wasgod wych heb wad
O fanwl wnïad newydd.

Mae 'f ynte, 'r t'wysog eurglod,
Pan welo fo waith y wasgod,
Yn dallt mai'i ferch a luniodd hon
Oedd bur, liw'r hinon hynod.

Cewch weled mor rhyfeddol
Yr ân' yn gydnabyddol,
Ac addo i'r Capten aur ei brig,
Buredig, yn briodol.

Stanislaus ei thad a henwa',
A henw ei mam oedd Louisia,
Sy'n gyrru *Convoy* trwy bur serch
I nôl eu merch Prudensia.

A'r Capten *Convoy* cenfigennus,
Wrth fynd o Lunden i dre' Fenis,
Sy'n codi Ffactor (trwy ei gwsg, yn siŵr)
Ac yn ei daflu fo i'r dŵr, ŵr dyrys.

Bu rywyr iddo ddeffro;
Fe fedre'r Ffactor nofio;
I ynys fach fe ddaeth yn syn
Mewn oerni, a newyn arno.

Bu yn yr ynys honno
Ddau ddiwrnod prudd yn wylo
Heb ddim ymborth yn dwyn nych,
Heb ede sych amdano.

Mae'n gweled cwch yn nofio
Yn union rhyngddo ac ato;
Cytuno ag efô, mae'n ddi-nam,
Yn suful am ei safio.

Mae'n addo'i annwyl fachgen
Ymhen deg mis ar hugen
Am ei gario oddi yno yn fflat
I Fenis at ei feinwen.

Mae *Convoy* wrth ei henw
Am gael Prudensia hoyw;
Pan ddelo'r Ffactor at ei fun,
I'w foddi ei hun â hwnnw.

Cewch weled yma gwedi
Y Ffactor yn priodi,
Ac yn byw'n Fenis tan aur glog,
Oludog, efo'i ladi.

I'r wraig Prudensia fwynlan
Y genir plentyn bychan,
A bydd llawenydd ym mhob lle,
A llawer dyddie diddan.

Daw'r cychwr ynte ar ddamwen
Ymhen deg mis ar hugen

I geisio'r bachgen teg ei rudd,
A'u gwneud yn brudd drachefen.

A'r Ffactor am ei safio,
Rhaid rhoddi'r bachgen iddo,
A rhwng y ddau ar hyn o lawr
Bydd galar mawr ac wylo.

A'r cychwr sy'n rhoi'r bachgen
Yn ei ôl drachefen
Yn ddigon iach, heb wneud dim cam,
Gan wneud ei fam yn llawen.

I'r Ffactor mae e 'n dwedyd
Nad ydoedd ddim ond ysbryd
I'w ddwyn o'r môr i ddiben da
Yn fwynedd a ddanfonwyd.

Mae hefyd yn amlygu
Mai fe oedd y gelain oerddu
Y talodd e drosto yn ddi-ffael
Pan ddarfu iddo gael ei gladdu.

O flaen y Ffactor a Phrudensia
Yr ysbryd a ddiflanna,
A 'nhwythe a gânt eu bachgen bach
Yn ddawnus iach ddiana'.

Cewch weled yma gwedi
Y Ffactor yn priodi,
A'r cwnffwrdd mawr sydd dan y glob
Am wneuthur pob 'lusenni.

Fe ddaw yma gybydd cnawdol
Er rhybudd ichwi, 'r bobol,
I ddangos leied ydy'r budd
(Heb oedi) o awydd bydol.

Fe ddaw yma ŵr ysmala
O ran pleser i'r gyn'lleidfa,
A llawer peth (mynega' i chwi)
Nad wy'n eu henwi yma.

Wel, dyna i chwi'r mynegiad
Neu megis gair o agoriad;
Fe rown y stori o'ch blaen yn rhes
Os cawn yn gynnes gennad.

Ffarwél i'r cwmni cryno,
Mi af i lawr i 'rffwyso;
I actio hyn o stori sâl
Down yn ddiatal eto.

Exit y Traethydd. Enter Gwagsaw

Gwagsaw   Wel, nosdawch, dyma finne,
Fe fu arna-i gryn berygl heddiw'r bore;
Ho! dacw aeres Blaen-y-nant,
Pa fodd y mae'r plant sydd gartre'?

On'd ydych chwi, 'r bobol yma,
Yn sefyll yn agos ata'?
A ydych yn gweled dim gan niwl?
Sefwch o'r un riwl â'r ola'.

Ni wyddoch, mae'n debygol,
Ddim pwy ydwyf fi na'm pobol;
Mae sôn amdana-i tu draw i'r dŵr
Fy mod yn gurwr gwrol.

Ond gwell imi geisio dwedyd
Rhag ofn ichwi 'nghamgymeryd
A hitio myned yn ddi-rôl,—
Sefwch yn ôl, f'anwylyd.

Fy henw i ydy Gwagsaw,
Rwy' erioed yn ddigon distaw;
Smyglar a fûm, chwi glywsoch sôn,
Yn mynd o Fôn i Fanaw.

Fy nhad oedd Bili greulon,
Mae'r gair ei fynd o 'n hangmon;
Nid oedd mo'i fath, medd llawer rhai,
Am dorri tai'r cybyddion.

Fy mam oedd Dowsi aflan,
Chwaer i Siôn benchwiban;
Roedd ganddi chwiorydd, ddwy neu dair,
Yn swnio hyd ffair Llansannan.

Fy mrawd oedd Sionco'r Perthi,
Mi 'gweles o gwedi ei grogi;
F'adwaena pawb fy Modryb Gwen
A fydde'n hwrio efo Owen Harri.

Mae deuddeg genny' o chwiorydd,
A'u swydd yw dwedyd celwydd,
Heb un ohonyn' yn y wlad
(E goelie) yr un dad â'i gilydd.

Mae rhai gwedi eu *transportio*
Oherwydd eu bod yn hwrio,
A'r lleill yn meddwi ddydd a nos,
Ac yn syrthio mewn ffos, a phiso.

Yr wyf yn gâr i Galsyth afiach
Ac i'r sotwraig, Siân bensitrach,
A châr i Lelo laes ei din
Fu'n chware'r ffilsin-ffalsach.

Rwy'n gâr i Remwth groengrych
A'r barwn â'r wyneb eurych,
Ac rydw-i 'n gefnder i Modryb Ann
Fu'n dwyn menyn o Lanymynych.

Rwy'n gâr i Roli'r cregin
Ac Arthur budur bwdin;
Rwy'n gâr i Dwm fu'n gyrru'r hoel
I Gaenor foel o'r Felin.

Nai Siwsan aflan wefle
A Lisa ddrwg ei leisie
Fu gynt yn gorwedd yn y mwg
Efo chwistil ddrwg ei chastie.

Rwy'n gâr i Geillgrych gwta
Ac i Lepog lygad lipa,

Ac yn gâr i Feuno frac
Fu'n neidio ar bac Rebecca.

Rwy'n gâr i Siani surllyd
A dagodd ar brydnawnbryd,
Ac ewyrth i mi oedd Sierlyn syn,
Mab Hoblyn â'r llyged piblyd.

Yr ydw-i o iache uchel
Yn surfab mewn cap sierfel;
Roedd genny' gares, ddynes ddoeth,
Un Elen boeth ab Ithel.

Hai, 'r cerddor, dechre ganu.
On'd wyt ti gwedi rhynnu?
Ple byddi di, ai 'mol hen fuwch
Ar ôd a lluwch yn llechu?

Gwagsaw yn dawnsio

O! 'n boeth y bo dy balfe!
Os clywes i erioed â'm clustie
Mo'r ffasiwn nâd o fewn y fro
Gan fulod wrth gario afale.

Wel, mi af i lawr i 'rffwyso;
Mi welaf rywun eto;
Dyma ichwi anrheg, angel ffel,
Derbyniwch hi, Nel, o 'nwylo.

Exit Gwagsaw. Enter y Capten Ffactor

Ffactor   Beth yw'r byd helbulus yma
Lle mae dynion yn cartrefa?
Pwy a feder ddeall natur
Rheol einioes dyn dan awyr?

I 'nhad a 'mam rwy'n unig blentyn,
Fy stât oedd bumcant yn y flwyddyn,
A'i chael yn ddiddyled i ddechre,
A'i gwario a wnes i bod y dime.

Mi ges fy nghadw'n hir yn 'r ysgol,
Cefes foethe mawr rhyfeddol;
Cefes dreio cwrs ifienctid,
Cefes ormod fyth o rydid.

Colli 'y nhad, a m'fi dan oedran;
Pan ges f'ystât i'm llaw fy hunan,
Mi ddilynes bob gwas gwychder
Hyd nad y cwbwl aeth yn ofer.

Y rhai oedd genny'n ffrindie penna',
Ac y gwneuthum iddynt fwya',
Y nhw, pan ddarfu i mi fy moddion,
A brifie eleni i mi'n elynion.

Darfu i Dduw, o'i fawr raglunieth,
Agor llygad fy ngwybodeth
I droi'r ddalen eto o newydd
Gwedi gwario'r cwbwl beunydd.

Rwy' newydd landio heddiw i Lunden
I 'mgomio â rhai o'r bobol gywren
Am ryw ffordd i wneud bywiolieth
Ymhell o wlad fy nganedigeth.

Enter dau farsiant Llundain

Y cyntaf   Dydd da fo ichwi, 'r pendefig
                  Cu radol, mwyn, caredig;
                  Rwy'n dallt eich bod, yn ddigon siŵr,
                  Yn ddwys gadarn ŵr dysgedig.

Ffactor   Dydd da fo i'r glân farsiandwr.
                  Yr ydwyf fi'n drafaeliwr,
                  Ond eisie ymarfer â rhyw art
                  Lle cawn i bart o swcwr.

Yr ail   Os rhowch eich bryd yn ffyddlon
                  Ar art y *navigation*,
                  A bod ar honno'n ddigon ffraeth,
                  Fe gewch fywioliaeth rhyngddon.

Ffactor	Mae honno gen-i 'n barod I gyd ar flaen fy nhafod; Am reole'r tir a'r môr A'u holl ystôr rwy'n gwybod.
	Ni ro-i mo'r gore heno I undyn am ddisbiwtio; Os ydych yn f'ame am ddim, Trowch fi atyn' i'm ecsamio.
Y cyntaf	Yr ych mewn purion ordor I fyned ar y cefnfor; Chwi fedrwch fyned i bob côst; A fynnwch chwi bôst yn ffactor?
Ffactor	Mi wn beth sy'n perthynu I reol prynu a gwerthu, Ond ni fedda-i yma yn awr Mo'r deunydd mawr i'm denu.
Yr ail	Yr ydyn ni ein deuwedd Yn awr yn perchen gwragedd, Heb allu mordwyo megis gynt, 'N anheini'n mynd yn henedd.
Y cyntaf	Ond dyma'r peth sy angen: Eisie gonest gapten Ac yn ffactor inni a dd'ai; Hyn yma a'n gwnâi ni'n llawen.
Yr ail	Mae ganddon long wych heini A elwir 'Y Royal Mari' Yn dri chan tunnell ger eich bron; A fentrwch yn hon i Dyrci?
Ffactor	Mi fentraf yn ddiloddest Ar bob condisiwn gonest Ond cael arni forwyr pur Mewn gorchwyl gwŷr a gorchest.

Enter Gwagsaw

Gwagsaw	Gwaed yr eirin perthi!
	'Ewch chwi ar y môr â Mari?
	Mi ddof fi gydach os deil y gêr,
	Mae gen-i lester lysti.

Ffactor	Beth sy'n dy long di, ffŵl pendene?
Gwagsaw	Llawer byd o goese catie,
	A lloned un sach o eisin fil,
	Ac mae ynddi hi ddwy fil o afale.

Y cyntaf	A fuost ti erioed yn morio?
Gwagsaw	Do, unweth, mewn padell, ond gwell f'ase peidio;
	Fe'm chwythodd y gwynt fi o Foel-y-llan,
	Yn Nulyn roeddwn dan fy nwylo.

Yr ail	A fuost ti erioed ar gefn y môr eigion?
Gwagsaw	Pa fodd, meddwch chwi, y dois i adre' o'r Werddon?
	Mi neidies i glamp o bicin brith
	Ac adre' ar duth y daethon.

Y cyntaf	A fuost ti erioed mewn difri'
	Yn morio ar y Royal Mari?
Gwagsaw	Oni bûm ar Fari, brolgi bras,
	Mi fûm yn nhin rhyw ddas ar Ddowsi.

Ffactor	Ni wiw mo'r gwrando ar lol bendene,
	Mae'n rhaid profeidio at y siwrne.
Gwagsaw	Fe fydd fy llong inne'n ddigon llawn
	Rhwng penne mawn a minne.

Exit Gwagsaw

Ffactor	Wel, ceisiwch chwi'ch llong a'ch deunydd,
	A gwŷr fo pur gyfarwydd;
	Rhof finne 'mywyd tan y glob
	I'w ministro mewn pob gonestrwydd.

Y cyntaf	Mi 'llwythwn hi o dda Lloeger
	Y peth fydd fantes inni ar fenter,
	Ac aur ac arian yn eich cod,
	Cewch chwithe fod yn feister.

Yr ail	Awn i lawr i ginio
	A gorffen clir gytuno,
	A rhoddwn weddi tra bôn ni byw
	Ar yr Arglwydd Dduw am eich llwyddo.

Exit y ddau farsiant

Ffactor	Cychwynnwch i ymgynghori,
	Mi fentraf gyda chychwi,
	A rhof fy mryd trwy'r Nefol Dad
	Ar fynd i wlad y Tyrci.

Exit y Capten Ffactor. Enter Deifes Gybydd

Deifes	Pa beth ydy'r trwst a'r cleger?
	Mae yma ryw *feeting* ped fai fater;
	O! nid oes dim drwy'r deyrnas hon
	Mor anafus â dynion ofer.

Mae'r rhain i gyd, rwy'n tybied,
Yn gwrando'r Methodistied
Neu edrych ar chware enterliwt;
Mae rhyw ddisbiwt ar gerdded.

A minne, na bo ond crybwyll,
Sydd gwedi mynd mewn amwyll;
Y byd yma 'nawr at ddiwedd fy oes
Yn f'erbyn a droes ar fyrbwyll.

Bu farw'r gaseg wine
Yn yr egin ar ôl cadw'r oge;
Fe dagodd un fuwch wrth fwyta'r noe
Yn beredd er echdoe'r bore.

Mae gen-i wraig ddiddaioni ddigon:
Cerdded i'm digio hyd dai'r cymydogion,
Ac eiste er ys dyddie ar ei stôl,
A gosod ei phen ôl i'r gweision.

Mi gym'res yr hwch benchwiban
Pan oedd hi'n ddeunaw oedran;

69

Ni wnaeth hi erioed ond cadw lol
A bwrw yn ei bol lond bylan.

Ni wnaeth hi erioed ar adeg
Ond gweiddi a chwyno, a bwyta 'chwaneg,
A chario plant i lenwi'r fro;
Mi fûm i 'n bedyddio deuddeg.

Fe fyddan' o'm cwmpas ar ben bore
Yn waeth na gwybed ar geffyle:
Rhai yn gweiddi am fwyd o'u co'
A'r lleill gwedi piso eu peisie.

Un wrth godi i fyny
Syrthio yn y mit a'r llymru,
A'r llall ynte'n gweiddi am gaws neu gig
Oni bydda-i 'n ddigon dig i'w dagu.

Fe fydd yr hyna', yn fawr ei honor,
Yn cau gowne Twm a Gaenor;
Bydd hithe, Bet, sydd iau na nhw,
Yn eiste yn lludw yn llodor.

A hithe, 'r legar-ladi,
Yr un fath â gŵydd yn gweiddi:
"Tostia fara yn gyfa' heb gêl,
A dod ddŵr yn y cetel, Cati".

Ac yno ar ôl ymwisgo,
A hel y ford gron yn gryno,
Hi â i drin ei chwpane, 'r bore, 'n bawl
Efo'i chetel, diawl a'i choto!

Rhoi cwpan gron i Gadi,
A lloned rhyw bot i Beti,
Ac yno gofyn, a'i thraed ar led,
"A fyn dithe disied, Dowsi?"

Enter Gwerli, Gwraig y Cybydd

Gwerli   Ai yma'r ydych chwi'n byw'n llawen
               Gan ladd ar eich gwraig a'ch plantas druen?

Deifes	Ac fe ddaethoch i hyn o le Ar ôl trin eich potie, puten.
Gwerli	Ai puten gelwch fi, hen gene?
Deifes	On'd ydy hwnnw'n henw o'r gore? Ni châi neb mo'ch pasio mewn na chae na choed; Dig'wilydd oeddych erioed am galie.
Gwerli	Ni chefes i erioed na gair na gogan Efo 'chwaneg na chwi'ch hunan.
Deifes	Pwy a'ch gosododd a'ch traed ar led Yn un gowled dan y geulan?
Gwerli	Nid rhaid i mi, yr wy'n tybied, Mo'r awydd mawr i fyned Efo neb i dorri chwant A chario plant gyn amled.
Deifes	Cario plant,—dyna helynt ddigri', Maen nhw yn wych yn amser rhenti; On'd eu cario nhw byddwch fel Mari Swip, Hen wyneb y bib neu bobi. Ond pe gwelwn i nyddu a gardio, A gwneud ambell chwephwys ysto', Fe fydd haws ei thrin pan welo hi gal Na phetawn i yn ei dal i deilo. Y mae hi mor ystindi Â phetai hi aer Llyweni; Nid âi hi byth nac i lan nac i dre' Ond i gaffel te neu goffi.
Gwerli	Peidiwch â bod yn anghrefyddol; Gyrrwch y plant i Gaer i'r ysgol I gael eu hwylio i fyny yn fwyn Mewn dysg da addfwyn deddfol.
Deifes	Eu gyrru nhw i Gaer i ddysgu drygioni? Mi rof ichwi gwrlid, Gwerli; Os ydyw fy mhastwn i fel ag yr oedd, Ni wiw i chwi ar goedd mo'r gweiddi.

71

Y ddau yn paffio. Enter Gwagsaw

Gwagsaw Gwaed perfedd yr hen gae porfa!
    Pa beth ydy'r helynt yma?
    Ai'r eidion tegan a'r fuwch frech?
    O! dyna globen o rech gan yr ucha'.

    Na chaffwy' byth mo'm crogi!
    On'd dyma'r hen garl a Gwerli?
    Oes dim cywilydd, drwg ei raen,
    Fod yn pwnio o flaen cwmpeini?

Gwerli   Yn rhodd, y dyn cyweithas,
    Gwna â m'fi un cymwynas.
Gwagsaw Wel, cwyd i fyny yn ddigon ffri,
    Mi ddofwn ni'r hen Ddeifas.

Deifes   Ow! Gwerli, merch y buten,
    Na ladd mo'na-i 'n farw gelen;
    Afrwydeb glas i'r hen yslwt!
    Hi roes bymtheg pwt i'm poten.

Gwagsaw Paid dithe, Gwerli fwynedd,
    Â'i guro fo'n ddidrugaredd.
Deifes   Hi a'm trawodd i rŵan, drwg ei naws,
    Yn union ar draws fy nannedd.

Gwerli   Wel, codwch i fyny bellach,
    A byddwch ychydig mwynach.
Deifes   Ni chefes i erioed mo'r ffasiwn loes,
    Na lab i'm coes ddim casach.

Gwerli   Ffarwél yrŵan i'r hen gerlyn,
    Mi af fi â'r plant i Gaer yn sydyn;
    Ti gei dithe, dêl a ddêl,
    Hen drestel, dalu drostyn'.

Exit Gwerli

Gwagsaw Ow! Deifes galon giedd,
    F'aeth hyn yn helynt ryfedd:

72

Y chwi, 'n hen ddyn, yn mynd o'ch co',
Yn ymgrogi ac yn curo'r gwragedd.

Deifes   Gad imi wybod eto
O ble'r wyt ti'n trafaelio?

Gwagsaw   Dyn wyf fi sydd drwy gonsent
Yn y Parlament yn actio.

Deifes   Oes yr un act yn pasio
A wnelo les i Gymro?
Mae arna-i ofn yn fy nghalon fod gwŷr Sbaen
Yn dwad o'm blaen i'm blino.

Gwagsaw   Mae yno helynt arw:
Fe [   ] ar bris y cwrw.
Deifes   Nid ydy fo i mi na phoen na chur;
Bydd rhai o'r oferwyr farw.

Gwagsaw   Mae rŵan un act burion
Sydd dda ar les cybyddion
Neu wŷr sy'n perchen llawer o ŷd:
Mae hi'n mynd yn fyd echryslon.

Deifes   Wel, iechyd fyth i'r galon,
Dyna imi newydd purion;
Pe gwelwn i eto un cwmwl du
A drudanieth yn gwasgu dynion!

Gwagsaw   Rwy'n mynd i Gymru'n unswydd
I ddweud i bob rhyw gybydd
Y daw hylltod o longe Ffrainc a Sbaen
I fyny hyd flaen yr afonydd.

Ac mae act i wŷr yr yde
Na wertho neb ddim gartre'.
Deifes   Wel, dyna i mi newydd gwych dros ben,
Yr efengyl wen o'th ene!

Yn rhodd, mynega imi eto
Pa faint a rôn' nhw amdano?
Gwagsaw   Pris na welsoch chwi na'ch plant,
Ac fe dalan' i chwi ar bant eich dwylo

Deifes	Punt yr hob am yr haidd ar gerdded. O! mae genny' o hwnnw drigen hobed; Wel, dyna i mi arian teg eu llun I'w cadw, un boceded.
Gwagsaw	Tair punt am y gwenith gwnna' A dwy am flawd y Bala.
Deifes	Fe fydd llawer cybydd hyd y fro Yn mynd o'u co', mi dynga'.
Gwagsaw	Deg swllt ar hugen parchus Am wehilion yn ddigon hwylus, A'r peth ysgafna' elo efo'r gwynt,— Cewch amdano bunt yn bwyntus.
Deifes	Wel, newydd da ydy hwnnw, Mae arna-i chwerthin garw Oni waria-i yn y fangre hon Un goron gron am gwrw.
Gwagsaw	Tyrd yma, Pretty Nansi, Â chwart o gwrw i'w brofi.

Enter Pretty Nansi

Nansi	Atoch chwi toc mi ddof ar dwyn, Gamp hoenus, fwyn gwmpeini.
Deifes	Wel, llanw bot o ddiod.
Nansi	Y meistr, rydw-i 'n barod; Pa un a fynnwch, ai claret clir Ai cwrw, ai bir, ai bragod?
Gwagsaw	Moes chwart o gwrw'n gynta' I 'melyd â chroen 'y mola.
Nansi	Dyma i chwi gwrw o'r gore 'nghred, Cofiwch, un potied cyfa'.
Gwagsaw	Wel, atoch chwi, Deifes wastad, Ddracht i olchi'ch llygad.
Deifes	Mi 'cym'ra' o'th law petai ond dŵr, Nid oes un gŵr mwy'i gariad.

Fy mendith a'th ganlyno,
Moes imi lymed eto;
Fe ddarfu i mi, fy annwyl was,
Pan glywes ei blas, ei blysio.

Och y fi, mae hwn fel coffi;
Rydw-i agos gwedi meddwi;
Tra bo genny' geiniog yn fy nyth,
Ni fydda-i fyth heb frandi.

Dyma iti goron gron yn gryno;
Moes un potied eto;
Petawn yn taro wrth gerddor iawn,
Yn hanswm on'd awn i ddawnsio?

Nansi   Wel dowch, mae ichwi groeso
               Pe gallwn eich goreuro;
               Yr ych yn haela' gŵr drwy gred,
               Mae'r clared gwedi'ch clirio.

Y ddau yn dawnsio

Deifes   Yr wy' agos yn bedwar ugen oedran;
               Ni bu imi erioed na gair na gogan;
               Oni fentra-i godi cwr dy bais
               Ac a rof unweth gais am gusan?

Gwagsaw   Wel, Deifes fwyn ddiniwed,
               Mi yfwn eto un potied.
Deifes   Mi yfwn yrŵan, a'u cael yn llawn,
               Dri gerwyn ped fawn i 'n gweled.

               Nad elw-i byth i geibio!
               Oni ddarfu i mi gael y bendro?
               Os gwn i ddim rhagor, rwy' gwedi ymroi
               Trwy ffwdan rhwng troi a pheidio.

               Yr wy'n gweled holl blase Cymru
               Yn datod ac yn syrthio o'm deutu;
               Yr wy'n gweled y môr yr un lliw â'r gwaed,
               A dacw feinir a'i thraed i fyny.

Yr ydw-i 'n gweled yn ddigon gole
Aur melyn yn syrthio o'r cymyle;
Mae ar fy nghalon ormod bwrn
Neu mi heliwn i'm dwrn rai darne.

Ow! Nansi wen, oes le yn y gwely?
A ddoi di gyda mi heno i gysgu?

Nansi   Ai ni ddawnsiwch chwi, 'r hen ŵr llym,
Modd tyner, ddim ond hynny?

Deifes   O! fe aeth rhuchen dros fy llyged;
Ni bûm i erioed gyn ddalled.

Nansi   Gorweddwch yma, 'r hen ŵr cu,
Dof atoch i'r gwely'n gowled.

Hwde di ei god o i gadw,
Cei fara a chig a chwrw;
Cywely sâl i lodes lon
Yw hwn mewn moddion meddw.

Gwagsaw   Wel, tyrd i ffwrdd ar gerdded
Rhag ofn i neb ein gweled;
Cysgwch chwi yma nes delw-i i'ch nôl,
Y cleiriach, ar ôl eich clared.

Exit Nansi a Gwagsaw. Enter Trethwr

Trethwr   Wel, dowch i fyny yn sydyn,
Delifrwch dreth y brenin;
Am y ffasiwn ŵr â chwi
Yr ydw-i yn ymofyn.

Beth felly, gybydd gwarddu,
Ai ni chodwch ddim o'ch gwely?
Dowch yma i edrych ar y bul
A cheisiwch dul ei dalu.

Deifes   Ow! Nansi wen, mi goda' yrŵan,
Moes imi lymed bach o sucan;
Ni bûm i erioed mor bell o'm lle;
Yr wy' er difie yn y dafarn.

Ow! 'r Cymro mwyn, tyrd yma,
I'm helpu i wisgo amdana';
Ni chodwn yn 'y myw mo 'nghefn;
Edrychwch y drefn sydd arna'.

Trethwr
Beth felly, Deifes gybydd,
Ai rŵan mae'r blaen newydd?
On'd ydy hi eto, 'r hen ŵr ffri,
Yn o fore i chwi ymleferydd?

Y fi a wna' i chwi sobri;
Delifrwch toc y trethi
—Mae arnoch chwi bymtheg punt yn siŵr—
Neu 'ddowch fel gŵr i gyfri'.

Deifes
Ow! ceisio treth gan henddyn byddar,
Oni weli di fi'n misio cerdded y ddaear?
Ni ddaw un geiniog fyth o'm tŷ
Tros ddiodde' fy nghyrchu i garchar.

Trethwr
Mi wna' i chwi dalu'n sydyn
Y faint yr wy'n ei ofyn,
Neu mi af yn union, syth ei war,
Â dy eiddo di oddi ar dy dyddyn.

Deifes
Ow! Meistr, byddwch drugarog,
Fe ddyged fy mhwrs bod ag un geiniog;
Pretty Nansi wnaeth y gwaith,
Yr eboles fraith ei balog.

Trethwr
Dowch i ffwrdd i Ruthun,
Mi gym'ra' ichwi siamber tros y flwyddyn;
Fe gewch gan *goaler* Dyffryn Clwyd
Eich maethu â bwyd amheuthun.

Deifes
Ow! hen fulen asw,
Nid adwen i mo hwnnw.
Trethwr
Dowch yn eich blaen yn ddigon hy,
Cewch dŷ a gwely ond galw.

Deifes
Tyrd gyda mi adre', 'r glanddyn,
Mi 'tala' iti i gyd yn sydyn;

77

Os af i Ruthun, myn fy llw,
Fy niwedd a fydd marw o newyn.

Exit y ddau. Enter y Capten Ffactor, Mât a Boson

Ffactor   Holo! dyma *voyage* hwylus,
      Awn i Smyrna yn bur llwyddiannus;
      Plymiwch yn amal at y fflat,
      Yr ym agos at yr ynys.

Mât   Mi wela' fwg y ddinas,
      A dacw'r tyre o'i chwmpas;
      Daliwn ar y teit a'r gwynt,
      Cawn ninne'n gynt ein pwrpas.

Boson   Dowch, tyrniwch eto i'r dyfnder,
      'Y mechgyn, rym ni ar gyfer;
      Rhowch fwy o lien, dowch yn gry',
      A chodwch i fyny'r faner.

Ffactor   Wel, dowch, fy ngweision mwynlan,
      Rhowch rai o'r canans allan;
      Daw peilot aton heb nacáu
      I'n dwyn i'r bae, wŷr buan.

Mât   Wel, dyma dri o ergydion,
      Mi wn fod hynny'n ddigon;
      Fe ddôn' allan yn y man
      I'r golwg pan y'n gwelon'.

Boson   Dacw'r gwŷr yn dwad
      Tan lun yr hanner lleuad,
      A'u cylars duon uwch eu stôr,—
      Dyna gôt-armôr y Tyrciad.

Ffactor   Ertolwg, tewch â dwndro,
      Dyma nhw gwedi'n byrddio;
      Ymostwng iddynt yma a wnawn;
      Gobeithio cawn ni'n croeso.

Enter dau Dwrc: Consul a Supersul

Consul	Croeso drwy addfwynder; Debygwn, wrth eich baner, Oherwydd bod y llong mor wych, Mai rhodio yr ych o Loeger.
Supersul	Os yn ddifales daethoch yma, Cewch rodio gyda ni i Smyrna; Myn einioes Mahomet, pen y glob, Cewch gennym bob gweddeidd-dra.
Ffactor	Nyni a ddaethon allan O ddinas Lunden lydan; Cewch weld ein power yn bur ffri; Mae'n cocet ni yn ein caban.
Mât	Nid twyllwyr sy'n ein teyrnas, Ond tradio yr ym ni o gwmpas Am wâr ym mhen wâr os cawn o'ch bro Y peth a fo cyfaddas.
Boson	Dyma ni'n Smyrna, os mawrnerth, Yma mae rhyw gelloedd anferth; Duw wnêl nad elon i'r un howld I 'mdroi mewn triffowld trafferth.
Consul	Dowch yma yn nes i dradio Peth allo'n tre' ni'i fforddio; Tynnwch allan bawb ei siâr; Cewch wâr ym mhen wâr â chroeso.
Ffactor	Mae yma le i ni ddewis, Cewch chwithe megis megis Y peth a fynnoch, *right or wrong*, Sydd yn ein llong yn llegis.
Supersul	Ni cheisiwn ni werth dime Nes y caffoch chwithe Dynnu allan y cwbwl oll A setlio'r holl feddianne.
Mât	Ai celain sy yma yrŵan Ar lawr y stryd ei hunan?

Ai meddw yw fo? Ai marw a fu?
Neu 'ddarfu iddo gysgu allan?

Consul   Cristion a fu farw ers talwm;
            Nid oedd un dyn a dale'r costwm;
            Ac heb dalu'r dreth yn union
            Ni chleddir yma fyth un Cristion.

Boson   Am ba arian leia'
            Ceir claddu'r Cristion yma?
Supersul   Ni chewch chwi gladdu neb mewn un man
            Heb dalu hanner canpunt arian.

Ffactor   Mae fy nghalon inne'n gwaedu
            Fod corff Cristion yma'n pydru
            Ar y ddaear mewn modd gwael
            Heb fodd iddo gael un gwely.

            Ni wnânt hwy yma fwy rhagorieth
            Rhwng Cristion pur ar ôl marwoleth
            Na phed fai fe gi cynddeiriog hen,
            Ond ei daflu fo i'r domen ymeth.

            Mae hanner cant o bunne
            Yn arian mawr i minne
            I'w talu yma am beth mor swrth
            Ymhell oddi wrth fy nghartre'.

            Ond dyma fi'n eu talu;
            Ewch chwithe â'r corff i'w gladdu;
            Na bo marw Cristion byth
            Ac yn eich plith ond hynny.

Consul   Mi awn ag efô i'w gladdu'n union
            Ar eich archiad, Gapten ffyddlon,
            A rhwydeb glân i chwithe ar goedd
            Hyd gefn y moroedd mawrion.

Supersul   Rhwydeb ichi fyned
            I wledydd y Brutanied;
            Prysurwch eto'n ôl ar frys,
            Fe'n cewch yn ddilys ddeilied.

Exit Consul a Supersul

Ffactor

> Wel, Mât a Boson, f'annwyl weision,
> Rhaid inni geisio llwytho'n gyson
> I gael mynd adre' â'n holl stôr
> Gan rwygo'r cefnfor eigion.

Enter Syltan a Sarasin a Phrudensia i'w llabyddio

Ffactor

> Och! dyma ferch i Gristion
> Rhwng dwylo ei dienyddion
> Yn mynd i'w dienyddu'n awr
> Heb wneuthur fawr achosion.
>
> Pa beth, y lanferch hoyw,
> Sy'n peri eich rhoi chwi i farw?
> Yn enw Duw, ar hyn o dro,
> Mi'ch gwela'n wylo'n arw.

Prudensia

> Yn gaethferch y'm cymered
> Tan ddwylo'r creulon Dyrcied;
> Rwy'n llawforwyn ers tri ha'
> I un o'r rhai penna' o'u merched.
>
> Rhois fonclust bach i honno
> Am fynych fy nghernodio,
> A dyna'r achos—gwae fi!—i gyd
> Mae'r ferdid gwedi pasio.

Ffactor
Prudensia

> A oes dim modd ei stopio?
> Nac oes, Duw a'm helpio;
> Ni fedda-i foddion yn y byd,
> Ac mae'n rhy ddrud fy safio.

Ffactor

> Pa faint a gyst ei phrynu?
> Mae 'nghalon drosti'n gwaedu.

Sultan

> Fe gyst gan punt, a'u talu i lawr,
> A ffafor fawr cael hynny.

Ffactor

> A ddoi di i wledydd Lloeger,
> Y lodes dirion dyner?

Os gollynga-i di o'th gur,
A fyddi di bur bob amser?

Prudensia   Af ar fy nglinie noethion
I erchi i chwi fendithion
Tra gallwyf sefyll ar fy nhraed
O 'wyllys gwaed 'y nghalon.

Ffactor   Ni cheisia-i gen ti'n oestad
Ond bod yn bur dy fwriad;
Na chaffw-i mo'not yn ddi-glod
Neu'n unlle fod yn anllad.

Prudensia   Fy henw yw Prudensia,
Yn onest mi'ch gwas'naetha';
Na bod yn anllad, myn fy llw,
Gwell genny' farw yma.

Ffactor   Mae pryd dy wedd yn dangos
Na wnest ti uchel achos;
Wrthyt ti mi drugarha',
Y fwyna' lana' linos.

Mi dalaf ganpunt iddyn',
Cei fod i mi'n ben-morwyn;
Syltan, Sarasin di-les,
Dowch yma yn nes i'w derbyn.

Sarasin   Y Capten mawr ei fenter,
Cewch chwithe'r lodes dyner,
A rhwydeb ichwi byth tra boch
Yng ngwledydd lliwgoch Lloeger.

Exit Syltan a Sarasin

Mât   Ffei! dyma gnafon gwaedlyd,
Dyhira' o fewn yr hollfyd;
Ceisiwn fynd oddi yma heb ffael
Os gallwn ni gael ein bywyd.

Boson   Awn, mae'n enbyd byw na marw
Efo chigfrain o'r fath acw;

Dowch, edrychwn bawb yn hy
Ar linyn be sy o lanw.

Ffactor   Tyrd, Prudensia, tua'r dyfnder;
Os rhwydeb a gawn i fynd i Loeger,
Pan awn i Lunden, gangen ffri,
Cei fod i mi'n howsgiper.

Exit y Capten Ffactor a Phrudensia, Mât a Boson. Enter Gwagsaw

Gwagsaw   Wele, 'r mwynion ferched,
Mi fûm mewn cryn gaethiwed;
Y Capten Ffactor aeth yn gnaf:
Fy ngwerthu'n slaf i'r Tyrcied.

Nid oedd ond yr anlwc imi
Fynd trosodd i dynnu yn tresi,
A'r rhain oedd bilion bedair cainc
A dau droed mainc oedd mynci.

Rhoi mynwair am fy ngwddw
On'd oeddwn i 'n syrthio'n farw,
A'm gyrru i fyny i dynnu trwy'r dydd
O darren ryw goedydd derw.

A'r blac-y-mŵr â gwialen
Yn fy leinio ar draws fy nghefen,
A ninne, bawb, ar orau glas,
Yn rhedeg rhag blas y rhoden.

Llusgo llawer penglog
A gyrru'n anhrugarog;
Pe gwelsech chwi flecyn a'i ben du
Yn ein hoetio ni i fyny o'r fawnog!

Ac yno ein hymlid ni adre'
Fel bustych i fwyta'r baste,
A honno'n edrych yn ddi-les
O hen gig dynes dene.

Ar ôl imi ddarfod hynny,
Ni chawn un cam mo'r cysgu

83

Gan ferched duon yn fy nal,
Eisiau dyfod ar gal i'r gwely.

Mi fûm efo honos ddiffeth
Yn ffaelio cynhesu un nosweth,
A hithe yn glynyd yn fy nghun
Ac yn fy namio am gychwyn ymeth.

Edrych ar ei phenglog,
A'i gweled yn hyll gynddeiriog,
Syrthio agos i lawr yn rhòl
Wrth edrych ar ei bol a'i balog.

Meddwl, os awn arni,
Y llife hi 'y nghal i drosti;
Tybied weithian rhyngdda-i fy hun
Nad oedd dim croen dyn amdani.

Pan gefes i gynta' ddihengyd,
Mi gerddes am fy mywyd;
Gwell genny' yn y deyrnas hon
Na chydag ebolion bawlyd.

Gwell gennyf benweg cochion
Na chig y bobol dduon
A'u hesgyrn llymion, waelion wedd,
I sbwylio dannedd dynion.

Gan ddwad yn ôl drachefen,
A phawb yn iach a llawen,
Mi ddawnsiaf yma gyda'r graen
Mewn munud o'ch blaen chwi, meinwen.

Gwagsaw yn dawnsio

Gwaed mil o gywion gwydde!
Dacw'r cybydd eto, e goelie;
Gwell i mi fynd adre'n frac,
Mae'n waeth na'r blac ar blycie.

Exit Gwagsaw. Enter Deifes Gybydd

<table>
<tr><td>Deifes</td><td>

Wel, meddwch chwi, f'eneidie,
Oes dim dibendod ar draenbandie?
Fe alle darfyddan' o hyn i'r ha';
Mae'n beth mwy cwta eu cotie.

Dyna gyfreth wine
I sbwylio'r holl ferchede;
Os gwiw i'r rheini yn ein gwledydd ni
Oddi tanyn' mo'r codi eu tine.

Roeddwn i 'n gwnstabl, gwae fy nghalon,
Pan ddaeth gwarante oddi wrth fon'ddigion;
Mi gefes lawer o helynt gerth
Gyda rhyw ddinerth ddynion.

Mynd hyd y wlad heb neb ond fy hunan
A pheri i mi'u hedrych a gofyn eu hoedran,
A phawb yn ffaelio llyncu ei fwyd,
Yn edrych yn llwyd a lledwan.

Pan rown i gnoc, neu alw,
F'âi un ffordd yma a'r llall ffordd acw,
A chyn yr awn i ganol y llawr
Bydde glampie mawr yn meirw.

Medde un, yn abal llawen,
"Yr ydwyf fi dros ddeg a deugen";
"Rwyf fi", medde'r llall, dan wneuthur gwg,
"Myn gwaed y gŵr drwg, yn drigen".

Rhai oedd tanyn' yn fudron eu tine,
A rhai yn gwyro yng nghameddi eu garre,
Ac ambell un a ddwede'n fflat,
"Ni rown yn 'y myw ffat gan ffitie".

Rhai yn cwyno'n ddygyn
Fod rhywbeth yn curo eu corun,
A'r llall yn cerdded wrth ei bric
A rhyw golic yn ei galyn.

Un mor gall a'i geillie
Ryw ddiwrnod yn ei ddyrne,

</td></tr>
</table>

A dangos hwnnw imi yn foel;
Roedd rhaid bod yr hoel yn rhywle.

Rhai gan gur yn geren
Nad oedd mo'u dwylo fel y dylen';
Nid oedd na thin na deulin del
Na bysedd fel y b'asen'.

Y gwragedd 'nhwythe â sesiwn
Yn waeth na haid o gacwn
Yn dweud, "Mi dalaf i'w ddwy glust
Os ca-i na ffust na phastwn".

Ac felly ces i anffortun
O gwmpas chwarter blwyddyn,
A llawer gwraig yn dweud mor ddig,
"Mi rof gerrig at ei gorun".

Ond gwaeth gennyf fi na'r cwbwl,
Mae'n blino mwy ar fy meddwl,
Yr arfer ddrwg sydd drwy'n gwlad ni:
Na ddôi diben ar drethi dwbwl.

Enter Gwagsaw a Nansi

Gwagsaw	Ow! 'r hen lencyn digri',
	Ac 'ydych chwi gwedi sobri?
Deifes	Gwaed hen fulen drwg ei naws!
	Mi rof ar dy draws di dresi.

Pa le mae fy mhwrs i, 'r cene,
A'r gwŷr oedd yn prynu yde?
Fy nhynnu i feddwi, drwg ei ffydd,
A dweud imi gelwydd gole.

Gwagsaw   Yn ara', Deifes druan,
Dyma Nansi, lili oleulan,
Yn dwad yma, 'r ewyrth gwyn,
Ac yn ei bache hi blentyn bychan.

Deifes   Plentyn bach? Arhoswch,
Dyma geryn yr anhawddgarwch;

I beth y doech chwi i gadw nâd?
Pa le mae ei dad o, dwedwch?

Nansi
Y chwi ydy ei dad o, 'r cyfaill penddu;
Ai co' bod gyda mi yn y gwely?

Deifes
Yr ydw-i 'n crynu ers meitin byd,
Mi gefes y cryd, rwy'n credu.

Nansi
Ewch i fedyddio'r plentyn bychan.

Deifes
Dwad efo a chwi i wylmabsant Ruddlan?
Mi af fi tua'r foryd (dweda-i 'n ffri)
I gyfwrdd Coli'r calan.

Nansi
Cymerwch ofal gydag efo,
Ac ordriwch rywun i'w fedyddio.

Deifes
Glyned rhyw un yn fy mhawl!
Mi 'bedyddiaf fo, myn diawl, â'm dwylo.

Gwagsaw
Arhoswch,—gwaed y gwcw!—
Na leddwch mo'no'n farw.

Deifes
Ni fwy gen-i 'i ladd o â hyn o bren
Na lladd chwannen pan gychwynnw'.

Beth yr wyt ti yn ei geisio
Efo dy ebolion, dwed, i'm bwlio?

Nansi
Nage, 'r henwr difri' da,
Chwi wyddoch, dyma'ch eiddo.

Y chwi ydy tad y plentyn gweddus,
Yr wyf gwedi ei dyngu fo o flaen yr ustus.

Deifes
Ti dyngest gelwydd, drwg ei dull,
Y coluddyn hyll cywilyddus.

Nansi
Oni buoch chwi gyda mi yn y gwely?

Deifes
Ni wnes i ddim yn y byd ond cysgu;
Os darfu i mi unweth godi 'nghlun,
Trwy fy hun fu hynny.

Nansi
Yr oeddych chwi, 'r pendefig,
Yn chware'n abal ffyrnig.

Deifes
Yr oeddych chwithe, pan glywsoch gal,
Yn diodde'n abal diddig.

Nansi	Be' wnawn ond bod yn fodlon
	A chwithe'n crefu'n greulon?
Deifes	Crefu am gael myned rhwng dy draed?
	Dyna gelwydd, gwaed dy galon!

Y fi yn hen anheini,
A hitio imi unweth feddwi,
A dwad ata' i'r gwely'n ddigon hael,
Rwy'n dirnad i mi gael mynd arni.

Ac meddwch chwi, 'r cwmni odieth,
A ydyw hynny'n gyfreth?
Cael clamp o blentyn yn ei oed;
Ni bu dana-i erioed ond unweth.

Gwagsaw	Wel, gwedi i'r wraig ei dyngu,
	Y chwi sydd i dalu am fagu.
Deifes	Torri iddi ei gwddw yn union syth!
	Nid â hi tana-i byth ond hynny.

Yn boeth y bo'r fules foliog!
Bwrw yn eich bol ac ymlid eich balog!
A'm cymeryd i 'n gysgod ym mhob lle
I drin traenbandie, bwndog.

Nansi	Gwnewch ryw gytundeb â m'fi'n sydyn:
	Naill ai cym'rwch ichwi'r plentyn
	Ai rhoddwch arian yn fy nwylo
	At geisio bwyd a diod iddo.

Deifes	Dyma ddegpunt, cym'rwch hynny
	Efo'ch tegan, neu ewch i'ch tagu;
	Cerddwch hyd waelod Dyffryn Clwyd
	I fegio bwyd i'w fagu.

Gwagsaw	Wel, tyrd i ffordd, da Nansi,
	Mae'r plentyn bach yn gweiddi.
Nansi	Awn i ffordd rhag gwrando ei gân,
	Ffarwél i chwi, 'r glân gwmpeini.

Exit Gwagsaw a Nansi

Deifes	Nad elw-i byth i Ruddlan,
	Ond dacw Gwerli wrth ddrws y gorlan;
	Mi ddalia' 'y mywyd yr â hi o'i cho',
	Ac hefyd ei bod yn gwrando'r cyfan.

Enter Gwerli

Gwerli	A beidiwch chwi byth â swagro
	Neu ymlid hŵrs a horsio?
Deifes	Os cefes unweth roi rhyw ffrit,
	Nid ydw-i ddim yn chwit â chwi eto.
Gwerli	Mi weles eich puten yn mynd adre',
	A chlamp o blentyn yn ei breichie;
	Aiff llawer o aur at fagu hwn,
	Ac arian, mi wn o'r gore.
Deifes	Mae arna-i gryn gost yn magu bastardied:
	Fi oedd yn magu Twm bob tamed,
	A'i ennill a wnaethoch yn y lôn
	Gyda Wil Siôn o'r Seined.
Gwerli	A ddwedwch chwi gelwydd yma'n f'wyneb?
	Ni bûm i erioed yn trin godineb.
Deifes	Mi'ch gweles yn dwad yn faw ac yn chwys
	Gyda Siôn Prys o'r preseb.
Gwerli	Wrth wrando'ch celwydd,—gwaed eich calon!—
	Mae 'mrest yn hollti'n fil o 'sgyrion.
Deifes	Ho! fe fyddwch byw yn o glên
	Os deliff yr hen ystolion.
Gwerli	Lliwied i mi fy mod yn eiste;
	Yr ydw-i 'n wastad ar fy ngore.
Deifes	Nid oes unferch ar ei thin
	Mwy poenus yn trin cwpane.
	Mae hi'n o gynnil weithie
	I safio'r bwyd,—hi gwsg y bore;
	Hi gwyd i fyny i lenwi ei chaul
	Pan fyddo'r haul yn dehe.

Gefn yr ha' hi fydd yn gweithio
Nes dyfod 'winrhew gwyllt o'i dwylo,
Ac amser gaea' yn ei chrys
Yn hel tripins a'r chwys yn tropio.

Rhyw ddiwrnod yn noethlymun
Yr aeth â bwyd i'r mochyn,
Ac yn ei mantell ar y gwres
Yn llumanes yn c'weirio menyn.

Gwerli   Taw, hen Iddew calongaled,
Cerdd i ymlid dy buteinied
Yn lle dwad yma, dyrryn del,
I'm stwrdio am hel bastardied.

Deifes   Lliwia i mi buteinied,
Fi a'th wna' di i fethu cerdded.
Gwerli   Fi a'th wnaf fi dithe'n ddarne ddeg,
Hen geryn cegagored.

Y ddau yn paffio. Enter Gwagsaw

Gwagsaw   Gwaed mil o gywion gwydde!
Pwy sydd yn pwnio â'u penne?
On'd gwell i'r rhain, y cwmni glân,
Fod yn taro tân â'u tine?

Codwch i fyny eto
A pheidiwch ag ymbwnio.
Deifes   Y hi, 'r hen sarff, petait ti'n dallt,
Oedd yn tynnu fy ngwallt i 'ngwylltio.

Gwerli   O! hen Iddew gwaeth na Suddas,
Ceisio mwrdro mam eich plantas;
'Y nghuro â'i ddyrne a wnaeth o'm deutu
On'd ydy 'nghnawd i drosto yn loywddu.

Ni arhosa-i efo chwi'r un munud,
Gwell genny' fynd i hel fy mywyd;
Y fi 'madawaf â chwi'n union,
A mwy ni ddof i drwblio'ch calon.

Mae'r plant yng Nghaer, ewch yno'n sydyn,
A byddwch siŵr o dalu drostyn';
Edrychwch atyn' fel y mynnoch,
Ni ddof fi byth i'r fan y bythoch.

Exit Gwerli

Deifes

Dos i'th grogi, hen Iddewes,
Glynyd yn fy montin, a pha le mae'r fantes?
Dyma f'asenne, clywch fi'n dweud,
A'r hen buten gwedi'u gwneud yn botes.

Gwagsaw

Mi af finne i ffordd i ddiddos
Rhag ofn cael drwg o'r achos;
Derbyniwch chwi f'anwylyd gwyn;
A fynnwch chwi hyn o honos?

Exit Gwagsaw

Deifes

O! mae'n edifar gan fy mherfedd
Fyned i ymgrogi â merchaid a gwragedd;
Os gwela-i nhw ond hynny yn union syth,
Mi 'cura', os dôn' nhw fyth i'm cyrredd.

Enter Rhingyll Bangor

Rhingyll

Dyn wyf fi ddaeth yma'n brysur
I roi i chwi notis am ddrwg natur;
Rhaid i chwi fyned i gwrt Bangor
Neu dalu am draserch bart o drysor.

Deifes

On'd wyt ti'n lled 'smala
Os doist ti o Fangor i'r fan yma?
Beth yw d'achos, drwg ei lun,
Fod yn calyn henddyn cwla?

Rhingyll

Eich gwadd i'r cwrt i dalu
Am fod yn godinebu.

Deifes

Fe fedran' 'nhwythe bod y pen
Eu hunen wneuthur hynny.

Rhingyll	Mae yno wŷr mewn donie dinam Yn cosbi pawb a syrthio i ddryglam.
Deifes	Eu donie nhw yn amla' peth Tua Bangor yw'r gyfreth bengam.
Rhingyll	Ni wiw mo'r siarad procsi; Mae'n rhaid cytuno â'r rheini Neu fynd i'r eglwys, drwg ei raen, I ddwyn penyd o flaen cwmpeini.
Deifes	Pa faint a gyst o'm trysor Ped fawn yn mynd i Fangor?
Rhingyll	Eisie i chwi fyned yno'n gynt, Fe gyst bum punt a rhagor.
Deifes	Pum punt i ladron drewllyd Am fenthyg cont am funud? Mi dorra' 'nghal oddi wrth fy nhin Cyn diodde' na ffin na phenyd.
Rhingyll	Wel, mi af i ffwrdd yn sydyn Ac a fynegaf iddyn'; Cewch weled eto'n gynta' peth Ryw gosbedigeth dygyn.

Exit Rhingyll

Deifes	Cyn siwred, mi debygwn, Y gwnân' â myfi reiol sesiwn: Cymeryd f'eiddo iddyn' nhw Tua Bangor i gadw bongwn.
	Mi af i'm plas, er maint eu handras; Cyn caffon' f'eiddo i at eu pwrpas, Gwell genny', bobloedd yr holl fro, Fy nghanfod yn gwisgo 'y nghynfas.

Exit Deifes. Enter y Capten Ffactor a Phrudensia

Ffactor	Nawr, Prudensia, byddwch lawen, Croeso wrthych i dre' Lunden;

Tra fo yn fy ngene chwa na chwyth,
Ni bydd arnoch chwi byth mo'r angen.

Prudensia   Diolch ichwi, 'r Capten,
               Yr ydw-i 'n ddigon llawen;
               Bendithied Duw chwi ddydd a nos,
               Nid oes imi achos amgen.

Ffactor   Mi fynna' dŷ a ffyrnitur,
               Rych chwithe'n biwr howsgiper,
               Ac ynddo byddwch byw'n ddi-swrth,
               Modd blasus, wrth eich pleser.

               Dyma f'agoriade i
               Delifra' i chwi, 'r fun weddol;
               Profeidiwch chwithe, 'r gangen wen,
               Pob peth fo'n angenrheidiol.

Prudensia   Fy annwyl feistr hawddgar hy,
               Mi a' i wneud eich tŷ mewn ordor;
               Ni wna-i tra byddwy'n gwisgo pais
               Ddim twyll na thrais â'ch trysor.

Exit Prudensia

Ffactor   Dos, a gwna bob peth yn lân,
               A chynne dân, bun dyner;
               Mi ddof finne ond darfod hyn,
               Os hapie, erbyn swper.

Enter y ddau farsiant

Y cyntaf   Nobl Gapten, ŵr calonnus,
               Croeso adre'n bur gariadus;
               Erioed ni ches wrth drin y môr
               Ddynion mor llwyddiannus.

Yr ail   Croeso, a chan croeso ichwi,
               Pur a gonest, teg yw'ch cyfri';
               Ni ddaeth, gobeithio, yr wyf mor ffond,
               I'ch cyfwrdd ond daioni.

Ffactor	Ped awn i fil o weithie Ar gefn y môr a'r tonne, Nid af i wlad y Tyrcied fyth Tra byddo chwyth i'm gene.
Y cyntaf	Awn lle buon fynych, Ein trioedd, yr ydw-i 'n chwennych Yn lle yfed pob ysgwins I gael bowl o bwynsh yn bensych.
Yr ail	Awn i lawr yn dyner I gofio Brenin Lloeger; George y Trydydd, dedwydd da, Hwn yma pia'r power.
Ffactor	Duw fo gydag efo, A phawb sydd gywir iddo; Heddwch i'w Ras i fyw yn hen, Amen, amen, dymuno.

Exit y tri. Enter Pretti Nansi

Nansi	Oes dim o'r hen gymdeithion Yn hyn o dyrfa dirion? Yr wy' ers mis, mi gym'raf fy llw, Heb dderbyn am gwrw goron.

Mae'r bragwyr a'r ecseismon
Yn ymyl torri 'nghalon;
Y rhain a'm gwasge, os caen' nhw le,
A'm cynnes fronne gwnion.

Fe fydde gwŷr bon'ddigion
Yn talu i mi bunnoedd gleision;
Gwae fi na fyddwn yn fy medd!
Mi ges ddwy flynedd flinion.

Lle bûm yn cadw bwydydd gwresog
A was'naethe'n ginio i farchog,
Nid oes gen-i ond ysgafn borth
A chwyno am y dorth chwe cheiniog.

Mi wnes i lawer dyn lledynfyd
Wario a fedde fo yn nyddie ei fywyd;
Ni wnawn o'r rheini ond cyfri' gwael
Gwedi imi gael eu golud.

Mae'r hen gymdeithion yn mynd heibio,
Ac mae'r ecseis i'm handwyo;
Ni wiw cymysgu brag a dŵr,
Mae 'nghwrw i'n siŵr yn suro.

Enter y Bragwr

Bragwr   Wel, gwraig y tŷ, mae'ch byd yn o [ ]
Wrth galyn pob cwmpeini diffeth;
Mi wnaf eich cegin yn bur wag;
Am arian y brag mae'r bregeth.

Nansi   Ow! Meistr Bragwr mwyna',
Byddwch drugarog wrtha';
Gobeithio byddwch well na'ch gair;
Mi dala' i chwi ffair g'langaea'.

Bragwr   Taw, hen siad benchwiban,
Y fi a farcia'r cyfan.
Nansi   Fe wnewch felly, dweda-i 'n hy,
Gryn golled yn tŷ ac allan.

Bragwr   Cario fy mrag i eich gore
Heb sôn am glirio'r llyfre;
Ni wiw ichwi edrych mor yswil,
Mi dyrniaf y bil i atwrne.

Mae ugen punt yrŵan
A gerddodd cyn Gŵyl Ifan.
Nansi   Na wnewch mo'r cam â'r weddw wan;
Coeliwch fi tan y calan.

Bragwr   Dwad yma'n unswydd
I'ch coelio chwi'n dwedyd celwydd?
Nansi   Mi dala'r cwbl, clywch fy nghri,
Gadewch imi 'leni lonydd.

Mi helia'r holl ysgorion
Sydd ar yr oferddynion;
Mae genny' lawer ym mhob lle
O hanner corone crynion.

Bragwr   Pa le, mynegwch hynny,
Mae ganddoch ysgôrs heb dalu?
Nansi   Mae pymtheg swllt o arian maels
(Rwy'n cwyno) efo Als y Canu.

Mae imi bunt yn bentwr
Gyda Nedi'r Nodwr
A wariodd o efo Wil sir Fôn
Yng nghwmpeini Siôn y Pannwr.

Mae coron, y fi a dynga',
Gyda Siors o'r Bala,
A phedwar swllt, yn ddigon siŵr,
Efo Dafydd, gŵr Rebecca.

A benthyg hanner gini
A roddes i Humphrey'r Eddi,
A hanner coron Lisa lwm,
A swllt ar Dwm Llanllyfni.

Bragwr   O! 'r garen gegagored!
Mae ganddoch chwi biwr cwsmeried;
Rwy'n deall na ddowch chwi, gwefle cawg,
I dalu i mi 'rhawg eich dyled.

Nansi   Mae ecseis yn drom i'w thalu,
A leisiens gyda hynny;
Byddwch esmwyth wrtha-i ar dwyn;
Dof eto'n fwyn i fyny.

Bragwr   Mi af ymaith i finistro
Dy seler cyn noswylio;
Mi werthaf fi'r barile yn rhes
A'r badell bres heb ruso.

Exit y Bragwr

Nansi	Yrŵan, pob tafarnwr,
	Ystyriwch wrth fy nghyflwr,
	Dyma'r blinder sydd yn rhan
	Y weddw wan ddiswcwr.

Trin gormod o ddrygioni
A'm dygodd i drueni;
Cogio'r cybydd, 'mennydd maith,
Bu edifar ganwaith genny'.

Tyngu fy mhlentyn arno
Heb fod a wnâi fo ag efo;
Am hyn rhaid myned hyd y byd
I hel fy mywyd iddo.

Exit Nansi. Enter y ddau farsiant

Y cyntaf	Dowch i fyny i gydgonsidro
	Ple gallwn ni gael un *voyage* eto
	Os cawn ni gan y Capten Ffactor
	Fynd gyda'r Royal Mari i'r cefnfor.

Yr ail	Ni chawn ni fyth onestach meister
	Na'i gyfarwyddach ar y dyfnder,
	Ac ni haedde neb well gwobor
	Nag a haedde'r Capten Ffactor.

Y cyntaf	Fe addawodd rodio i'n cyfarfod;
	Mae e o gwmpas hyn yn dyfod;
	Nid oes mo'r 'wyllys ganddo i fyned
	Fyth ond hynny i wlad y Tyrcied.

Enter y Capten Ffactor

Ffactor	Gyda'ch cennad, wŷr boneddigion,
	Nid oes gennyf ddim newyddion;
	Mi fûm yn rhodio glan Tems heini
	Yn edrych am y Royal Mari.

Y cyntaf	Pa fodd y mae hi, 'r Capten Ffactor?
	A ych yn tybio ei bod mewn ordor

I fynd i *voyage* unweth eto?
A glywch chwi ar eich calon fentro?

Ffactor   Mae'r llong mewn ordor a was'naetho,
           I gyd yn gref ond eisie ei hengrafio;
           A rhyw ychydig bach a wnelir,
           Bydd ddigon sownd i fynd lle fynnir.

Yr ail   Gofynnwch chwi'r *repair* a fynnoch,
           Fe'i cewch, a'r cyflog fyd a leicioch
           Os ewch i Utali a Fenis;
           Mae yno am wâr bob math o ddewis.

Y cyntaf   Mae cwmpas mawr i fynd i Utalia:
           Amgylchu Sbaen a'r Bae o Busga,
           Trwy'r Territoris yn Affrica
           A'r Grand Mogyl a Sant Elena.

           I'r Mediteranian neu'r Môr Canoldir,
           I fynd o Ewrop y cychwynnir
           At Gibraltar a Malaga,
           Ac oddi yno i Garthagena.

           I Gylff Alican a Gylff Falensia,
           Taragon a Barselona;
           Oddi yno i Parmahana Regions
           Ac wedi hynny i Gylff St Lions.

           Marseilles, Toulon a Sardinia,
           Heibio Sisili a Chalabria,
           Trwy Gylff y Fenis a'r Môr 'Driatica,
           Wrth *Navigal Art* mae pen ein gyrfa.

Y cyntaf   Y chwi sy'n deall yr ardaloedd
           I fordwyo i'r iawn borthleoedd,
           Ewch i setlio'ch teulu hynod,
           Awn ninne i geisio'r cargo'n barod.

Exit y ddau farsiant

Ffactor   Ewch, a gwnewch bob peth yn barod,
           Mi ddof finne i'ch cyfarfod

Ond imi gael ychydig amser
I gydymgomio â'm howsgiper.

Enter Prudensia

Prudensia   Y nobl Gapten, mi a'ch cyfarcha',
Mi glywa' eich bod yn galw amdana';
Yma heb aros yr ydw-i 'n barod
I wneuthur ichwi bob ufudd-dod.

Ffactor   Prudensia fwyn, rwy' gwedi 'mrwymo
I fynd i *voyage* unweth eto,
Ac mae'n rhaid imi, gyda'ch cennad,
Eich gadel chwithe gartre' i warchad.

Prudensia   Rhwydeb ichwi, mwyna' ar aned,
I ba wlad yr ych yn myned?
Duw a'ch llwyddo, onest Gapten,
Ac a ddêl â chwi adre'n llawen.

Ffactor   Rwy'n mynd i'r *voyage* hon, mi addewis,
Yn bell i'r Eidal, i wlad Fenis;
Gwell gen-i fyned i'r ddwy Indis
Na mynd i un teircwr o wlad Tyrcis.

Prudensia   Rhwydeb ichwi, ŵr calonnus.
Os ydych yn myned i wlad Fenis,
Yr ydych yn mynd i'r man gwresoca'
Sydd yn Affric nac yn Asia.

Rhown ichwi gyngor cyn eich cychwyn
Er nad ydw-i ddim ond morwyn;
Fe glywsoch y ddihareb honno
Mai da ydyw cyngor merch heb geisio.

Gwnewch siwt o ddillad ysgafn tene,
A'u deunydd oll o'r sidan gore;
Mae'r rhain mewn gwres yn oer, yn dalgrwn,
I'w gwisgo yn Fenis wrth y ffasiwn.

Ar ôl eu gwneud i gyd yn barod,
Gadewch i minne wneud y wasgod;

99

Mi weithia' hyd-ddi ryw ffigarus
A fyddo'n gweddu yn *City* Fenis.

Pan ewch i Fenis, Duw a'ch llwyddo,
O flaen y t'wysog rhaid ympirio;
Gynta' yr ewch i mewn i'r ddinas,
Fe ddaw *command* i'ch dwyn i'r palas.

Bydd ynte'n eistedd ar deyrngader,
Mae ei orseddfainc ar eich cyfer;
Ewch chwithe i fyny yn hy a hylaw
O'r tu uchaf i'w ddeheulaw.

Rhaid ichwi yno dalu teyrnged
Fel y mae cystwm pob dieithried;
Agorwch frest eich cot yn ebrwydd
Fel y gwelo eich gwasgod newydd.

Ffactor   Diolch ichwi'n bur, Prudensia,
Am eich cyngor a'ch mwyneidd-dra;
Trwy Dduw y fi gyflawna'r cwbwl;
Ni fedra-i ddeall beth yw'ch meddwl.

Prudensia   Y Capten mwyn, ar hyn o adeg,
Ni chewch chwi wybod dim ychwaneg;
Pan ddeloch yn ôl i Lunden lydan,
Chwi gewch wybod genny'r cyfan.

Ond am y cwbl, yr wyf i'ch cynghori,
Ni wnaiff o ddim o niwed ichwi.
Ffactor   Tyrd i wared, tyrd, bun ufudd,
I ordrio gwneud fy nillad newydd.

Exit y Capten Ffactor a Phrudensia. Enter y Gweinidog Plwyfol

Gweinidog   Yrŵan, hardd gyn'lleidfa,
Mi ddois o'ch blaene chwi yma,
A'r mater ichwi, deulu da,
Fwyn agwedd, a fynega'.

Mi gefes gyflawn ordor
O gwrt Esgobeth Bangor;

100

Mae'n rhaid i minne, 'n ddigon ffri,
Ei maentumio hi ar bob tymor.

Mae rhyw gymydog imi
Yn bechadur mawr aneiri';
Rhaid imi rŵan yn ddi-ffael
Gael y gŵr hael i'w holi.

Enter Gwagsaw

Gwagsaw   Wel, dyma'r hen berson glo'wddu
Yn tuchan, a'i fol yn t'wchu;
Y mae o 'r un nâd, mi ddweda' ar goedd,
Â'r ci teigar pan oedd yn tagu.

Gweinidog   A adwaenost ti, 'r dyn cynnes,
Un gŵr a'i henw Deifes?
Yn hyn o fan rhown iti glod
Pe doit â'i hynod hanes.

Gwagsaw   Mi adwen i o'r gore
Yr hen fwgan hyll ei fage;
Ni bydda-i dro, yn ddigon siŵr,
Yn galw'r gŵr i'r gole.

Gweinidog   Dowch ag ef mewn munud,
Mae o 'n bechadur enbyd;
Am ddilyn drwg o lwyn i lwyn
Caiff boeni a dwyn ei benyd.

Gwagsaw   Mi ddof ag ef, myn andras,
Ond eisie benthyg cynfas;
Fe gewch ei weled yn rhoi gwaedd
Yn rholyn fel baedd y Rhiwlas.

Exit Gwagsaw

Gweinidog   Pan ddêl i'r fan, rhaid imi
Yn hwylus iawn ei holi,
A dweud ei drafel iddo o hyd
Am wneud yn ddrud ddireidi.

101

Mae arnom ddyled brysur
Gyhuddo pob pechadur,
A dwedyd iddo y ffordd ddi-rôl
A'i fuchedd fydol fudur.

Enter Gwagsaw, a Deifes i ddwyn ei benyd

Gwagsaw   Wel, dyma fo mewn difri',
Archesgob Canter-beri;
On'd ydyw fo'n debyg, 'y Modryb Siân,
I sach â gwlân mewn g'leuni?

Wele hai, dowch i'r wylmabsant
Fel y galloch chwi gael maddeuant;
Sefwch yma gyda'ch pric
Yn y canol fel Dic o'r Ceunant.

Wel, mi af i ffordd tuag adre',
Boed rhyngddoch chwi ac ynte;
Ni wnaiff yr un o'chwi fyth ŵr hael,
Da darfu i chwi ymgael, 'e goelie.

Exit Gwagsaw

Gweinidog   Tyrd ymlaen, bechadur hynod,
A chyfadde' i mi dy bechod.
Deifes   Os oes rhyw anffortun arna-i,
A raid i chwi gael gwybod?

Gweinidog   Cyfadde' pechod sydd waith hwylus
O flaen bugeilied penna'r eglwys.
Deifes   Mae yma lawer yn llawn o wrid;
A holi di nhw i gyd yn hwylus?

Gweinidog   Dy bechod, Ow! cyffesa,
O flaen yr holl gyn'lleidfa.
Deifes   Ai ceisio yr ydych efo'ch tôn
Rhwng dynion wneud sôn amdana'?

Gweinidog   Y ni sy'n galw pawb yn gwlwm
I ffoi rhag buchedd warthrudd orthrwm.

Deifes	Tebycach a fyddwch tan wneud pig Alw'n o ddig am ddegwm.
Gweinidog	Taw â siarad chwedle tanbed, Tro i galyn y bugeilied.
Deifes	Mae llawer bugel byr ei gam Yn bur ddiofal am ei ddefed.
Gweinidog	Gwrando lais dy fugel clau Trwy edifarhau am dy gamwedd.
Deifes	Nid ych chwi ond bugel da ar dwyn Fel gwas y Llwyn y llynedd.
Gweinidog	Beth wnaeth hwnnw, hyll ei wefle?
Deifes	Gadel i'r defed feirw'n sypie, Ac ynte mewn diogi gwedi ymdroi Yn un panel heb droi mo'u penne.
Gweinidog	Yr wyt ti yn odinebwr tanbed.
Deifes	Mae imi ddigon o gymheiried.
Gweinidog	Pwy ydyw'r rheini sydd ar fai?
Deifes	Fe swnian' am rai personied.
Gweinidog	Taw â siarad fel cadafel, Clyw dy fygwth gan dy fugel Sy'n ceisio d'arwen i'th hen le Mewn modd diame i'r demel.
Deifes	Gwragedd tai tafarne O'r seler brydnawn ddydd Sulie (A'r peint, a'r chwart, a'r bibell wen) Y byddid i'w arwen ore.
Gweinidog	Yr ydym ni'n dweud y ffordd eglurdeg I bawb erioed sy'n pechu ar redeg.
Deifes	I bobol eraill y byddwch yn dweud, Ac eich hunain yn gwneud ychwaneg.
Gweinidog	Yr ym ni'n cynghori dynion Yn ôl dull yr apostolion Gan ddysgu'r ffordd, cyn mynd i fedd, I bob dyn gwaredd gwirion.

Deifes	Yr oedd yr apostolion enwog Yn wŷr mwynion a thrugarog; Nid ydych chwithe ym mhob rhyw le Ond agor eich gwefle am gyflog.
Gweinidog	Bechadur, clyw fi'n traethu: Ti fuost yn godinebu.
Deifes	A glywch chwi'r sŵn sydd ar y mul? A wyt tithe'n disgwyl dysgu?
Gweinidog	Nid rhuo a siarad gwagedd A dâl am bechod ffiedd.
Deifes	A dâl imi ddweud i ti fel hyn: Mae'n edifar gyn fy mherfedd?
Gweinidog	Tâl, ond dweud yn ffyddlon O 'wyllys gwaed dy galon.
Deifes	Nid a-i byth ar ferch, caewch eich ceg; 'Ydy hynny trwy deg mo'r digon?
Gweinidog	Rhaid ichwi fyned ar eich glinie A chyfadde' eich hen bechode.
Deifes	Mi af fi ar fy nhin—be' sy ar y ffŵl?— Os ydych yn meddwl madde.
Gweinidog	Ewch ar eich glinie'n sydyn, Gofynnwch bardwn Crist amdanyn'.
Deifes	A dâl cyffesu yn hyn o le Rhyngddoch chwi a minne mo'nyn?
Gweinidog	Cyffeswch nhw mewn gwyldra O flaen yr holl gyn'lleidfa.
Deifes	Fe alle bydd o Gaer i Fôn Rhwng dynion sôn amdana'. Ond i ddweud i chwi mewn difri': Fe ddarfu imi unweth feddwi, A hitio myned mor ddi-rôl Efo'r bobol, ac ennill babi.
Gweinidog	A ydych chwi'n edifeiriol ddigon?
Deifes	Mae'n edifar gan fy nghalon.

Oni chostiodd i mi ar hynny o hynt
(Ni wn a glywsoch chwi) ddecpunt gleision?

Gweinidog
Wel, rŵan, gallwch fod yn gymwys
Ar ôl cyfadde' o flaen yr eglwys;
Yr ydych ar linyn yn ddi-wad,
Puredig, i wlad Paradwys.

Deifes
Diawl, ond iechyd ichwi,
Dyma fi gwedi ymolchi;
Mi daflaf fi ynte dros fy mhen
Y gynfas wen i'w chrogi.

Wel, dwedwch, berson mwynlan,
A raid i chwi gael arian?
Gweinidog
Na raid ddim, yr henwr dof,
Yr wy'n madde mewn cof y cyfan.

Ffarwél i'r henwr ufudd,
Fe ddarfu i mi 'y nyletswydd.

Exit y Gweinidog

Deifes
Wel, rhwydeb glân a fyddo ichwi
Yn llinyn am i mi gael llonydd.

Wel, nad elw-i byth i geibio,
Os mwy gen-i, na choetio,
Os dyma'r penyd sydd ar ddyn,
Ped fai fy natur fynd ar un eto.

Mi ofnes i yn fy nghalon
Y mynase fo arian gloywon;
Hynny yr oeddwn mor ddrwg fy nghwrs
Rhag gildio'r pwrs i'r person.

Enter Gwagsaw

Gwagsaw
Wel, yr hen Ddeifes, 'ydych chwi'n ddiofal?
Deifes
Ydw, mi alla' ddwedyd, ond fe fu yma ddadal.
Gwagsaw
A wnaeth o eich cedor yn ei ddig
O'r bôn i'w phig yn ffagal?

Deifes	Naddo,—gwaed y gwcw!— Ond ni ches i 'sport ry arw; Os af fi eto i ryw dafarn neu ryw *inn*, Ni hidia-i bin mewn menyw.
	Nid rhaid i neb eleni, Er ceisio legar ladi, Ond dyfod i'r eglwys mewn cynfas wen, Caiff safio ei ben, he boni.
Gwagsaw	Ni hidiwn inne nodwydd, Cyn collwn i gariad newydd, Er dwad i'r eglwys ato fe Ped fawn yn diodde un deuddydd.
Deifes	Nid oedd dim rhyfedd weithian Fod fy mhenyd i mor fychan Am ddygyd cont (nad elw' o'm co'); Roedd yn dda ganddo fo honno ei hunan.
	Ond ped fase fo'n dallt yn ole Pwy oedd ar fai, fel finne, Fe safen' o'i flaen ef yma ar fyr Yn ddifesur mewn cynfase.
Gwagsaw	Mae hon yn ffasiwn hylwydd I ddyn tylawd neu gybydd; Mae rhai'n rhoi arian iddo'n llu, Ac felly'n celu eu c'wilydd.
Deifes	Fe ddarfu i mi 'mdroi yma lawer Yn yfed ac yn rhuo'n ofer; Mi af tuag adre' ar fy egni glas,— Nid oes genny' ddim blas ar bleser.
Gwagsaw	Wel, rhywyr ichwi gychwyn, Nid oes acw gartre' undyn.
Deifes	Mi drina-i 'r byd yn waeth na draig (Mae 'mwriad) heb na gwraig na morwyn.

Exit Deifes

Gwagsaw   Wel, tyred, hen anghenfil,
                Chware i mi gân go gynnil;
                O! rŵan mae ynte, llechwedd llo,
                Trwy ffwdan yn cyweirio ei ffidil.

Gwagsaw yn dawnsio

                O! 'n boeth y bo dy nade!
                Oni redodd dŵr o'm clustie?
                A ydyw corn ei gwddw'n gaeth?
                Mae hi'n gweiddi'n waeth na gwydde.

Exit Gwagsaw. Enter y Capten Ffactor, Mât a Boson

Ffactor   Mr Mât a Mr Boson,
                Hi aeth yn dywyll, dyma'r noson
                Y daethon ni yn ôl ein h'wyllys
                Yn ddiogel iawn i'r Bae o Fenis.

                Ymbaratown, gwnawn anrheg enwog
                I gael mynd o flaen y t'wysog;
                Dyma gystwm y lle yma:
                Y gore ei rodd a anrhydedda.

Mât   Mae gennych bethe amheuthun
                Na wyddan' yma ddim oddi wrthyn',
                A'r peth sydd fwya' prin yn Fenis
                Sydd ganddoch chwithe'n ddigon hwylus.

Ffactor   Pan ddelwyf gynta' o flaen y t'wysog,
                Mi agora' 'mrest yn bur galonnog
                I gael iddo weld fy ngwychder,
                A chofio archiad fy howsgiper.

                Mae ar fy ngwasgod *flowers* gwychion
                O waith aur ac arian ddigon;
                Yn ôl dameg fwyn Prudensia
                Cawn glywed rhyw newyddion yma.

Mât   Dacw'r t'wysog mawr ei anrhydedd
                Yn dwad yma i fyny i'w orsedd;

Pan ddeloch chwi i dalu'r deyrnged,
Fe gewch glywed beth a ddywed.

Boson

Dacw'r lân d'wysoges hefyd
Ar ei ôl mewn golwg hyfryd;
O'r naill du safwn yma'n rhywle,
Rhown barch i'w Gras, a lle iddyn' eiste.

Enter Stanislaus a Louisia

Ffactor

Trwy nawdd, eich Gras, a chyda'ch cennad,
Ardderchog D'wysog, mae 'nymuniad
Fy ngwneud fy hun yn gydnabyddus
I'ch Mawrhydi mewn modd gweddus.

Stanislaus

Beth, yn rhodd, y glân ymdeithydd,
Ydyw'ch bryd, a ph'eth sy o newydd?
O ble hefyd y moriasoch?
Ai o Ewrob yma daethoch?

Ffactor

O dre' Lunden fawr yn Lloeger
Yma daethon ni ar ein menter
Gan obeithio tradio â'ch ynys
Trwy onestrwydd yn ddirwystrus.

Stanislaus

Mi glywes sôn am ddinas Lunden,
Penna' ei braint yn Ynys Bryden,
Penna'n Ewrob, penna'n Affrica,
Penna' o ynysoedd sydd yn Asia.

Ffactor

Os gwêl eich Gras yn addas noddi,
Dyma deyrnged i'ch Mawrhydi
Yn ôl cystwm eich llywodreth;
Yr wy'n gobeithio eu bod yn heleth.

Stanislaus

Pob peth sy o'r gore, rwy'n cydnabod,
Ond pwy fu'n gwneuthur ichwi wasgod?

Ffactor

Mi agora' 'mrest, mae hon yn ole
O waith nodwydd ddur ac ede.

Louisia

Ped f'ase 'ngeneth ar y ddaear,
Myfi a dyngaswn yn 'wyllysgar

108

Nad oedd neb o fewn yr hollfyd
Ond y hi a fedre'i gwneuthud.

Ond pwy, yn rhodd, y mwynwr diddan,
A'i gweithie o gywraint aur ac arian?
Ni weles i erioed, debygwn,
Ond gan fy ngŵr fy hun mo'i ffasiwn.

Ffactor	Merch a brynes i am fy arian Yng ngwlad y Twrc am ganpunt gyfan; Hon sydd gennyf yn howsgiper I gadw f'eiddo i gyd yn Lloeger.
Louisia	Yn rhodd, dywedwch, lân ŵr tyner, Pa fodd y gelwir eich howsgiper?
Ffactor	Yr henw roes i mi ar y cynta', Parod unsel, oedd Prudensia.
Louisia	Fy ngeneth annwyl yw Prudensia, Mae hi eto ar y ddaear yma; Ni chlywson ni ddim sôn amdani Ers tair blynedd cyn eleni.
Ffactor	Yng ngwlad y Twrc yr oedd Prudensia Yn tendio ar un o'r ladis mwya'; Am ryw amryfusedd bychan diles Rhoes gernod bach â'i llaw i'w meistres.

Y mae'r Tyrcied a'u tost gyfreth
Yn barnu'n euog o farwoleth
Bob rhyw Gristion yno'n sydyn
A becho unweth yn eu herbyn.

O weld ei phryd a'i gwedd mor gynnes,
A dallt ei bod yn bur Gristnoges,
Mi deles ganpunt am ei phardwn
I'w chael o ddwylo drwg eu nasiwn.

Stanislaus	Mi dalaf finne fil ar filoedd Eto i chwithe'n benna' o bunnoedd Os dowch â 'ngeneth yn iach lawen I mi yn landeg yma o Lunden.

Llwythwch ei long ef o bob traffic,
Pob peth yn rhad, rwy'n rhoi ichwi rhydd-did,
A'r Capten Convoy aed gydag efo
Mewn llong arall i'w seciwrio.

Ac yn honno yn ôl dychwelwch
Efo Phrudi; 'n rhodd, prysurwch;
Ei haddo a wnaf i chwi yn briod
Am ei hachub o'i holl drallod.

Enter Capten Convoy

Capten   Y fi a fyddaf bur ofalus
                I wneud eich archiad, Gapten gweddus;
                Fo gaiff y peth a fynno sy yma
                Er mwyn yr arglwyddes lân, Prudensia.

Stanislaus   Y Capten Ffactor, ŵr da cywren,
                Na ddygwch ddim o'ch da o Lunden;
                Mae yma ddigon o bob golud
                I'ch cadw chwi, a minne hefyd.

                A'r neb a ddêl i'm llaw â'm geneth,
                Mi 'rhof hi iddo fo'n gynhysgeth;
                Can mil o bunne yn y flwyddyn
                A gaiff gennyf fyth i'w chalyn.

Mât   Hir oes ac iechyd drwy lawenydd
                A fyddo ichwi gyda'ch gilydd.
Boson   Mae hynny'n ddigon mawr o foddion
                I fyw'n y byd trwy burder calon.

Louisia   Dowch i wared, wŷr bon'ddigion,
                Mae cinio'n barod ichwi'n union;
                Mi gawn ymgomio yno eilweth
                A chofio at iechyd f'annwyl eneth.

Exit oll. Enter Prudensia

Prudensia   Wel, dyma finne, 'r forwyn warchad,
                Yn anufudd oddi wrth fy 'nafiad;

110

Hir pob aros, hwyr pob ara',
Hir mae'r Capten heb ddwad yma.

Duw a ddêl â newydd da pan ddelo
Oddi wrth fy nhad a 'mam, gobeithio,
Eu bod nhw'n iachus ac yn llawen;
Mi gaf glywed gan y Capten.

Ni ŵyr neb o'r deyrnas yma
Nad merch i eurych wyf o'r sala',
Ac ni ŵyr undyn o Lunden lydan
O ba wlad y deuthum allan.

Mi gana' yn iaith fy ngwlad fy hunan,
Ni ddeall undyn mo'na-i rŵan
Tan droi'r dröell (mae hynny'n drallod)
Yn lle'r delyn fwyn wrth dafod.

Cerdd ar y mesur a elwir Troad y Dröell

Mae 'nhad a 'mam annwyl mewn anhwyl yn wir,
Ers gwell na thair blynedd anhunedd yn hir,
Gwedi 'ngholli ar y môr
Gyda'r llong a'i holl ystôr,
Tybio 'moddi a'm soddi'n sor
O'n honor ni ein hunen.
A 'nhwythe'r Tyrcied â llaw gre'
Aeth â ni yn gaeth i'w tre',
Yn hynny o fan bu ddrwg ein lle
Efo'n llonge, a gwall angen.

Rwy'n unig ferch t'wysog, gŵr enwog gwir yw,
A 'mam yn ferch brenin o ruddin da ryw;
Ni feddan' un ferch ond y fi
Nac un bachgenyn ffraethwyn ffri;
Am hyn fy llyged sydd yn lli
O heli pur hwylus.
Fy nhad fu'n llywydd mewn gwellhad
A minne'n aeres ar ei stad
Ar ei ôl mewn rhôl mawrhad
Ar fwynedd wlad Fenis.

111

Fe'm cadwodd yn 'r ysgol, wawr siriol, wir serch,
I ddysgu heblaw darllen bob cywren waith merch;
Yn lle cogel pren a llin
Bu aur ac arian ar fy nglin
I'w hawddgar weithio a'u tremio a'u trin
(Mae'n flin arna-i rŵan):
Llun pob pysgod yn y môr,
Llun ehediad awyr Iôr,
Llun anifeilied yn y côr,
Mae'n onor wan anian.

Pan ddelo'r glân Gapten yn llawen â'r llong
I dre' 'nganedigeth, a thrinieth i'w throng,
Fe fydd yn rhyfedd yn eu mysg,
Gofynnan' iddo, "Pwy a'i gwisg
Yno'n llawn mewn dawn a dysg
Ddigymysg waith geme?"
Yno bydd llawenydd mawr
Pan ddelo 'nhad a 'mam i lawr
I'w groesawu cyn pen awr
A chofio 'y ngwawr inne.

Duw ddêl â'm glân feister ar hyder mewn rhôl
Yn iach drwy lawenydd â'r newydd yn ôl;
Nid wy'n ame, ac ni wna',
Na lwydda Duw fo, aea' a ha',
Er mwyn 'lusen a gweithred dda,
Ufudda' yn ei foddion;
Yr wy'n gobeithio ar fôr a thir
Na ddaw i'w gyfwrdd ond y gwir
Trwy ffyddlondeb, rhwydeb hir,
I'w gywir lân galon.

Terfyn. Enter y Capten Ffactor

Ffactor	Iechyd fyth i'ch calon lonwych,
	Prudensia fwyn, pa fodd yr ydych?
	Da gen-i 'ch bod yn llawen iachus,
	Rhowch imi gusan, bun gysurus.
Prudensia	Croeso ichwi, nobl Gapten,
	A ydy 'nhad a 'mam yn llawen?

Ni bu erioed mwy rhywyr genny'
Na'r tro yma am gael eich cwmni.

Ffactor

Mae'ch tad a'ch mam yn llawen iachus
Yn cofio atoch, fun gysurus,
Ac yn arwydd pur oddi wrthyn'
Dyma ichwi, fun deca', docyn.

Prudensia

Y finne fyddaf llawen bellach,
Y mae fy nhad a 'mam yn holliach;
Bendith Duw bob cam a roesoch
Ar dir a môr y ffordd y buoch.

Ffactor

Bu ryfedd hynny genny' ganweth,
A chwithe cystal eich gwaedolieth,
Na b'asech unweth, meinir weddol,
Yn fy ngwneud yn gydnabyddol.

Prudensia

Nid ar feddwl drwg, na'i dybio,
Yr oeddwn i yn ymddieithro,
Ond cael gweled yn gyfaddas
Pa fodd y dôi pob peth o gwmpas.

Ffactor

Fel hyn y dywed eich rhieni
Ar ôl cael y gwir yn onest genny':
(Ces fwy o gariad, safiad suful,
Nag yr oeddwn i yn ei ddisgwyl.)

Addo wnaethant mewn amode,
Os down â'u geneth yn iach adre',
Y cawn eu h'wyllys nhw ymhellach
O flaen un dyn oedd gyfoethocach.

Fe alle i chwi, sydd lân d'wysoges,
Dybio fod yn ormod gormes
Ymrwymo â myfi sydd lanc tylawd,
Nad ydyw fo ond gwawd, fun gynnes.

Prudensia

Nid oes undyn ar y ddaear
A gym'rwn i o'ch blaen chwi'n gymar;
Ni wnaeth un, ac ni wnaiff eto,
Mo'r peth a wnaethoch at fy safio.

Ffactor	Fe ddarfu i'ch tad a'ch mam yn ddie Roi'r Capten Convoy i'ch cyrchu chwi adre', A llong yn llawn o ddynion lysti I gymryd gofal efo a nyni.
Prudensia	Pwy ydyw fo? Beth yw ei henw? Nis gwn i 'adwen i mo hwnnw. Mae Fenis imi mor ddieithrol Nas gwn i amcan pwy ydyw ei phobol.
Ffactor	Gŵr a ddwedodd ar ei addewidion Y bydde fo i chwi a minne'n ffyddlon; Dyma fo i fyny'n fwynwych; Convoy mwyn, pa fodd yr ydych?

Enter Capten Convoy

Capten	Nobl Gapten, mi'ch cyfarcha', Henffych well i chwi, Prudensia; Pa fodd yr ydych, lân d'wysoges?
Prudensia	A ydyw pob peth fel y gweles?
Capten	Mae pawb yn llawen fel y gwelsoch, Yn cofio eu pur wasaneth atoch, Ac yn gobeithio i gyd yn gyfan Gael eich gweled chwi yno eich hunan.
Prudensia	Os rhydd Duw gennad, rhad a rhwydeb I ni a'n gwŷr trwy bur ffyddlondeb —Boed felly byth yr wy'n gobeithio— I'n boddio'n union, byddwn yno.
	Fy annwyl feistr pur a'm perchen, Dymunaf arnoch, onest Gapten, Werthu a feddoch yma o foddion A'u rhoi'n elusen rhwng tylodion.
	Mae 'nhad i gwedi gyrru o'r gore Ddigon i ddwyn eich cost tuag adre' O bob pethe angenrheidiol; Trwy Dduw mae gennym ni'n ddigonol.

Ffactor	Awn i setlio'n holl gyfrifon
	Efo phawb, a phob achosion,
	I fod yn barod ar bob odfa;
	Er dim na chollwn mo'n cyfleustra.

Capten	Gwnewch bob peth, fy meistr hynod,
	Af finne i geisio'r cargo'n barod,
	Ac i wneuthur pob cyfreidie
	A fo'n anghenraid at y siwrne.

Exit oll. Enter Pretti Nansi

Nansi	Yrŵan, fwynion ferched,
	Ystyriwch fy nghaethiwed:
	I'm herbyn i fe droes yr hin,
	Mae'n ddigon blin y blaened.

Fe'm gwelsoch gynt yn hoyw
Pan fûm yn cadw cwrw,
A'm bryd, tra byddwn yn fy ngho',
Yr un moddion gogio'r meddw.

Wrth dendio ar wŷr bon'ddigion,
Pwysasant ar fy nwyfron,
A'r peth a fynnent ar bob tro,
A faent i'w geisio, a gawson'.

A chwedi i mi feichiogi,
Ni weles i mwy mo'r rheini;
Gwnes dwyllo'r cybydd, 'mennydd maith,
Bu edifar ganwaith genny'.

Ow! tyngu celwydd dygyn
Mai fo oedd tad y plentyn;
Am hyn heb gêl, drwy drafel drud,
Fe droes y byd yn f'erbyn.

Fe ddaeth y bragwr ata'
Ac a werthodd hynny fedda';
Rwyf efo 'mhlentyn bach yn syn
Mewn oerni, a newyn arna'.

115

Ow! taw â chrio'n erchyll
Tra byddwy'n canu pennill;
Er na ddilynes mo'r ffordd dda,
Rhof gyngor ara' i erill.

Cerdd ar Gonseit Capten Morgan

Pob merch ifanc, ddidranc ddawn,
Sydd yn yswagro a llwyddo'n llawn,
Mi ro' i chwi gyngor, teg ei llun,
Na wnes (mi wn) mo hwn fy hun,
Ond gwedi syrthio, oer dripio ar drai,
Gwael yw 'y myd, Ow! gwela-i 'mai.

Lloer ara' ei gwedd, lliw'r eira gwyn,
Rhad aer braf sy'n rhodio'r bryn,
Cymerwch ofal, teg ei gwawr,
Rhag ichwi oddi yno lithro i lawr;
Mi syrthies i 'r un modd â chant,
Lwyra' peth, i lawr y pant.

Pan oeddwn i mewn llwyddiant llawn,
Ymwisgo gynt ac ymwasgu a gawn;
Rhoi imi glod am fod yn fwyn—
Dyna'r llid!—a'm denu i'r llwyn;
Wrth eu 'madroddion ffraethlon ffri
A dyddie o serch mi doddes i.

Mynd yn eu breichie, dyddie da,
Fel y menyn hoywyn ha';
Mwyndeg rodd, mynd yn eu gwres
Fel eira gwyn ar dwymyn des;
Am fynd heb ruso, anghryno yw 'nghri,
I brofi'r swydd mi brifies i.

Ar ôl cael yno, ffraethdro ffri,
Fel meindw' rwydd, fy mwynder i,
Pawb yn pasio a suddo eu serch
A'm gado'n ôl, anfoddol ferch;
Ond llid i mi oedd llwydo 'y moch
Un lliw â'r iâ, yn rhoi llawer och.

O ddilyn hirddrwg, mawrddrwg maith
A ddaeth i'm calyn, dygyn daith:
Tyngu celwydd, aflwydd yw,
Colli f'eiddo a digio Duw;
Mynd efo 'machgen llawen llwyd
Hyd y fro, a begio bwyd.

Pan ddeloch chwithe i'w breichie braf,
Rhag ofn y digwydd fod rhyw gnaf,
Sefwch oddi wrtho, gryno ei grudd,
Tra bo chwi'n leicio rhodio yn rhydd;
Os byddwch feddal, sâl eich swm,
Dyna'r tro daw anair trwm.

Nid yw ymadroddion mab ar dwyn
Ond megis heulen felen fwyn;
Y cwmwl du aiff drosti draw
Mewn dyfna' glod, a dafne glaw;
A chwithe i lawr, dros awr os ewch,
Gole gur ac wylo a gewch.

Dwedwch wrtho cyn ymroi,
Y feinwen glyd, mi fynnwn gloi;
Ac wedi hyn calynwch e
Trwy lanw a thrai, trwy lan a thre';
Gwnewch fy nghynghorion ffraethlon ffri
Yn foethus iawn,—mi fethes i.

Terfyn

       Ffarwél, mi a' i rywle ar drafel,
       Rhaid dal fy mhen yn isel;
       Mi fûm gynt yn byw'n o glyd,
       Mae'n chwith imi 'myd ymadel.

Exit Pretti Nansi. Enter y Capten Ffactor ar yr ynys

       Och! dyma'r fan yr ydw-i rŵan
       Yng nghanol môr mewn ynys fechan
       Heb dân, heb dŷ, heb fwyd na diod
       Ers dwy nosweth a dau ddiwrnod.

Ni bûm i erioed mewn cymaint c'ledfyd
Rhwng newyn, syched, rhyn ac annwyd;
Heb wybod p'le rwy'n gwneud fy nhrigfa
Na gobaith fyth gael mynd oddi yma.

Trwy fy nghwsg fy nhaflu i'r dyfnder
Oddi ar fwrdd y llong a wnaeth fy meister;
Deffrois yn ton cyn nofio'n wisgi,
Trwy Dduw mi ddeuthum yma heb oedi.

Gwedi dianc yma i'r ynys,
Yn wlyb, yn wag, yn oer anafus,
Heb ddim ymborth i'm cysuro,
Heb ddim, ped fai fo, i dalu amdano.

Y Capten Convoy (rwy'n mawr goelio)
A'm bradychodd i'm dinistro
Er mwyn cael fy nghariad ffyddlon
Gan ei thad trwy dwyll fargeinion.

Fe ddwed wrthyn' i'w bodloni
Mai syrthio a wnes i'r môr, a boddi;
Fe daera hefyd yn ôl yr amod
Mai fo a haedde'r ferch yn briod.

Er fy mod mewn cymain cystudd,
Cân a wnaf o fawl i'r Arglwydd;
Fe eill rhaglunieth Duw gorucha'
Fy rhoi 'ngwlad Fenis o'r fan yma.

Cerdd ar Ymadawiad Brenin

O! Arglwydd nefol, gwrando arna',
Tyn fi o'r fagal amal yma
Er iti f'ordeinio i er dwynos
Yn y moroedd yma i aros.
Tydi a wnaethost ar y cynta'
Y tir a'r môr a'u trysor penna';
Ti elli Di fy ngwared i
O ganol lli' dyfroedd;
Ti helpiest lawer iawn o bobloedd
O lid anafus i wlad Nefoedd:

118

Ti gedwest Noa a'i deulu sanctedd
Ar gefn y dilyw rhag ofn dialedd;
Clyw fy nghri, gwared fi,
Mae D'w'rthie Di'n amal
Yn cadw dynion dofion dyfal
A fo mewn cystudd, ufudd ofal.

Ti waredest yr Israelied
Rhag Pharo greulon, galon galed;
Gwaredu Moses o flaen hynny
Pan oedd un trimis heb ddim tramwy;
Ti waredest Joseph hawddgar
O'r pydew tywyll, ac o garchar.
Yr wyf finne yn awr mewn cystudd mawr
Heb lewyrch awr lawen
Tan waelfor tonne'r elfen
Môr dau ddwbwl mawr diddiben.
Rwy' yma'n awr mewn mawr gyfyngdra,
Nid oes ond D'w'llys Di, 'r Gorucha',
A'm tyn i'r lan o hyn o fan;
Ow! bydd i'm rhan weithian
Fel Jonas gynt ar gefnfor llydan;
Trwy Dduw a'i ewyllys fe ddo-i allan.

Os gwêl yr Arglwydd hynny'n ore,
O gaere'r don fe'm gweryd inne;
Os yma'r ordriodd imi farw,
Cla' ydwyf finne, clod i'w enw.
Er marw ar gefn y môr peryglus,
Nid yw anodd i'r daionus
Mo'r gwneud ei le yn y Ne',
Y caere cu euraid
Lle mae'n diogel Oen bendigaid
A llys i rannu lles i'r enaid.
Er cymaint yw fy nghystudd yma,
Rwy'n cofio o hyd am bryd Prudensia.
Os gwêl Duw'n dda, ati'r a',
Y hi ga' fi'n briod.
Ac onide, mae'n hawdd imi wybod
Mai 'nghorff yn gelain aiff i'r gwaelod.

Terfyn

119

I ddwyn yn lân y gân o'm gene
Mawr yw tyniad y môr a'r tonne
Sydd yn rhedeg mor rhuadwy,
O! mor ddiatal yma o'r ddeutu.

Fy sbieinddrych a dynnaf allan
I edrych ar y cefnfor llydan;
Mi welaf ddyn a chwch bach igin
Tua chodiad haul mewn tonne gerwin.

Mae fo'n dyfod nesnes hefyd;
Fe alle i Frenin mawr yr hollfyd
Drefnu i rywun ddyfod yma
I'm tynnu allan o'm cyfyngdra.

"Holo, bôt, Ow! tro yma'n union!
Ow! tyrd yn nes i achub Cristion!"
Mi godaf fy het, fe alle'r hitia
Iddo fy ngweled, a dwad yma.

Enter y Cychwr

Cychwr   Ai dyn bydol wyt ai peidio
             Yn un penadur yn penydio?
             Naill ai gwnaethost ddrwg o'r mwya'
             Neu cefest gam dy daflu yma.

Ffactor   Cam a gefes, cymain gofid,
             Yn hyn o fan rwy'n cael fy rhydd-did;
             Fy nhaflu a wnaed dros fwrdd llong Convoy
             Gefn y nos; rwy' yma er echdoe.

             Mynd yr oeddwn i wlad Fenis,
             Merch y t'wysog hwnnw enillis;
             Gan ei thad mi gawswn amod
             Am ei chael fy hun yn briod.

             A'r Capten Convoy (rydwy'n coelio)
             A wydde oddi wrth y fargen honno,
             A'm taflu a wnaeth i'r cefnfor llydan
             I gael y lodes iddo ei hunan.

120

Cychwr	Beth a roddi di i mi o gyflog
	Os cei di fynd o flaen y t'wysog?
	Mi af â thydi oddi yma'n llegis
	Yn ddiogel iawn i'r Bae o Fenis.
Ffactor	Ni fedda-i ddim arian parod
	Ond y *flowers* sydd ar fy ngwasgod,
	Na dim golud, yr wy'n anghenog,
	Y galla-i gynnig ichwi, geiniog.
	Fy mherswadio wnaed ym Mhryden
	I werthu f'eiddo i gyd yn Llunden
	A'u rhannu yno rhwng tylodion;
	Pan ddown i Fenis mi gawn ddigon.
Cychwr	Mi fedra' ddeall eich holl ffortun,
	Pob peth yn deg fel mae ef yn calyn;
	Priodi wnewch chwi ferch y t'wysog
	A mynd yn Fenis yn ariannog.
	Ni cheisia-i am eich gwneud yn d'wysog
	Ond un rhodd a fydd fy nghyflog;
	Nid aur nac arian na dim setledig
	Ond eich mab a'ch aer yn unig.
	Pan fyddo ei oed ddeg mis ar hugen
	Y dof i'w nôl, os yw hi'n fargen;
	Ac heb hynny ni wnaf eto
	Ond dy adel yma i starfio.
Ffactor	Fe bâr hynny alar chwerw,
	Ond gwell i mi bob peth na marw;
	Melys yw'r hoedel, mi a fentra',
	Dioddefes ddigon mewn cyfyngdra.
Cychwr	Hwde gostrel o win i'w hyfed,—
	Mae yma beth a dyr dy syched
	Ac a nâd fod arnat newyn;
	Yn enw Duw par'town i gychwyn.

Exit y ddau. Enter Capten Convoy a Phrudensia

Capten	Prudensia, 'ych yn effro?
	Dowch i'r dec i rodio;
	Yr ydym ni yn bur llwyddiannus
	Gwedi angori yn Bae o Fenis.

Prudensia	Ple mae f'annwyl Gapten Ffactor?
	Galwch fy meistr mawr ei onor
	I gael mynd i'r lan ar unweth
	I dir a gwlad fy nganedigeth.

Capten	Fe syrthiodd dros y llong er neithiwr
	Pan oedd y stormoedd â mawr gynnwr',
	A ninne, bawb, yn prysur weithio;
	Nid oedd modd gan neb i'w safio.

Prudensia	Och fi erioed! mor dost yw 'nhynged!
	Gwae fi fyth o'r awr y'm ganed!
	Colli'r cynffwrdd mwya' oedd genny',
	Colli darpar pob daioni.

Ow! na bawn i, 'r Capten Ffactor,
Yn dy freichie'n llawr y cefnfor
Cyn gweled tad na mam yn ufudd;
Nid oes imi ddim llawenydd.

Y gŵr a'm prynodd gynt wrth angen,
Y gŵr a'm cadwodd yn dre' Lunden,
Y gŵr a'm cawse fyth yn briod
Petase ei hoedel ef heb ddarfod.

Capten	Ymlawenhewch, a thewch ag wylo,
	Dacw eich tad a'ch mam yn rhodio;
	Ewch yn llawen i'w cyfarfod,
	Mae'ch gŵr chwi eto'n fyw, rwy'n gwybod.

Prudensia	Gall hynny fod, trwy Dduw fy mherchen,
	Mae 'ngŵr i 'n fyw os byw ydy'r Capten;
	Nid oes ond fy nhad ac ynte
	A gâr fy nghalon union inne.

Enter Stanislaus a Louisia

Prudensia	Fy annwyl dad a 'mam bur ffyddlon,
	Eich bendith rhowch i'ch merch drom galon;
	Yr ydwy'n gofyn ar fy neulin
	A'm dagre hyd fy ngruddie'n disgyn.
Stanislaus	Fy mendith iti, 'n enw'r Arglwydd,
	Ar ôl hir hiraeth a ges o'th herwydd.
Louisia	Fy mendith inne yn hyn o le
	Mewn dagre o garedigrwydd.
Stanislaus	Mae'r gŵr a'th safiodd rhag loes ange
	Ac a dalodd drostat gant o bunne,
	Ac a'th gadwodd gwedi â'i gyweth?
	Pa fodd na ddaethe ynte ar unweth?
Capten	Tros y llong i lawr yr aeth,
	A boddi wnaeth o neithiwr;
	Y gwynt a'i taflodd mewn un awr,
	A'r môr yn fawr ei gynnwr'.
	Addo a wnaeth eich Urddas chwithe
	I'r gŵr a ddôi â'ch geneth adre'
	Y hi'n briodol gangen gu;
	On'd felly fu'r amode?
Stanislaus	Dyna'n wir f'addewid i;
	Beth meddwch chwi, Prudensia?
	Fe gawsoch golled fawr yn siŵr;
	A gym'rwch chwi'r gŵr yma?
Prudensia	Tros ddeugen dydd a deugen nos
	Chwenychwn aros eto
	Er mwyn y gŵr a gara-i 'n gu
	Ar dwyn i alaru amdano.
Louisia	Mae'n ffit i ti wneud hynny o hyd,
	A ninne gyda thydi,
	I gofio'r gŵr pur onest clir
	A fu mor gywir iti.
Stanislaus	Awn mewn llwyddiant oll yn llu
	I roi mowrning du amdanom;

Yn lle llawenydd doist mewn lludd
Â chalon brudd tuag atom.

Exit oll. Enter y Cychwr a'r Capten Ffactor

Cychwr Wel, dyma ni yn Bae o Fenis
Yn gynt o lawer nag yr addewis;
Pan ddeloch at eich seren ole,
Cu wych feinwen, cofiwch finne.

Ffactor Yn rhodd, dowch gyda m'fi hyd yno
O'ch cwch goreuserch,—fe gewch groeso;
Os daeth y fun garedig adre',
Cewch ran o'r byd a gaffwyf finne.

Cychwr Ni ddo-i ddim nes na hyn i Fenis
Tan yr amser yr addewis,
Ac yno gwyddaf, debyg ddigon,
A dyfod i'ch gwneud yn brudd eich calon.

Exit y Cychwr

Ffactor Dacw 'nghalon union onest,
Fun hoff annwyl, yn y ffenest;
Puredd d'wysen, Ow! Prudensia,
Mi 'gwela'n dechre rhedeg ata'.

Enter Prudensia

Prudensia Y Capten Ffactor, Ow! f'anwylyd,
Pa un a wela-i, ai corff ai ysbryd?
Ffactor Pob un o'r ddau, Prudensia hyfryd;
Mae yma gorff ac ysbryd hefyd.

Mae yma gorff a'th garodd bura'
O holl ferched y byd yma;
Mae yma ysbryd i'th ffansïo
Tra bo chwyth ac anadl ynddo.

Prudensia Fy nhad a 'mam, dowch gynta' galloch
I dynnu'r mowrning du oddi amdanoch;

124

Mi wisgwn eto ddillad newydd
O liw union o lawenydd.

Dyma'ch mab oedd yn golledig,
Lleddwch iddo'r llo pasgedig;
Rhowch y wisg ore' iddo o gariad
Ac ar ei fys rhowch fodrwy eurad.

Enter Stanislaus a Louisia

Stanislaus   Croeso wrthych, Duw a'ch llwyddo,
Pa fodd y darfu i chwi dramgwyddo?
Pa fodd hefyd, trwy'r Tad cyfion,
Y daethoch chwi trwy'r fath beryglon?

Ffactor   Cam a gefes, cymaint gofid,
Mwy nag alle un dyn ei ddwedyd,
Oni bai fod rhaglunieth nefol
A wydde f'ing a'm cadw'n ddihangol.

Cael fy nhaflu gefn nos dywyll
Tros fwrdd y llong i'r môr yn fyrbwyll
Trwy fy nghwsg; Duw, dysg i ddynion
Pwy sydd euog, pwy sydd wirion.

Ame'r wy' mai'r Capten Convoy
A'i gwnâi, 'n wrthun ddigynhorthwy,
Gan feddwl cael fy ngwawr bryd siriol,
Fun buredig, yn briodol.

Louisia   Galwch am y Capten hwnnw
Yma ei hunan wrth ei henw
I roddi cyfri'n ddifri' ddwyfron;
Diame y ceidw Duw y gwirion.

Stanislaus   Pwy a aiff i alw amdano
O'm blaen yma i'w ecsamio?
Ac os euog y ca-i 'r cene,
Mi fynna' ei dynnu fo'n aelode.

Enter Gwagsaw

Gwagsaw	Mi af fi i'w nôl o'n hwylus, Yr ydw-i 'n swyddog eusus; Mi ddof fi ag efô yma i'w drin Neu mi ramiaf ei din o 'n rymus.
Stanislaus	Cwyd aed o'r dre' i'th galyn, Dos am ben y llong yn sydyn, A sefwch rhyngddo a'r lan yn gryno Rhag iddo ddianc rhwng eich dwylo.
Gwagsaw	Ni ddianc o byth mo led y ddôr Onid aiff o i'r môr a marw.

Exit Gwagsaw

Louisia	Brysia yma, lo di-les, I gael inni hanes hwnnw.
Ffactor	Os ei gydwybod a'i cyhudda, Ni ddaw fo o'i fodd o'n blaene ni yma; Ond dyma Gwagsaw'n dyfod eto A'i eirie'n brysur, gwedi brysio.

Enter Gwagsaw

Gwagsaw	Wel, y bobol fwynedd, Mi ddeuthum inne o'r diwedd; Mi wnes i hwnacw newid ei fyd Mewn munud heb fawr amynedd.
	Fe ddarfu imi ddwedyd wrtho, "Mae'r Capten Ffactor acw heno"; Yn swp i'r môr fo neidiodd cec, Fo aeth tros ei ddec i ddowcio.
	Fo gadd farwoleth arw, Fo foddodd, ac ynte'n feddw; Mi 'gweles o 'n myned heb ddim ystop Yn llinyn hyd dop y llanw.
Stanislaus	Wel, dyna oleuni ddigon Pwy sydd euog, pwy sydd wirion;

Drwg y ceidw'r diawl ei was;
Cadd ddiwedd cas echryslon.

Dowch adre' bawb mewn urddas
I lunio glân briodas;
Galwn yr esgob yno ei hun
I glymu'r ddeuddyn addas.

Gwagsaw   Y fi ydy'r esgob penna'
Sydd yn y deyrnas yma;
Mi rof fi'r Capten gwych ei waed
Yn dinsyth rhwng traed Prudensia.

Exit oll. Enter Deifes Gybydd

Deifes   Wel, y cwmni gweddus,
Mae arna-i fyd anafus;
Nid oes un tŷ mewn tre' na llan
Drwy Loeger mor anolygus.

Pan euthum adre' oddi yma,
Yr oedd pob peth ar chwalfa;
Nid oedd godarde na llwye'n llym,
Na gefail, na dim yn gyfa'.

Y plant oedd gwedi hurtio:
Rhai'n geren, rhai'n ymguro;
Rhai ar eu tine yn eiste'n glap
A chanddyn' ryw grap ar gripio.

Y tail dan drwyne'r ychen
A'r lludw hyd at y nenbren,
A'r holl gig biff ym mwyd y moch,
A'r gwenith coch yn domen.

Yn y mit a'r enwyn
Yr oedd dwy esgid Sionyn;
Lle'r oedd tri llo gwedi eu rhwymo'n rhes,
Dyna'r lle y ces i 'r cosyn.

On'd gwrthun fod rhaw garthu
Yn yr ystwnt a'r llymru,

A'r cawell teilo ar ganol llawr,
A'r badell fawr mewn beudy?

Roedd darn o'r crwc ymenyn
Wedi ei guddio yng nghafn y mochyn,
A'r plant o'm blaen heb na graen na gwrid
Yn rhoi bonlle' i gyd heb enllyn.

Yr oedd Nedi'n un hwyaden
Â bwyall ar ei gefen,
Ac un yn crio ar ei din
Gwedi llosgi ei fin gan fawnen.

Ar ôl imi bobi a chorddi,
A gwneud gwastad ar y rheini,
Cerdded i Gaer a phac ar fy nghefn;
Nid oedd damed o drefn ar Dwmi.

Os oedden nhw gartre'n arw,
O'r ddau hanner gwaeth oedd hwnnw:
Meddwi o'i go' a thorri'r gêr
A mynd i'r *White Bear*, a bwrw.

Talu am ei gwrw ers mis cyn clanme,
Ac am hynny a dorrodd o gadeirie;
Difowrio f'arian fel y gwynt;
Mi deles wyth bunt am beintie.

Mynd oddi yno ar gerdded,
Troi ata-i toc gyn hylled,
"Dowch yma, 'r hen ŵr â'r cefn cam,
Mi alwn yn y *Lam'* am lymed".

Yr oedd yno ystrôcs i'w gweled
Yn ympirio gryn lon'd y pared;
Talu'r rheini yn ddiymdroi
Neu cawn fy rhoi yn Norgate.

Mynd i ffwrdd â myfi
Yn ddiswydd i chwilio am Ddowsi;
Clywed i honno glod oedd lai:
Bob diwrnod fod rhai'n mynd arni.

Yr oedd Dows gwedi mynd er bore
Yn un golen i rodio'r gwylie,
A llafne'n codi heb geisio mo'r gwad
Ei dillad hyd rhyw dylle.

Talu yn siop tros honno
Am de a siwgwr on'd oeddwn yn sigo,
A thalu y gini tros yr hŵr
(Ond deuswllt) am bowdwr tisio.

Ond mi ddois â nhw adre'n wisgi,
Ac mi wna' iddyn' wneuthur daioni;
Mi dreiaf eto drin y byd
Yn ŵr cadarn,—mae'r ŷd yn codi.

Ni ostwng o ddim, gobeithio,
Un ugen mlynedd eto;
Marw, tebyg, yn nryse tai
Wna bagad o'r rhai sy'n begio.

Enter Angau

Angau   Bechadur gwael anynad,
Prysura, taw â siarad;
Atat ti ar hyn o dro
Mae'r saeth o 'nwylo a'i 'neliad.

Deifes   Och y fi, fy eneidie gwylltion,
Mi ddychrynes trwy fy nghalon;
Os gweles i neb hyd hyn o'm hoed
A'i fone erioed mor feinion.

Y dynan, beth yw d'enw?
Yr wyt ti ar syrthio'n farw.
Angau   Yr Ange o hyd y byd a'r bêl
Y byddan' heb gêl i'm galw.

Deifes   Nid oes un Ange yrŵan
Yn lladd mo'r gwŷr ag arian;
Ond pob tylawd fo'n sâl ei wedd,
Eu taflu nhw i'r bedd y byddan'.

Angau	Mi gwympies i y rhai cryfa' Ar a fu er amser Adda: Samson, Alecsander Fawr, Ac ynte'r cawr Goleia'.
Deifes	A glywch chwi ar yr erthyl yma? Fo'n cwympio y cawr Goleia'? Os cwympit tithe, dweda-i 'n blaen, Mo Modryb Elin o Waun y Bala!
Angau	Mi gwympies bawb ar gyhoedd: T'wysogion a brenhinoedd; I lawr yr ân' i gyd ar gais Pan glywon' fy llais i'w llysoedd.
Deifes	Mi fûm i yn ymelyd hyd y moelydd Wrth gadw defed Hwmffre Dafydd; Mi gwympies lawer o blant y fro, Ac mi 'taflwn i orffwyso i'r ffosydd.
Angau	Mi a'th gwympia' di, 'r dyn gweddol, Ar fyr cei fod yn farwol.
Deifes	Tyrd ata-i hanner y ffordd er dy ên Er fy mod i 'n hen gynhwynol.
	Mae'n g'wilydd i bawb a'i gwelo Os caiff hwn y gamp am gwympio; Mi ddalia-i 'r gwregys sydd am fy nhor Y gwna', mab yr hen gor, ei guro.
Angau	Wel, rŵan bydd y treial, Y dyn â'r moddion meddal; Dy gwympio a wnaf, bydd oer dy gri, Mi ddweda' i ti'n ddiddadal.
Deifes	Wel, dyma fi, fy eneidie, Yn mynd i 'melyd cwymp ag Ange, A'i gwympio fo wnaf fi'n gynta' peth On'd oes farieth yn ei ferre.
	O! nid oes ynddo fo bwyse pluen, Mi 'cariwn o ar fy nghefen;

Os gwaeth genny' fawr, nad elw-i o'm co',
Fod yn ymelyd efo malwen.

Angau   Er mor saledd yw fy swm,
                  Mi rof i ti godwm gwedi.

Deifes   Mae rhywbeth garw yng ngwythi 'ngwaed,
                  Ow! gollwng, mae 'nhraed i ar golli.

                  O! ti est yn waeth na chythrel,
                  Ni ddarfu i mi erioed gael gafel.

Angau   Cais ganu ffarwél i'r holl fyd,
                  Fe ddarfu o hyd dy hoedel.

Deifes   Pe gallwn i godi a rhodio,
                  Mi ymelwn â th'di unweth eto.

Angau   Gwell i ti roddi ar hyn o bryd
                  Ffarwél i'r byd ac sy ynddo.

                  Y fi sydd yn ymado
                  Fel cysgod haul yn cilio;
                  Dyna'r fan y bydd heb glod
                  Dy ddiwedd hynod heno.

Exit Angau

Deifes   Och fi! dyma godwm creulon,
                  Fe a sigodd fy nghorff a 'nghalon;
                  Mae 'nghig a'm hesgyrn yn mynd yn ddwst
                  Ac yn ymadel fel crwst a mwydion.

                  Oes yma, 'r cwmni diddig,
                  Yr un ffasiwn o ddoctor ffisig?
                  Nolwch hwnnw ata-i, 'n rhodd,
                  Os oes ganddoch chwi fodd, neu feddyg.

                  Mi rown iddo fil o bunne
                  Am 'y nghadw'n fyw dan glanme,
                  A chymaint ydoedd yn fy mryd
                  Gael gwerthu fy ŷd i'r llonge.

                  Yr Arglwydd mawr a'm helpio,
                  Ni wna meddyg fyth mo'r meiddio

Dyfod ata-i, 'n ddigon siŵr,
Rhag ofn i'r ungwr ei guro.

Y bobol gasa' oedd genny'
Fydd bellach yn rheoli
Neu'n cael fy mhower wrth eu chwant;
Y wraig a'r plant yw'r rheini.

Wel, cym'rwch siampal, bawb sy o'm deutu,
Y mae 'nau lygad i gwedi pallu,
A'm tafod bach yn mynd yn gafn,
Ac mae fy holl safn yn sychu.

Mae 'nghefn i mor gam â mynci,
Ac mae fy holl frest yn hollti;
Er pan ydw-i 'n trin y byd
Ni bûm i erioed cyd yn codi.

Mae fy nhraed i gwedi oeri
A'm borddwyd i jest yn torri;
Gweddïwch chwithe, fawr a mân,
Y ca-i fynd i lân oleuni.

Deifes yn marw. Enter Gwagsaw

Gwagsaw   Gwaed ebol! Hen gyw diwybod!
'Ydy Deifes gwedi llosgi ei dafod?
On'd ydyw'r cynrhon yng ngwres yr hin
Yn berwi o'i din o 'n barod?

Gwae finne fyth, f'eneidie,
Fo drigodd; dyma ddechre dryge;
Pa le mae Gwerli deg ei phryd?
Hi fydd o'r cyd â'r code.

Ni wiw imi mo'r pregethu,
Ni ddaw yma neb i'w gladdu;
Mi wnaf fi gario ei gorffyn gwyn
I ben rhyw fryn i fraenu.

Exit Gwagsaw, a Deifes i'w gladdu. Enter Stanislaus a Louisia, y
Capten Ffactor, a Phrudensia a'i phlentyn

Stanislaus	Dowch, fy nheulu, i fyny i rodio, I gael ystumog well i ginio; Dowch, fy merch, a'ch annwyl fachgen I fyny ar f'ôl, a'r enwog Gapten.
Louisia	Fy annwyl d'wysog, gyda'ch cennad, Y maen nhw bod ac un yn dwad; Mae Stani bach ar fraich ei fam; Gwylia wneud ag efô gam.
Prudensia	Pwy ydyw'r henddyn gwael ei ordor Sydd ar eich ôl chwi, 'r Capten Ffactor?
Ffactor	Yn wir, f'anwylyd, nis gwn i eto, Nid ydwyf yn dynabod mo'no.

Enter y Cychwr

Cychwr	Gyda'ch cennad, Gapten Ffactor, Dyma finne yn landio i'r fordor; Ceisiwch, ceisiwch, fel yr addawsoch, I mi 'nghytundeb gynta' galloch.
Ffactor	Pwy ydych chwi, a ph'eth yw'ch bargen?
Cychwr	On'd ydych yn dallt mai fi pia'r bachgen? Ymhen deg mis ar hugen oedran, Dyma fi'n ei nôl o rŵan.
Ffactor	Y cychwr yw fo, 'n wir, f'anwylyd, A ddarfu safio imi fy mywyd; Ni feiddies i ddwedyd wrthyt ti unweth, Nac wrth fy nhad a 'mam-yng-nghyfreth. Fy rhwymo a wnaeth yn gaeth cyn gadel, A melys iawn oedd cael yr hoedel; Cyfyng iawn oedd hi arna-i yno, Cyfyng iawn yw hi arna-i eto.
Stanislaus	Cym'rwch aur ac arian ganddŷn, Llenwch lwyth eich llong ohonyn'; Ond am y bachgen, gadewch hwnnw Inni'n gysur cyn ein meirw.

Louisia	Fe wnaethoch unweth fawr fwyneidd-dra: Dwyn dyn allan o gyfyngdra; A wnewch chwi eto dro mor ddiffeth A'i ddwyn ef i gyfyngdra eilweth?
Cychwr	Ni chym'raf fi nac aur nac arian, Na thâl, na thir, na thoreth lydan, Na dim a feddoch ond y bachgen; Mae'n rhaid imi gael 'y margen.
Prudensia	Bargen dost yw hon yn sydyn; Rhaid i mi ymado â'm hannwyl blentyn, 'Y nghyntafanedig, Duw a'm helpio; Nis gwn pa ddiwedd a ddaw iddo.

Ow! Stani bach, fy mhlentyn gwirion,
Fe alle tynnir di'n ysgyrion
Neu'th daflu'n ymborth rhwng bwystfilod,
Neu i gefn y môr yn fwyd i bysgod.

Ystyriwch hyn, bob mameth lawen
A roddodd fronne erioed i fachgen:
Y gall fy nghalon fod cyn drymed
Â chalon unwraig er pan aned.

Rhowch eich bendith, bawb, i Stani,
'Y mendith inne gyda thydi;
Hwdiwch eich mab, fy annwyl Gapten,
O'ch dwylo chwi mae talu'r fargen.

Ffactor	Fe wnaethoch â m'fi fawr drugaredd: 'Y nwyn o'r môr i berchen mawredd; Na wnewch gam â'r plentyn gwirion; O'i achos mae'n calonne'n drymion.
Cychwr	Y fameth ffyddlon dirion dyner, Am ichwi fod yn bur bob amser, Mi rof fi eich mab yn ôl i'ch mynwes, Hawddgar gowled gannaid gynnes.

Y Capten Ffactor, ai cof gennych
Gynt 'ngwlad y Twrc pan oeddych,

Fod celain Cristion ar yr heol
Heb ei gladdu tan draed pobol?

A chwi fuoch mor drugarog
A thosturus i'r anghenog
Â thalu hanner cant o bunne
Cyn cael o'r corff ei gladdu'n unlle.

Drychioleth wyf fi o'r corffyn hwnnw
A yrrodd Duw drwy'r môr i'ch cadw
Am wneuthud cymaint o 'lusendod
Trostaf fi, a thros eich priod.

Ni ddof fi ond hynny i drwblio mo'noch,
Bendith Duw bob peth a feddoch;
Digon gwir yr wy'n ei draethu,
Ar hynny dyma fi'n diflannu.

Exit y Cychwr

Prudensia   Wel, dyma gwmwl a throm gafod
                        Mewn byr amser gwedi darfod;
                        Mae hyn bellach gwedi pasio,
                        Mae'r haul eilweth yn goleuo.

Ffactor   Canwn yma oll un gene,
                        A chydluniwn o'n calonne
                        Yrŵan gynnes newydd ganiad
                        Am ei radol ymwarediad.

Y pedwar yn canu bob un ei bennill ar Gonset Prins Rhupert

Ffactor   Wel, dyma lawenydd, da newydd, i ni,
                        Rhown fawl â phur galon, Dduw tirion, i Ti;
                        Tydi sy erioed yn gadarn Iôr,
                        Tydi a'n gwaredest ar y môr;
                        Fy nghadw a wnest Ti a'm holl stôr
                        Bob tymor gytûn;
                        Tydi ydyw'r gwir oleuni
                        Sy'n annwyl efo a nyni;
                        Ni adewi Di un dyn,

135

Y claf a'r iach, y mawr a'r bach,
Gwnei'n llonach eu llun.

Stanislaus

Mae D'wyrthie rhyfeddol, Duw nefol, i ni,
Pan oedden gyn brudded, a'n llyged yn lli;
Ein geneth ydoedd, hyn sydd siŵr,
Gwedi myned ar y dŵr;
Hi aeth i ddalfa er gwaetha' un gŵr,
Rhyw gyflwr rhy gaeth;
Hi a fu tan ddwylo'r Tyrcied
Yn crio ac wylo'n galed
Er mwyned oedd ei maeth;
Trwy Dduw o'r Ne' a'i ddeheulaw gre',
O'r diwedd adre' y daeth.

Louisia

Onibai'i wyrthie o'r dechre i bob dyn,
Ni b'ase cadwedig, air unig, yr un;
Cryfhau plant Israel tan bob nych,
Troi'r Iorddonen yn dir sych;
Cyfodi mab y weddw wych,
A mynych bob modd;
Dangosest Dy raglunieth
I ddynol ryw amherffeth,
Dy ymdrawieth a ymdrodd;
Duw Un a Thri, gwaredest ni
O'r c'ledi gynt a'n clodd.

Prudensia

I Dduw rhof ogoniant, a moliant gant mwy,
A'ch gyrrodd i'm gwared er c'leted y clwy';
Pan oeddwn gynt yn oer 'y nghri,
Gwell na neb fu'ch wyneb chwi;
A'ch colli eilweth ar y lli'
Duw, g'ledi rhy gla';
Dychrynu'n fawr drachefen
Rhag colli f'annwyl fachgen,
A'r diben a fu da;
Y chwi yn fy llys, a'r babi ar frys
Mor gymwys eto a ga'.

Terfyn

136

Stanislaus	Wel, byddwn lawen weithian,
	A hollol, o hyn allan.
Louisia	Gan gael ein geneth fwyn ein hunen,
	A'i mab bach, a'r annwyl Gapten.

Ffactor	Ar ôl darfod y trafferthion,
	Awn efo'n gilydd yn un galon.
Prudensia	Hir oes ac iechyd a fo ichwi
	Trwy amynedd, gwmni mwynion.

Exit y pedwar. Enter Gwagsaw

Gwagsaw Ar bob mwynwr yr wy'n dymuned,
Am hyn eleni a lunied,
Ei gymryd o 'n bleser ddyddie ha'
Dan awyr, mae'n dra diniwed.

Pwy bynnag a ddarlleno
Y cwbwl oll sy ynddo
A'i ystyried o drosodd yn ddi-feth,
Caiff siampal bach, gobeithio.

Mae'n dangos fod daioni
O wneuthur elusenni;
Mae'n dangos hefyd fod rhai'n ddi-gudd
Yn mynd o ran budd i'w boddi.

Mae'n dangos yn ddigon gole
I'r cybyddion oerion eirie
Na feder y rhain, er maint eu clod,
Mo'r dihengyd rhag dyrnod Ange.

A chwithe, 'r merched heini,
Am redeg i bob direidi,
Mae yn hon yma i chwi siampal syth
Na ddaw dynes byth i ddaioni.

Fe'm gwelsoch inne'n fwynedd
Yn rhuo, ac yn rhwyfo'n rhyfedd;
Dangos yr oeddwn fel bydd y wlad
Yn ymgegu ac yn siarad gwagedd.

Ac nid ydyw'r cwbwl beunydd
Yn edrych ond fel diniweidrwydd
A 'chydig o bleser i Gymro mwyn
Wrth eistedd mewn llwyn yn llonydd.

A'r neb sy'n leicio ei gweled
Pan fo fo'n codi, cadwed;
A'r neb na bo yn ei foddio yn fawr,
O'r diwedd ar lawr gadawed.

Diweddglo'r chwarae, ar Fryniau'r Werddon

Y cwmni glân parchedig,
Caredig, diddig, doeth,
Chwi roesoch osteg wastad
Trwy fwriad cariad coeth
I wrando hyn o chw'ryddieth
O wan athrawieth rwydd
Yn ôl yr ewyllys dirym
Oedd gennym yn eich gŵydd.

Dymuno eich nawdd a'ch nodded
Os ych yn gweled gwall
Lle'r oedden yn anhyddysg
Heb addysg yn ddi-ball
I actio hyn yn weddol,
Gwŷr breiniol, ger eich bron,
Ac 'wyllys yn lle gallu,
Yn llu llawengu llon.

Byrdwn: Duw, cadw George y Trydydd,
Ein llywydd ym mhob lle,
A Charlotte, ein brenhines,
Yn gynnes gydag e.
A chadw Eglwys Loeger
I gynnal dyfnder dysg;
Dod lwyddiant i'r dadlyddion,
Rai mwynion, yn ein mysg.

Nid er aur ac arian,
Y cwmni ffraethlon ffri,
Y lluniwyd ar y cynta'

138

Y chware yma i chwi,
Ond er difyrru'r amser
A'n pleser hyd y plwy',
Heb chwennych na chymeryd
Na sôn am olud mwy.
　　　　　Duw cadw &

Duw ro ichwi ras ac iechyd,
A hawddfyd, hyfryd hedd,
Mewn cariad a llawenfyd
Yn hyn o fyd hyd fedd.
Haf llawen a hyfrydwch
Trwy degwch i bob dyn,
A glân drugaredd Iesu
I bob teulu am fyw'n gytûn.
　　　　　Duw cadw &

Cymerwn siampal odieth
O'r chw'ryddieth heleth hon
Fod Iesu Grist yn gwared
Pob deilied ar y don;
Y Capten a Phrudensia
Oedd pura', doetha' dau;
Trwy nerth yr Arglwydd Iesu
Câi'r rheini ymglymu'n glau.
　　　　　Duw cadw &

Mil saithgant, dwy a thrigen
Oedd oed ein perchen pur
I'w gyfri' yn lân olynol,
Sancteiddiol weddol wŷr,
Pan wnaed y chw'ryddieth fwynedd
Mor lluniedd yn ei lle;
Ffarwél i'r lân gyn'lleidfa,
Duw a'ch dygo i noddfa'r Ne'.
　　　　　Duw cadw &

Enwau'r Chwaraeyddion

Traethydd
Mr Atgas, y Ffŵl
Marsiant
Gwraig y Marsiant
Trachwant Bydol, y Cybydd
Bronwen, y Butain
Oferddyn, Mab y Cybydd
Nani Fwynlan, Merch y Dafarn
Henwr
Gruffydd Legach, Un o Denantiaid Trachwant Bydol
Andro Lawen, Un o Denantiaid Trachwant Bydol
Atwrne

Histori'r Geiniogwerth Synnwyr

Enter gyntaf Mr Atgas neu'r Diddanwr

Atgas   Gyda'ch cennad, gwmni tyner,
Pa fodd yr ydych chwi, 'nghyfnither?
Yr ydych chi 'n edrych yn dynn eich mant;
Pa fodd y mae'r plant a 'nghefnder?

Fy enw ydy Mr Atgas,
Dyhira' darn yn deyrnas,
A'm gwaith efo a phobl llan a thre'
Ydyw dweud eu campe o'u cwmpas.

Rwy'n gâr i Mr Cecri,
Tad bedydd pob cam gyfri',
A gwraig y dafarn deg ei phart
Fydd yn dwad â chwart heb lenwi.

Brawd imi ydy Ffalster
Fydd yn sefyll tu ôl i'r cownsler
Gan ddondio siarad a gyrru yn gry'
Rai 'n ifainc i dyngu yn ofer.

Mi ges awdurdod i wneud cyfri'
Gan y Duwc o Bedford a'i hen Ladi;
Mi drewes wrth Wilkes ar ryw brydnawn
Ac a dybies y cawn i 'nghrogi.

Fe fu'n dwrdio ac yn siarad dewrder
Eisie imi wneud cyfiawnder;
Ebr finne, "Dyna reswm ffôl.
Pwy aiff i nôl Pretender?"

Enter y Traethydd

Traethydd	I ble'r wyt ti'n myned, y Cymro?
Atgas	O dre' Bon'ddigeiddrwydd i blwy'r Gwallgo'.
	Mi gaech gwmpeini aml un
	Pe gofynnech chwithe iddyn' fynd yno.

Traethydd	Pwy ydyw'r rhain sydd ar dy gyfer?
Atgas	Mae rhai gwedi dyfod i Stryd Balchder,
	Ac mae yma ferched (ni henwa-i neb)
	I Madam Godineb dyner.

Traethydd	Mae'r merched yn ymwchu
	Fel plant y brenhinol deulu.
Atgas	Rhaid i tithe, 'r Cymro call,
	Os boddi di'r fall, wneud felly.

Traethydd	Beth yw'r arfer sydd gan y dynion?
Atgas	Casglu golud bydd rhai tra gwelon',
	A'r lleill yn cerdded i lan a thre'
	Ac yn gwario fel lloee gwirion.

Traethydd	Beth yw d'arfer di ran amla'?
Atgas	Da gen-i ffowlio a hwylio hela;
	Dyna'r modd, y Cymro hael,
	Bydd oferwr yn cael ei fara.

Traethydd	Atal dy dafod ofer.
Atgas	Rwy'n dallt mai dyma'r amser;
	Gwêl dithe dy barch yn hyn o fan,
	Ac os cei di fo, 'r cwman, cymer.

Exit Mr Atgas. Dechrau'r Prolog

Traethydd	Gwŷr a meibion, gwragedd,
	A gonest ferched Gwynedd,
	Dowch yma yn awr o fawr i fân,
	Cewch gennym gân ddigonedd.
	Gobeithio cawn ddistawrwydd
	Heb falais na llidiowgrwydd;
	Mi draethwn ichwi ar eirie pleth
	Ddiniwed chw'ryddieth newydd.

142

Mae'n chware ni gwedi'i lunio,
Ystyried a'i gwrandawo;
Ond ichwi ddeall hyn mewn hedd,
Nid gwagedd mwynedd mo'no

Ond rhybudd i Gristnogion
Fyw yn onest ac yn union,
Yn wŷr, yn wragedd ac yn blant,
A gwylio chwant y galon.

Yr ystori fu yn yr hen amser
Am farsiant mawr yn Lloeger;
Trafaelio'r môr o bryd i bryd,
Hyn oedd o hyd ei hyder.

Yr oedd ganddo wraig lân dirion
A'i care fo yn ei chalon,
Ac iddo bydde teg ei gwedd
Yn gwneud ymgeledd gwiwlon.

Ar ddiwrnod teg wrth rodio
Fo ddaeth rhyw buten ato
O wraig dwyllodrus, rymus ran,
Annoethedd, dan wenieithio.

A hon yn llawn cyfrwystra
(Fel y sarff pan dwyllodd Efa)
A'i hudodd ef, yr oedd hynny yn fâr,
I gydorfedd, hawddgar dyrfa.

Rhoes iddi aur a thlyse,
Melfed a sidane;
Hi gâi bob rhoddion yn ddi-gas
Oedd yn y plas a'i plesie.

Am ei wraig yr amser honno
Nid ydoedd o fawr yn hidio;
Er hyn fo dendiodd, mawr ei chlod,
Drud swcr, diwrnod arno.

Daeth amser i hwn yma
Fynd i'r Dwyreiniol India;

143

Fo âi'n union at ei ordderch wraig,
Hon ydoedd saig wresoca'.

Bu yno'r ffarwél pruddedd
Wrth ado'r ladi fwynedd;
Cusanu ei gilydd gwnaent yn glir
Ac wylo wrth hir ymgoledd.

Ac wrth ei wraig nid alle
Ddweud mo'r tri o eirie,
Ac er ei fod mor sur ei drwyn
Y hithe yn fwyn ofynne

Os na bydde brysur
Wrth siarad â'i farsiandwyr,
A bryne fo iddi hi'n ddi-roch
Werth ceiniog goch o synnwyr.

Fo atebodd yn lled syre
Y galle fo wneud os cofie,
A thros y moroedd yn ddi-ffael
Y marsiandwr hael a hwylie.

Pan gadd o 'i holl fusnesoedd
Am arian dros y moroedd,
Yfed a bwyta ei ddewis saig,
Am ei gyfion wraig fo gofiodd.

Troi yn ei ôl yn brysur
I 'mofyn ceinhegwerth synnwyr;
Cyfarfu â henwr llwyd ei war
Yn llibin ar y llwybyr.

A hwn ofynnodd iddo
Tua phle'r oedd o 'n trafaelio;
Mynegodd iddo'r peth ar goedd
Yn gyson yr oedd o i'w geisio.

Mae hwn yn ei hwylio fo adre'
A dweud golli'r llong yn rhywle;
Mynd at ei ordderch wraig ddi-gêl
Â hyn mewn isel eisie.

144

Mynd at ei wraig dan gwyno
A dweud yr un fath wrth honno,
Ac edrych p'run o'r ddwy wraig fwyn
A wnâi fwya' ar dwyn amdano.

Gwrandawodd lais yr henddyn;
Fo hwyliodd adre' yn sydyn,
Ac wrth yr ordderch dywedodd o
Na fedde'n gryno un gronyn.

A hon yn anhrugarog
A'i tawlodd dros y rhiniog
Gan ddweud na châi na gwin na llaeth
Os y dillad aeth yn dyllog.

Aeth at ei wraig dan wylo,
A hi wrandawodd arno;
Fe gewch weled hon mor fwyn
Yn gwisgo ar dwyn amdano.

Aiff eilwaith at y ladi
Yn ei gywel a'i fawrhydi;
Mae hithe yn ei alw fo at y tân,
Daw â'i roddion glân i'r goleuni.

Mae ynte yn eu cymryd ymeth
Ac at ei wraig daw eilweth;
I hon mae'n rhoddi ei aur a'i bwrs
Gwedi torri cwrs naturieth.

A dyna'r ystori a'r testun
—Mae'r chw'ryddieth eto'n calyn—
I ddangos fel y mae natur ffôl
Am gilio ar ôl y gelyn.

Bydd helynt flin, cewch weled,
Rhwng y cybydd a'r tenantied,
A'r bobol weinied ar bob pryd,
Heb gelu, a'u byd yn galed.

Mae'n gosod ei dir gyn dosted
Ac yn torri'r holl denantied,

A'i fab sy'n ei wario dan y sêr
Wrth eger ofer yfed.

A dyna fyr fynegiad
Fel galloch chwi, bobol, ddirnad;
Gobeithio byddwch am ddwy awr
O'ch cyrre'n fawr eich cariad.

Exit y Traethydd. Enter Mr Atgas

Atgas   Mi fu agos i mi â thyngu
Mai mul o Lanfwrog ddaeth yma i lefaru;
Mae hwn yn debyg i burion cna'
Fel mae holl blant Efa yn tyfu.

Mae llygredigeth ym mhob dynion:
Rhai'n rhy fyddar, rhai yn rhy feddwon,
Rhai efo'r merched yn burion gwŷr
A rhai yn anlladwyr llwydion.

Hawdd gan ferched y wlad yma
Sôn am y pechod cynta'
A dweud na b'asen' byth mor sâl
Oni bai afal Efa.

Os blysiodd Efa am dipyn
Yr afal, ddiofal ddeufin,
Mae'r merched hyn, mi gym'raf fy llw,
Eu bod ymron marw am eirin.

Mae pawb hyd ryw ffordd yn myned:
Rhai ar i fyny a'r lleill ar i warêd;
Rhai o'r merched yn yfed te,
Rhai'n gorfedd dan loee gwrfed.

Rhai at eu ceraint, rhai at y cwrw,
Rhai'n mynd i gocin a'r lleill tuag acw;
Dweud 'y modd yma bydd ambell ddyn,
Ow! f'enaid, wrth bob un fanw.

Enter y Marsiant a'i Wraig

Marsiant	Dowch i fyny, 'ngwraig rinweddol.
Atgas	A fuoch chwi neithiwr i'w chanol?
	Mi w'rantaf fi hon, yn picio ei bwyd;
	Mae hi'n o lwyd o'i ledol.

Gwraig	Dos ymaith, ffŵl, gad lonydd,
	Y ni sy'n caru'n gilydd.
Atgas	Mi fentra' ddal am bwys o gig
	Na fyddwch ddim ddiddig ddeuddydd.

Marsiant	Beth a bâr y ffasiwn hylltod?
Atgas	Blaen y cwlltwr sydd gwedi darfod,
	A thorri ei gwddw wrth weithio yn chwyrn
	A wna drostan dyrn yr un diwrnod.

Bydd gwraig i arglwydd, os aiff o 'n ddiocach,
Yn mynd at y duwciaid,—mae'r rheini yn ddiciach;
Os blina'r duwc ar ei wraig yn glir,
Myn hwn ryw feinir fwynach.

Gwraig	Dos oddi yma, syre,
	I siarad atgas eirie.
Atgas	Mi gofiwch amdana-i cyn pen hir,
	Rwy'n dweud y gwir o'r gore.

Exit Mr Atgas

Marsiant	Cydrodiwch gyda myfi,
	Y d'wysen, i gydoesi
	Gwedi cael ein rhoddi 'nghyd
	A gweled pryd priodi.

Gwraig	Glân ystad priodas
	Yw cyfreth benna'n teyrnas;
	Gobeithio cadwn hi'n ddi-gur
	Drwy foddion pur gyfaddas.

Marsiant	Myfi a'th gara'n ffyddlon,
	Nid fel yr Anghristnogion
	Sy'n trin ei gilydd mor ddi-gred
	Yn ail i 'nifeilied gwylltion.

Gwraig	Y fi a'ch mawrygaf chwithe Hyd at wahaniad ange; Ni chara-i neb tra bwyf fy hun Ag anadl ffun i'm gene.
Marsiant	Mi ganaf finne funud Am gael eich cwmni hyfryd.
Gwraig	Finne gana', siwra' sail, Bob yn ail, f'anwylyd.

Cerdd ar Bellisle March bob yn ail odl

Marsiant	Iti, fy nghariad, lluniaf ganiad, Wir daeniad, yma ar dwyn.
Gwraig	Gwnaf finne'n ddiddig ostyngedig Barchedig fiwsig fwyn.
Marsiant	Trwy gariad ffyddlon priodason, Rai doethion, yma ar dir.
Gwraig	Duw drefno'n cariad, oesol asiad, Yn ddiwahaniad hir.
Marsiant	Ar ddaear siomgar siŵr, Ar longe ar donne'r dŵr, Cofia-i 'r ddynes fwya' geres Sydd gynnes efo'i gŵr.
Gwraig	Am bob meillionen sydd ar ddaearen, Am bob rhyw seren sydd, Cofiaf finne'ch ieithoedd chwithe A'ch donie chwi yn eich dydd.
Marsiant	Pan fyddwyf fi yn ddi-wad Yn gwledda ymhell o'm gwlad, Mi yfa' at iechyd hardd ei phenpryd, Lwys hyfryd, o lesâd.
Gwraig	Mi fyddaf finne i'ch aros adre' Yn brudd 'y mronne a 'mrest Gan gofio'ch dwyrudd, gwnion gynnydd, Flin rybudd, o flaen y rest.
Marsiant	Uwchben yr elfen, hawddgar gangen, Yn Llunden a phob lle, Cofia-i 'n gwbwl d'eirie manwl Mewn trwbwl, a phob tre'.

Gwraig	Mae dyled sanctedd ar y gwragedd I bur ufuddedd fod; Y gwŷr sydd benieth drwy or'chafieth Yn haeddu glanweth glod.
Marsiant	A ni ddylen fawrhau Ein gwragedd clirwedd clau; Cana-i felly, finne, ufudda' fodde', Tra byddo dyddie i'n dau.
Gwraig	Caru'n gilydd yn dragywydd, Duw Llywydd a'n gwellha, Fel Crist a'i Eglwys ym Mharadwys, Ei seintie dawnus da.
Marsiant	Ymlawenhawn o hyd Tra byddon yn y byd, Gan anrhydeddu enw yr Iesu Am iddo'n caru cyd.
Gwraig	Hynny yw f'ewyllys—byw'n gariadus A chofus efo a chwi. Os byddwch, wrda, a'ch wyneb ata', Pur ichwi fydda' fi.

Terfyn

Marsiant	Awn adre', 'r hawddgar foddgar ferch, Mi rois fy serch a'm ffansi Yn anad neb sy'n rhodio llwyn Ar d'olwg mwyn, di weli.
Gwraig	Dof gyda chwi ag 'wyllys da, Duw, cwbwlha 'nymuniad, Sef bod o hyd ein byd i'n bedd Yn gallu cyrredd cariad.

Exit y Marsiant a'i Wraig. Enter Trachwant Bydol, y Cybydd

Cybydd	Distawrwydd bellach, bobol, Dyma finne, Trachwant Bydol; Am godi a chychwyn gyda'r wawr Mae'n rhaid i ŵr mawr ymorol.
	Mae gen-i dir a derw, Mae hynny'n helynt arw;

149

Ni fedda-i ond un mab, aeth hwnnw o'i go',
Yn gwario f'eiddo'n feddw.

Mae'r byd gwedi'i lygad-dynnu,
Nid oes ond rhyw rai'n casglu;
Mae 'machgen inne o dre' i dre'
Yn ysgorio ne' wasgaru.

Mae gen-i un eneth bur wenwynig;
Gwedi codi'n rhy fore aeth honno'n rhyferig;
Yr wy'n tybied y b'ase ffitiach lle
I'r garoden hyd gaee aredig.

Fe'i gwchodd ei mam ac a'i gwnaeth yn gangen
Â gwalc yn ei gwegil; pe gwelech chwi'r goegen!
Mae hithe rŵan yn mingamu ei mam
Ac yn dweud, "Godam, hen domen!"

Mynd â hi i Gaer fel pwysi afale
I ddysgu gostwng ac amryw gastie,
A phawb yn gofyn mewn tre' a llan
Am arian yn y man i minne.

Mi es i edrych am y trwynwch,
Erioed ni weles i 'r fath ddihirwch:
Ysgwyd ei thin roedd hi efo rhyw ffŵl
Yn *Dansing Ysgwl*, os coeliwch.

Ond mi welwn y master yn dechre ymestyn:
Glynu'n ei hegel fel petai hogyn,
Dechre boldio, yr hen Glidro glau,
Yn gysonedd rhoi dau gusenyn.

Mi welwn y bylan yn trin ei balog
Gan ganu ffadin dan ei ffedog;
Medde hithe, "*Pray, master, let me alone*",
A'i law fo ar fôn y fawnog.

Fo'i denodd i gornel—y plac arno!—
I simio ei bycle *plated* ac i ddechre pletio;
Gwrandawn i 'ngwaetha'; yn wir, ni chlywn
Wrth godi'r gown fawr gwyno.

Mi welwn ei pheisie fel y mae'r ffasiwn
Tu ucha' i'w bogel, fo debygwn,
A dyna lle golchwyd arni yn glên
Gwedi matsio ar ben grym witsiwn.

Ond mi neidies inne yno
Yr un fath â dyn mewn gwallgo',
Ac mi rois iddo burion cec
Pan oedd o ar y dec yn dowcio.

Enter Mr Atgas

Atgas	Wel, gyda'ch cennad, Meistr Bydol.
Cybydd	Pwy wyt ti, y Cymro gweddol?
Atgas	Meistr Atgas wyf yn awr,
	Un mae'r gwŷr mawr i'w 'morol.

Cybydd	Beth yw dy fusnes gydag y nhw?
Atgas	Mesur y tiroedd. A glywsoch chwi'r twrw?
	Pob cae a fesures oddi yma i Gent,
	Mae o'r hanner fwy rhent ar hwnnw.

Cybydd	Yr efengyl wen o'th ene!
	Gwaed mochyn! tyrd yma i 'mache;
	Ti gei gen-i gyflog gwych ar goedd.
	Mesur di diroedd d'ore.

Atgas	Mesuraf yn ddisiarad
	Tra ll'wyrcho haul na lleuad;
	Mi af hyd yr ochor yn ddi-fost
	Ac y'i mesuraf o'r un gost â'r gwastad.

Cybydd	Mae 'nhir yn trethu yn Lloeger
	Am bum can punt ond peder;
	Mi fyddwn eto gŵr go gry'
	Pe codwn ar hynny yr hanner.

Ti gei fesur fy holl feysydd
A mesur rhai manne o'r mynydd;
Gwylia di syrthio ar dy din
Wrth fesur hyd fin afonydd.

151

	Wrth fesur tyddynnod bychen,
	Tri chwarter rhoi di yn y llathen.
Atgas	Nid rhaid ichwi mo'r cadw lol,—
	Mae gen-i fol go filen.

Cybydd   Mesur Dyddyn Beuno
            Ac Erw Bleddyn, a phaid â bloeddio.
Atgas   Hynny feddoch o diroedd, dwedan' fyth,
            Gwna-i 'i fesur o heb fyth mo'i fisio.

Cybydd   Cyrraedd bob cornele
            Ffrith Frwynog a Chae'r Creigie,
            Y Weirglodd Fignwern a Chors y Gog,
            Mi ddo' i'th hebrwng drwy'r fawnog, finne.

Atgas   Mi af ymeth gynta' gallw'.

Exit Mr Atgas

Cybydd   Mi ddof fi ar d'ôl â chwrw;
            Ti gei gen-i fwyd (ni hidiaf fi er cost)
            O burion rhost a berw.

            Yr oedd y tenantied gwedi mynd yrŵan
            Yn fwy na'r meistr tir ei hunan:
            Meddwi ac ymdrolio hyd y dre'
            Ac ymlid rhyw gontie gwantan.

            A'r meibion gwedi mynd gyn falched,
            Ni fynnan nhw ond *punch* i'w yfed,
            A phan ddelo hi'n ddiwedd nos
            Rhaid galw am negos nogied.

            Mae merched a gwragedd gwedi ymgrogi:
            Dim ond y te a'r botel frandi,
            A'r *tea pot* bach a'r *tea pot* mawr,
            A dwedyd un awr o desni.

            Mi weles hen wragedd gwedi imi gofio
            Yn codi cyn dydd i nyddu ac i ardio;
            Medd gwragedd yrŵan, "Os down ni, mi ddown",
            Ac ni wisgan' mo'u gown dan ginio.

Ond aur ac arian da rhagorol
Ydy tad bedydd Trachwant Bydol;
Gwell gen-i y rhain hyd hyn o'm hoed
Nag un esgob a fu erioed mewn ysgol.

Mi fyddaf braidd yn credu
Eu bod nhw yn suo imi'r nos i gysgu;
Petai gen-i ohonyn' loned sach
Yng ngwaelod bach y gwely!

Mi af at fy ffrind yn union
I fesur pob cyrre yn oed lled hanner coron;
Mi dynnaf fi olwyth—oes arna-i fai?—
O dine rhai go dynion.

Exit Trachwant Bydol. Enter y Marsiant.

Marsiant
 Dyma ddiwrnod ffeind i rodio,
 Yr wy'n cael gweled llonge yn landio;
 Caf fyned toc i'r traethydd glân,
 Mae'r môr yn traean treio.

 Daeth yma lestri mawr anaele,
 Rhai o'r dwyren, rhai o'r dehe;
 Duw ro lwyddiant yn eu taith
 Ar gefnfor llaith, a'u llwythe.

 On'd ydyw hyn yn gryn ryfeddod
 Fod y ffasiwn bwyse yn dyfod
 Hyd y dŵr fel hyd y llawr,
 A dirgelwch mawr dua'r gwaelod?

 Y môr a fydd yn llonydd weithie,
 Waith arall gwynt a dychryniade;
 Weithie y cawn ein byd yn wyn
 Ac weithie yn dynn gan donne.

Enter Bronwen

Bronwen Dydd da fo ichwi, y marsiant hawddgar.
Marsiant Dydd da fo i chwithe, 'r gangen liwgar.

153

Nis gweles un mor lân ei gwedd
Yn rhodio ar duedd daear.

	Yn siŵr y chwi ydy'r ddynes
	Groenwnna' erioed a weles.
Bronwen	Lle byddwy' yn rhodio tre' neu ffair,
	Dyna'r gair a garies.

Marsiant	Mae 'nghalon yn 'wyllysio
	Bod gyda chwi'r nosweth heno
	Ond 'y mod yn ofni yn lân
	I'm gwraig ddiogan ddigio.

Bronwen	Am eich gwraig, drwy'ch cennad,
	On'd ydyw hi gartre' yn gwarchad?
	Cewch gennyf fi bob peth fel gwledd
	Os ydych chwi ar duedd dwad.

Mae 'ngwely gwedi'i addurno,
A manblu adar ynddo,
A'r llenllieinie fi a'u gwnaeth,
Cywirfaeth, gwedi'u cerfio.

Mae lafander a rhosmari
Yn arogl mwyn aneiri';
Mae palm a llysie gole gwâr
Yn harddu'r siambar drosti.

Mae sinamon ei hunan
A lili ffeind oleulan;
Mae myrr mwgdarthiad cariad cu
Oddeutu'r gwely gwiwlan.

Fo aeth fy ngŵr i Dymffris
I dramwy yno drimis;
Yr ydw-i 'n siŵr wrth natur ffôl
Y bydd o'i ledol ladis.

Mi gawn ymlenwi â chariad
Yn ôl ein mwyn ddymuniad
Mewn gwely peredd loywedd liw,
Mor eglur yw'r arogliad.

154

Enter Mr Atgas

Atgas	Ni ymlygrodd Efa ond unweth Ar ffrwyth y pren gwybodeth; Fo lygred meibion y wlad hon Gan ferched gwnion ganweth.
Marsiant	Aeth Efa i'r Nef (rwy'n coelio) Gwedi ymlygru ag efo.
Atgas	Mae rhyngddot ti a'r nefoedd beth di-drefn; Ti droist dy gefn ar honno.
	Nid ydy uffern ddim gyn boethed Ag y mae llawer un yn tybied; Dilyn di ffordd dy galon rwydd A'r peth sy yng ngŵydd dy lyged.
Marsiant	Ple mae uffern? Cais fynegi.
Atgas	Nid oes rhyngddot ti mo'r ddau gam ag y hi. Dilyn di hon,—nad elw-i ymhell!— Cei hanes gwell ohoni.
Marsiant	Gobeithio mai i'r Nefoedd yr â pob nifer.
Atgas	Nid y puteinied a'r bobol ofer; Maen nhw'n gweled uffern yn well ar eu lles Er hynny, ac yn nes o'r hanner.
Marsiant	Ai hir yw'r ffordd i'r Nefoedd ole'?
Atgas	Cyd ag o Wrecsam i Ddolgelle, A'r drafaelffordd leia' erioed: Ni weles i yno ôl troed mewn tridie.
Marsiant	Pa faint sy o ffordd i'r wlad uffernol?
Atgas	Dim ond tair milltir fach fesurol, A'i llon'd o bobol ifanc a hen, Ffordd *durnpike* glên ryfeddol.
Bronwen	Dowch gyda myfi adre' heno, Na hidiwch, y mwynwr, mo'no.
Marsiant	Dyna ffansi fy natur i Am glydwch i ymgowleidio.

Exit y Marsiant a Bronwen

Atgas   Mae mêl ar wefuse hon acw
Yn ei ddenu fo i dorri ei wddw;
Fo wêl ei llygad yn bur lân,
Mae o 'n olwyn fflam dân ulw.

Deffro dithe, 'r ffidler,
Fo ddarfu am dy chwaer a'th gefnder;
Cwyd i fyny oddi ar y fainc
A deffol imi gainc ar d'offer.

Mr Atgas yn dawnsio

O! taw, rwyt ti gwedi rhwystro
Fel dyn gwedi magu'r bendro;
Ni waeth i ti—nad elw-i 'mhell!—
Gyda dy hen badell beidio.

Mi af finne i ffwrdd, mae'n rhywyr,
Mi drines yma botes budur,
O ran rhaid i segur ym mhob lle
Gael rhywbeth annethe i'w wneuthur.

Exit Mr Atgas. Enter Gwraig y Marsiant

Gwraig   Y cwmni mwyn digynnwr',
Mi golles fy ngŵr er neithiwr;
Crynu mae fy nghroen a'm cig
Am f'etholedig wladwr.

Fo addawse'n siŵr ddwad adre'
Ymhell cyn haul i'w gaere;
Os dibennodd neb ei oes,
Fe ddarfu am f'einioes inne.

Ni hunodd fy amrante,
Ni chysges i fawr yn unlle;
Nid ydw-i hanner da yn fy hwyl
Gan edrych a'i ddisgwyl o adre'.

Meddwl 'y mod yn clywed
Sŵn ei draed o 'n cerdded;
Ffaelio gweled mo'no fo
Er crio ac wylo'n galed.

O'm golwg fo aeth o'i wirfodd,
Nis gwn tua phle cychwynnodd
Na ph'run ai allan ai mewn tŷ,
Neu pa ryw deulu a'i daliodd.

Petaswn yn cael clywed
I ble'r oedd ei daith o i fyned,
Bodloni wnaethwn yma yn awr,
Doed o adre' yr awr a fynned.

Enter y Marsiant

Marsiant   Pwy sy yma'n cadw dwndwr,
              A chwithe'n glyd mewn parlwr?
Gwraig   Y fi sydd byth yn oer fy rhoch
              Am y peth a wnaethoch neithiwr.

Marsiant   Pa beth a wnaeth i chwi flindere?
Gwraig   Eisie'ch gweled chwi'n dwad adre'.
Marsiant   Nid hynny oedd eich anesmwythder.
Gwraig   Ni wnaeth dim arall imi flinder.

Marsiant   Fe allwch dewi â'ch gweinieth
              Tra boch chwi'n cael bywiolieth.
Gwraig   Y fywiolieth ore sy yn y wlad
              Yw purffydd gariad perffeth.

Marsiant   Fe allwch gartref fod yn fodlon,
              Rhaid imi'n iachusol dendio f'achosion;
              Mae hynny'n rheitiach ym mhob gwlad
              Na sôn am ryw gariad gwirion.

Gwraig   Mae ynddoch ryw fileindra
              Nad allwch chwi edrych arna'.
Marsiant   Nid oes ond ennill bach i mi
              Ddal bugad â chwi, debyga'.

Gwraig	Ow! trowch yma, 'nghalon, A mwyned gynt a fuon.
Marsiant	Nid oedd eich mwyndra chwi a'ch gwawr Yn t'wyso imi fawr fanteision.
Gwraig	Yr wyf fi'n gwneud gore gallw' I'ch plesio erioed hyd heddiw; Nis gwn i beth a droes eich ffydd; Eich areth sydd yn chwerw.
Marsiant	Gwarchodwch, dyma'ch mantes, Rhaid imi fynd i'm busnes; Nid ydyw'ch geirie, marcie meth, Ond rhyw hudolieth diles.

Exit y Marsiant

Gwraig	Ow! beth a rwydodd fy anwylyd A fydde mwynedd ar bob munud? Un yn siŵr fo aiff o'i go' Ai mae'i galon o mewn golud.

Enter Mr Atgas

Atgas	Ni wiw iti yrŵan mo'r cyffroi,. Mae'r hen geiliog yn troi'n y gwaelod; Calyn cywennod mae fo, fy nghâr, Fo fyn ddyrnu'r hen iâr ryw ddiwrnod.
Gwraig	Ai tybed fod fy anwylddyn Am wyro at wraig na morwyn?
Atgas	Fo gododd arno fo ryw gnich, Yr oedd o 'n gwneud gwich wrth gychwyn.
Gwraig	Os ydy'r natur honno Ar adeg wedi'i rwydo, Fo ddaw i ddallt ei fod yn ffôl, Hoen addas, ar ôl heneiddio.
Atgas	Wel, ysmoneth sâl anaele I ŵr fynd i roi cymhorthe;

On'd ydy hynny'n fargen hyll
A'r tir yn sefyll gartre'?

On'd gwell i chwithe, 'ngeneth,
Osod eich treftadeth
Os cewch chwi neb mewn tre' na llan
I'w hau, da ran, ar unweth?

Exit Mr Atgas

Gwraig   Fy ngŵr sydd wyllt ei natur,
Fe alle y casgla synnwyr;
Os cychwynnodd lwybre ffôl,
Fo ddaw yn ei ôl cyn rhywyr.

Mae merch drwy serch a chastie
Yn hudo dynion weithie;
Fel delw brenin Babilon
Moliannwyd hon ar linie.

Y dyn a grewyd gynta',
Fo dwyllodd merch hwn yma;
Merch a dwyllodd Samson gawr,
Mewn merch mae mawr gyfrwystra.

Yn hyn o anfodlonrwydd
Mi ganaf bennill beunydd;
Nertha fi, O! nefol Dad,
I ddiodde' gwastad gystudd.

Cerdd ar Drymder

Trymder sydd brudd i'm bron
Fu'n llon ym mhob lle;
Gwell imi gredu er hynny yn rhwydd
Yn Arglwydd y Ne';
Ti luniest ŵr, Ti luniest wraig,
Tydi a ddrygodd ben y ddraig,
Tydi ar led yw'n cred a'n craig,
Ein saig ni yn siŵr;
Tydi ydyw'n dawn, Tydi ydyw'n Duw,
Gen Ti cawn foddion yma i fyw;

159

Ti fwriest ddynol raddol ryw
Dan ddilyw o ddŵr.

Tebyg wyf i'r belican,
Oer ffwdan, ar ffo,
Neu'r ddylluan druan drwch,
Tristwch fu'r tro,
Neu ail i'r ffenics ysgafn droed
Sydd heb un cymar yn y coed;
Yn fenyw drist y finne droed,
Fe'm rhoed yn rhwydd;
Mewn rhwyd yn glir, a rhai di-glod
Sy i'm blino i 'n wir, yn blaena' nod;
Yn hyn o le gwae finne fod
Mewn syndod swydd.

Fy ngado a wnaeth fy annwyl walch,
Mae'n falch ganddo ei fyd;
Fe gadd gornchwiglen yn fy lle,
Bydd ei droee fe drud;
Y fo sydd fel ceiliagwydd gwyn
A minne yw'r ŵydd a'i swydd yn syn;
Fe ddaw rhyw beth ar ôl hyn,
Duw gwyn a'i gŵyr;
Fe fu Peder, fe fu Paul,
Bu Ddafydd yn bechadur ffôl;
Duw, tro f'anwylyd inne yn ôl,
Naws haeddol swydd.

Mewn gwael iawn fyd pe gwelwn fo
Yn treio troi,
Yn nesa' down bob nos a dydd
Drwy ffydd heb ffoi;
Os cafodd puten o yn ei llaw,
Ato ei hun yn ddyn fe ddaw;
Teimled efe y tomlyd faw
Anhylaw'n hen;
Mae hyn yn w'radwydd, dramgwydd dro,
Mae'n gur a gwaedd mewn garw go',
O! datro ei fyd, Ow! Duw, tro fo
I 'mado, Amen.

Ffarwél i'r claear lafar lu,
Mi af heno i'm tŷ fy hunan;
Ni wn i pa bryd nac o ba le
Daw ynte i'r gole gwiwlan.

Exit Gwraig y Marsiant. Enter Trachwant Bydol

Cybydd   Wel, dyma fi'n dwad yn o brysur.
Pa fodd yr ydych chwi, fy mrodyr?
Nid oes mo'm lystiach uwch dwy goes,—
Fo gadd 'y nhiroedd yn f'oes eu fesur.

Mi fesures yr holl dyddynnod:
Pant Ifan a Bryn y Tywod,
Erw'r Gŵr Drwg a Chae Pen Dre',
Bryn Gwylan a Hendre'r Gwaelod.

Yr oedd y tenant (nid oedd ryfedd)
Yn edrych arna-i â'i ddannedd,
Ac yn dweud wrth y mesurwr ambell dro,
"Yn boeth y bo dy berfedd".

Yr oedden nhw yn byw fel yr emprwr Nero:
Y Llwyfan Goch a'r nymbar arno,
A phawb a'i bedwar ceffyl du
Wrth ei olwynion yn gyrru a leinio.

Wel, dyma Mr Atgas.
Ti wnest â m'fi biwr cymwynas.

Enter Mr Atgas

Atgas   Yr wy'n siŵr y gwnaeth eich tiroedd chwi
Lawer gŵr difri' yn dewfras.

Cybydd   Wel, eiste gyda myfi
I gael gwybod pa faint i'w godi;
Estyn loned y siwg gwyn
O gwrw melyn, Mali.

161

	Wel, pa faint a dâl y tir yn y flwyddyn?
Atgas	Ond agor y llyfre, mi ddweda' ichwi'n sydyn.
Cybydd	Aros, aros, mae dy geg di'n sych.
	Dyma iti gwrw gwych i gychwyn.

	Pa fodd y gosodwn ni'r tiroedd yma?
Atgas	Wrth yr acar y manne rhywioca';
	Maen nhw i'w gweled i gyd yn glap,
	Mi dynnes i fap, hen fopa.

Cybydd	Pa faint yr acar a rown ar bob tyddyn?
Atgas	Punt yr acar lle gellir rhoi ocyn;
	Mae rhywiog a garw hyd y fro
	Yn fy llyfre,—'n oed y to a'r llafrwyn.

	Dyma weirglodd bislyd y Modryb Wsle;
	Hi dâl chweigien 'r acar ond tynnu hyd-ddi ricie
	I dynnu dŵr sy'n ffrydio yn gry'
	I ffosydd rhag gwlychu'i pheisie.

Cybydd	Pa sawl acar yr wyt i'w rhifo?
Atgas	Pymtheg a hanner ydy honno.
Cybydd	Dyna wyth ond coron yn lle tair punt;
	Ni bu erioed beth cynt na'u cowntio.

Atgas	Dyma dyddyn Gruffudd Legach
	Dâl bunt yr acar,—mae o 'n rhywiocach,
	Ac y fo a ddyle dalu'r dreth
	Ond amhwyllo ag e beth ymhellach.

Cybydd	Pa sawl acar ydy hwnnw, dywed.
Atgas	Ugain acar ond dwy bertsied.
Cybydd	Nid oedd ond naw punt drwy Ffrith y Coed.
	A welsoch erioed wirioned?

Atgas	Dyma dyddyn Andro Lawen
	Yn beder acar a phum ugen.
Cybydd	Dyna ganpunt ar hir ei geg
	Lle nad oedd mo'r deg a deugen.

| Atgas | Os mynnwch chwi, Gymro mwynedd, |
| | Mi 'gosoda' nhw yn ddrudion ffiedd. |

Cybydd	Dal atyn nhw, 'machgen, heblaw'r pris, Myn ambell bis o'u bysedd.
	Dyma atat unweth eto. Mi ganwn bennill cyn ymado.
Atgas	Mi ganaf finne heb ame'n bêr. Dechreuwch chwi'n dyner diwnio.

Cerdd bob yn ail bennill ar Glan Meddwdod Mwyn

Cybydd	On'd gwych i fon'ddigion y tirion fyd hwn Chwe cheiniog yn pasio fel cryno swllt crwn, A deg punt a deugen o'u pen yn gan punt, Pan gaffwyf fy rhenti rhaid cyfri' ddau cynt; Pum cant o bunne oedd gynne imi ar gil, Haro, mi yrres y fantes yn fil; Mi lenwaf fy nghode fel sache eisin fil; Pob gwraig a fydd bellach yn llymach ei lle Fydde ar ôl godro'n taro i wneud te; Rhaid iddyn' ymadel â'u gafel ag e.
Atgas	Pawb oedd yn yfed eu bowlied o bwns, Mewn tafarn yn rorio ac ysgorio ar ysgwns, Prynu berwige bawb syre o bob siop, Bydd gwallt yn lle hynny yn tyfu ar eu top; Fo fydden' a'u cwrw a'u twrw wrth y tân, Prin y cân' heddiw y gloywddwr glân; Cewch weled yn rhyfel mor isel yr ân'; A ninne, stiwardied, gyn dynned ar dwyn, Bydd cwrw a phwns eto'n cramio'n ein crwyn; Cawn fyw lawer diwrnod ar lan meddwdod mwyn.
Cybydd	Cawn ninne, feistradoedd, o'n tiroedd a'n tai Ddwy rent yn y flwyddyn, yn sydyn hi sai': Ar ôl codi'r hanner daw llawnder i'n llaw, Parch inni oddi wrthyn' yn ddygyn a ddaw; Os gwelwn ni wanddyn, a'i dyddyn yn dost, Cymerwn ei eiddo, ac arno rhown gost; Ni chaiff, er dymuned, na'r pared na'r post; Fo fydd llawer Cymro yn gweithio fel gwas Gan yfed hyd gaee ar eu glinie faidd glas; Ni chân' ond eleni fawr brofi cig bras.

Atgas	Mi goda', rwy'n meddwl, heb drwbwl fawr draw
	Y rhenti dau ddyblyg yn llithrig i'm llaw;
	Cariaf nhw i'm meister yn bleser i'w blas,
	Ni chaiff eich mawrhydi fyth weini'r fath was;
	Mi ddeilia' â'r tenantied yn galed, yn gerth,
	Yn ddu ac yn chwerw, yn arw fy nerth;
	Mi edrycha' ar gymydog mor bigog â'r berth;
	Bydd llawer dyn bregus oedrannus ei drwyn
	Yn ceibio beth bellach, ŵr llegach, i'r llwyn;
	Cawn ninne'r dibendod ar lan meddwdod mwyn.

Terfyn

Cybydd	Yfwn hyn yma i fyny
	Ac awn efo'n gilydd i'r un gwely.
Atgas	Mi gym'rwn fywiolieth braf gerbron,
	Ac fo gaiff y gwŷr dylion dalu.

Exit Mr Atgas a Thrachwant Bydol. Enter y Marsiant

Marsiant	Oes neb o'r cwmni llawen
	A welodd y Madam Bronwen?
	Petai hi'n dwad i hyn o fan,
	Hi gâi gen-i ran o fflagen.
	Fy holl ddiddanwch ydy
	Fy ngwin a'm sec a'm brandi;
	Petai gen-i aur lon'd padell bres,
	Hi 'câi nhw'n gynnes genny'.
	Af gyda'm llong oddi yma
	I'r Dwyreiniol India,
	Ac eisie canu ffarwél llon
	I'r lloeren hon o'n llwyra'.

Enter Bronwen

Bronwen	F'annwyl Farsiant, dyma fi
	Amdanoch chwi'n ymorol;
	O flaen un Cymro nac un Sais
	Mi glywa'ch llais yn llesol.

Marsiant	Fy ngwawr garedig ddiddig ddoeth,
	Fel geme coeth sydd gymen,
	Da gen-i weld fy 'nwylyd bach
	Yn lliwus, iach a llawen.

Bronwen	Da gen inne'ch gweled chwi
	A chael eich cwmni hefyd.
Marsiant	'Y nghwmni gewch tra bwy'n parhau
	Mewn bywiol ddyddie bywyd.

Mynd yr ydw-i oddi yma
Â'm llonge rownd i'r India.

Bronwen   Dyna beth a'm gwnaiff yn sâl
Heb ddadal,—hyn a ddweda'.

Marsiant   Fo fydd fy nghalon inne
Er ei chaethed efo chwithe,
A mwyned oeddech yn ddi-wad
Yn siarad ar amsere.

Ond dyma iti aur mewn pyrse
I gofio amdana-i adre',
A dyma drwnc, O! cymer o,
Seid unig, o sidane.

A dangos cyn ymado
Dy law am fy ngwddw i eto;
Rwy'n methu peidio, gangen hael,
Mewn moddion gwael, ag wylo.

Bronwen   Ow! f'anwylyd, do-i i'ch cowleidio
Yn naturioledd iawn trwy wylo;
O ddŵr gen inne, dagre dwys,
Bydd llawer pwys yn pasio.

Marsiant   Ffarwél i ti, y pwysi hapusol.

Exit y Marsiant

Bronwen   Ffarwél i chwithe, 'r glanddyn gweddol.
Ar dir a dŵr yn anad neb
I chwi bo rhwydeb rhadol.

Wel, dyma drwnc llwyddiannus
O bob sidane dawnus;
Ni weles i erioed mewn tre'
Ddim cystal gowne costus.

A dyma aur melynion,
Caf de a choffi ddigon;
Tyrd, y cerddor, cân yn rhodd
I mi sydd wrth fodd fy nghalon.

Cerdd ar Ffarwél Trefaldwyn

Y merched mwynion, cym'rwch galon,
Caiff gwragedd gwnion burion byd;
Tra fo 'nghariade oddi cartre'
Caf finne dryncie cloee clyd;
Y llygad gwantan ennill arian
(Weithie neidio am geisio) am gusan;
Naturiol ferch, a'r taera' sydd ar y ddaear yma,
Ennill gynta' fawrdda i fyw;
Nid y lwydedd lodes na fedr drin mo'i busnes,
Lom anghynnes, afles yw.

Pwy wnâi weithio, nyddu, gardio,
Llyfnu, nithio, teilo tir
A gâi'n ddidrafferth barchedigeth
A bywiolieth heleth hir?
Y chwi'n ymlywio, corddi a godro
Pan fyddwyf finne a'm tanne'n tiwnio;
Neu hyd 'r heolydd budron a'ch traed yn abl gwlybion
Pan fyddw-i 'n tirion yfed te.
Gwelwch beth yw masnach â sythion wŷr disothach,
Yr wyf fi mewn ffeindiach llawnach lle.

Nid alla-i aros bod dechreunos
Yn y teios heb ddim tân;
Bydd mwg a lludw i'm blino'n arw,
Gwell gen-i 'r gloyw barlwr glân;
Mi gaf gwmpeini gyda myfi,
On'd llygad fwynedd luniedd lonni?
Y neb a wnelo ore [   ] beisie,
Ac a gribo eu penne'n droee yn drych,

A'r ferch anllada' ei llygad wrth fyned at y farchnad,
Caiff honno gariad gwastad gwych.

Terfyn

> Ffarwél, af i'm gorffwystra;
> Pan welwch fi'r tro nesa'
> Mi fyddaf fel y biogen fraith;
> Dyna gywraint waith a gara'.

Exit Bronwen. Enter Gwraig y Marsiant

> Wel, dyma finne, ferched,
> Yr anlwcusa' ar aned:
> Mae'n flinder meddwl imi'n siŵr,
> Ni fyn fy ngŵr mo'm gweled.
>
> Y fi sy 'mhob rhyw foddion
> Fel Jenifetha'n gyfion,
> Ac ynte trwy ymadrodd croes
> Fel Golo droes ei galon.
>
> Ni chofiodd mo'r adduned
> Bur ydoedd ban brioded;
> Er gwneud addewid i gyd-fyw'n llon,
> Neu dirion, hon a dorred.
>
> Tri pheth sy anhawdd eu hadnabod:
> Derwen, dyn a diwrnod;
> Mae llawer lodes yn ddi-gêl
> Wrth geisio mêl yn cael wermod.
>
> Mae calon ddrwg mewn derwen,
> Mae dyn yn prifio yn filen;
> T'wynnu ar fore'r haul a wnaiff
> Ac yn ddrycin yr aiff drachefen.
>
> Mi wela' f'annwyl briod,
> Mi redaf i'w gyfarfod;
> Croeso ichwi adre', teg ei wedd,
> I'ch annedd beredd barod.

167

Enter y Marsiant

Marsiant	Nid wyf yn cael mo'r amser
	I wrando'ch gweinieth ofer.
Gwraig	Merch wyf fi sy'n diodde' cam,
	Ac ichwi'n bur bob amser.

Marsiant	Mewn siarad gwraig nid wyf yn hidio.
Gwraig	Mae rhai o'r rheini'n medru'ch plesio.
Marsiant	Nid y chwi. Gwnewch dewi'n fuan.
Gwraig	Mi wn i hynny'n wir fy hunan.

Marsiant	Mae ynddoch ryw fyfyrdod ofer.
Gwraig	Nid da mo'r chwedel lle nas carer.
Marsiant	Ni wn i pwy gare chwedle gwirion.
Gwraig	Fe allwch daro wrth waeth cynghorion.

Er bod fy nghyngor yn lled ynfyd,
Trowch yma unweth, Ow! f'anwylyd;
Gwrandewch ychydig ar fy nghwyn
A byddwch fwyn am funud.

Marsiant	Nid alla-i aros yma funud,
	Mae'r llong yn nofio peth ers ennyd;
	I'r India'r af i roddi tro
	I chwilio a maelio am olud.

Gwraig	Os ych yn mynd i'r India'n fuan,
	A wnewch chwi un gymwynas fechan
	Er mwyn yr amser ym mhob lle
	Buon ninne ddyddie'n ddiddan?

Marsiant	Beth yw hynny? Nis gwn i eto
	Alla-i wneud y peth ai peidio;
	Tra byddw-i 'n gorwedd ar dir sych
	Rhaid imi'n helaethwych lwytho.

Gwraig	Dyma ichwi geiniog goch, mae'n eglur;
	A wnewch chwi brynu'i gwerth o synnwyr
	A'i chario i'ch gwraig trwy ddawn a gras,
	A hyn heb gas o gysur?

Marsiant   Os digwydd imi gofio,
                      Mi alla' wneud hynny i'ch plesio;
                      I ffwrdd fy hunan rŵan 'r af,
                      Nis gwn i a wnaf ai peidio.

Exit y Marsiant

Gwraig   Cwta fu'r 'madawiad
                      Rhyngdda-i a'm hannwyl gariad;
                      Ychydig iawn, fe wyddoch chwi,
                      A gymerth o genny' o gennad.

                      Yn sydyn troi'i gefn ata'
                      Â 'chydig iawn o fwyndra
                      Lle'r oedd ddyledus arno hyn:
                      Rhoi ei ddwylo'n dynn amdana'.

                      Mae'r siwrne'n faith i forio,
                      Duw annwyl gydag efo;
                      Nid oes neb arall ŵyr pa bryd
                      Y gwela-i un munud mo'no.

                      Ac ata' 'n iach pan ddelo
                      Ni cha-i ond y surni ganddo;
                      Adre'r af dan ddweud fy nghwyn,
                      Mi gofia' ar dwyn amdano.

Exit Gwraig y Marsiant. Enter Trachwant Bydol

Cybydd   Dyma chwedel melltigedig:
                      Fy mab aeth i ras y Mwythig,
                      Ac fo ympiriodd yn ddigon siŵr
                      Yn haeddol ŵr bonheddig.

                      Pan aeth y ceffyle i redeg,
                      Dal mil o bunne ar goese hen gaseg;
                      B'ase well gen-i ei weld o yn hyn o le
                      Yn rhoi mil o bunne am benweg.

                      Ni fedde mo'r modd i dalu,
                      Fo'i cym'rwyd o toc i fyny,

Ac fo'i tawled i'r *Black Hall*
A gyrru i'm nôl o Gymru.

Er 'y mod yn perchen power,
Ni b'aswn i erioed yn Lloeger;
Nid oedd dim Saesneg gen-i yn iawn,
Mi es tuag yno brydnawn ddydd Gwener.

Medd rhyw gwff o'i eiste,
"Mae'ch mab yn Raven er bore";
Nis gwyddwn i beth oedd Raven, myn tân;
Fo ddangosodd imi lun brân ar brenne.

Mynd i barlwr lle'r oedd hwrli bwrli,
Dyma ŵr yn neidio imi
Gan daro crechwen yn ei le
A dweud, *"Come, pay the money"*.

Rhoi bil iddo am fil o bunne
A bod yn siŵr o dalu glame;
A dweud y gwir am ychydig bach,
Rhoeswn i 'ngwinedd yn fach drwy ei foche.

Ond fo roed imi bwns a brandi,
Ac mi feddwes yn aneiri';
Mi fwries y cwbwl, myn fy nghred,
Hyd ffedog ddau led rhyw ladi.

"Go about your business", medde'r waetar;
"O!", meddwn inne, "byddwch dringar";
Ond erbyn edrych—gwaed y ci!—
Roedd popen imi fel pipar.

Ond pan ddalltes i glwy' fy nghynffon,
Mi ddois o fysg y gwŷr bon'ddigion
Ac ar draws clwyd hen gigydd cam;
Ebr hwnnw, *"God dam the Welshmon"*.

Enter Oferddyn

Oferddyn   A rowch chwi'ch bendith unweth eto.
Cybydd   Na rof fi, gŵr mawr a'th goto;

Dal mil o bunne ar hen gaseg wen,—
Oni haedde dy ben di'i bwnio?

Mae fy stad i 'n fil o bunne,
Mae hynny'n rhy fychan yn ei fache;
Yr ydwy'n siŵr mai eu llyncu a wnâi;
Fo lyncodd gae mewn tridie.

Oferddyn   On'd ydy plant bon'ddigion
              Yn cael gwneud fel y fynnon'?
Cybydd   Pe mynnit tithe fod wrth bren
              Neu fod ar dy ben yn yr afon!

Enter Nani Fwynlan

Nani   Fy annwyl annwyl gariad cryno,
              Da gen-i 'ch gweled eto.
Cybydd   Mi fentra' ddal â chwi goron gron
              Mai pryfes ydyw hon sy'n prifio.

              Pwy wyt ti, ac o ble doist ti yma?
Nani   Morwyn tŷ tafarn y pentre' nesa'.
Oferddyn   Mae arna-i ofn ar hyn o lawr
              Ei bod yn feichiog fawr ohona'.

Cybydd   Yn ddigon siŵr, rwy'n tybied,
              Rhaid cadw mwy o dinceried;
              Beichiog yw hon a beichiog yw'r llall;
              A fu erioed fwy o wall ar wyllied?

              Pa fodd y bu dechre'r caru?
Nani   On'd y fo ddaeth ata' i'r gwely?
Cybydd   A chwithe a ledodd eich dau droed;
              On'd oeddech chwi mewn oed i nadu?

              On'd oes ynddat ti ddiawl o ddichell
              Lamu seidin pob hen siadell?
              Cyn 'r awn i fyth at ferched y dre',
              Mi dorrwn 'y ngheillie â 'nghyllell.

              Ni ŵyr hi pwy ydyw tad ei chywion
              Mwy nag y gwn inne ble mae'r Werddon;

171

Dim yn y byd pan brifio ryw hŵr
Ond ei roi fo i feddiant gŵr o foddion.

Nani	On'd oeddech yn dweud y gwnaech 'y mhriodi?
Cybydd	Petaet wrth wden, ac ynte efo a thydi!
	A welsoch chwi ddau mewn llan a thre'
	Mor wachul yn chware wichi?

Nani	Priodwch fam eich plentyn bychan.
Oferddyn	Nis gwn i eto be' wna-i amcan.
Cybydd	Os ti a'i priodiff, wrth ole dydd
	Fo wna' dy 'mennydd di allan.

Nani	Priodwch fi fel roeddech yn addo.
Oferddyn	Rhaid cael amser i gonsidro.
Nani	Na throwch mo'ch cefn, rwy' mewn caethiwed.
Oferddyn	Felly gwnaed â chant o ferched.

Nani	Be' ddwedasoch wrth fy nhrwblio?
Oferddyn	Rwy gwedi gollwng hynny'n ango'.
Nani	Cofiwch, cofiwch yr amode.
Oferddyn	Ymsifftiwch chwi, ymsifftiaf finne.

Cybydd	A fedri di dyngu tad dy blentyn?
Nani	Rwy' gwedi tyngu er bore ddywllun.
Cybydd	Ni b'ase waeth iti dyngu nerth dy gaul
	Na fu erioed haul ar Ferwyn.

Nani	Nis gwn i pa fodd y maga-i 'mhlentyn.
Cybydd	Dos i ganu gwylie â cherdd i'w galyn
	Fel Ifan Llangernyw sy'n crefu bwyd
	Ac yn begio llwyd ddilledyn.

Oferddyn	Gwell imi fynd oddi yma i rywle.
Cybydd	Gore po bella' y rhed drwy'r pylle
	A chymin sy'n feichiog ym mhob plwy'.
	Rhag eu hadar pwy na hede?

Exit Trachwant Bydol ac Oferddyn

Nani	Gwelwch, ferched, gwael yw 'myd,
	Rhaid siglo'r crud, rwy'n credu;

Mae'n bur anodd drwy'r wlad hon
Gan bendefigion fagu.

Pan gaffwy'r plentyn ar fy nglin,
Mi fedra' ei drin o'r gore,
Ond rhaid cael rhwymyn yn ddi-nam
A gwlanen am y glinie.

Fy annwyl gariad troes ei gefn,
Mae ffordd bur lefn i lafne,
A'n gado ni maen nhw yn y rhwyd
Yn abal llwyd wynebe.

Rhaid imi fynd oddi yma i lawr,
Mi a'm clywa' 'nawr yn oeri;
Pan ddelw-i nesa' a'm plentyn bach
Cewch gân amgenach genny'.

Exit Nani. Enter y Marsiant gwedi llwytho

Mae fy llong i gwedi'i llwytho
O bob peth sydd arnaf eisio;
Nid alla-i gychwyn mo'm hystôr,
Mi wela'r môr yn treio.

A'm gweinidogion sy arni:
Y mât a'r capten gwisgi;
Mi awn i Loeger bod y gŵr
Pan ddelo'r dŵr i lenwi.

Yrŵan rydw-i 'n cofio;
Mae'r geiniog goch gen-i eto
I brynu synnwyr mewn rhyw le
I'r wraig sydd gartre'n gweithio.

Enter Henwr

Henwr   Trwy'ch cennad, syr, pwy sy yma
            Yn siarad mor ysmala?
            Oni wyddoch er cyn hyn
            Mai synnwyr pryn yw'r prinna'?

Fe gewch werth ceiniog gen-i 'n heleth
Rhwng synnwyr dysg a chariad perffeth
A gwreiddyn teimlad o ddrygioni;
Nid oes geinhegwerth gwell na'r rheini.

Marsiant   Ceisiwch, ceisiwch nhw imi'n sydyn,
Nid alla-i aros mo'r munudyn.

Henwr   Nid ŷnt ond peth sydd hawdd eu lapio;
Yn y galon mae ichwi'u cuddio.

Pan ddeloch adre' dyma'r synnwyr:
Mae ganddoch wraig a gordderch eglur;
Treiwch edrych p'run sydd bura'
Cyn dyfod arnoch i gyfyngdra.

Ewch at yr ordderch uchel feddwl,
Dwedwch wrthi golli'r cwbwl,
A boddi o'r dynion ar oer donne
A cholli'ch dillad bod ag ede.

Gofynnwch 'lusen iddi unweth,
Un ai bwyd ai llety nosweth,
Ac yno'n union fo gewch wybod
Pa eirie rediff ar ei thafod.

Ewch at eich gwreigan gwedi hynny
A fydde gynt i'ch anrhydeddu
I edrych beth a ddywed hithe;
Dyna'r synnwyr ichwi i ddechre.

Pan dreioch natur y ddwy yma,
A gweled p'run fydd gostyngeiddia',
Gwedyn gwisgwch chwi eich hunan
Mewn dillad lasie aur ac arian.

Ewch at y ddwy yn yr agwedd honno,
Fe fyddwch siŵr o gael eich croeso;
O'r blaen cewch weled y bydd rhagorieth;
Dyna 'chydig o'r ystyrieth.

A'r neb a'ch derbyn chwi mewn llymdra,
Ac a wnêl ohonoch fwya',

174

Cerwch hon a glynwch wrthi;
Dyna deimlad o ddrygioni.

Marsiant   Diolch ichwi, 'r henwr sobor,
Dyma geiniog am eich cyngor.

Henwr   Rhowch chwi'r geiniog yn eich poced;
Nid am gyflog yr ydw-i 'n myned.

Yn rhad rwy'n rhoi'r geinhegwerth synnwyr,
At eich gwraig trowch chwi, bechadur;
Ffarwél, ni chewch chwi mwy mo'm hanes,
Meddyliwch am y geirie ddwedes.

Exit Henwr

Marsiant   Yr ydw-i 'n meddwl, y gyn'lleidfa,
Mai rhyw ddrychioleth oedd hwn yma;
Mi glywa' 'nghalon yn llesmeirio
A'm holl gorff yn crynu drosto.

Fo fydd yr Arglwydd weithie'n danfon
Cennad at yr annuwiolion,
Ac yn rhoi rhaglunieth ryfedd
I'r rhai fo'n aros mewn anwiredd.

Os ca-i fy mywyd i fynd adre',
Mi feddyliaf am ei eirie,
A chaf weled cyn fy niwedd
Os llefarodd o 'r gwirionedd.

Exit y Marsiant. Enter Nani Fwynlan

Nani   Wele, ferched, dyma fi
Dan li' a defni dyfnach;
Mi fûm fel chwithe'n ddigon ffôl,
O'ch lledol rwyf yn llwydach.

Mi fûm yn gwisgo gowne gwych,
Mi fûm yn ddrych lle byddwn
Yn cael rhybane braf di-swrth
A pheisie wrth y ffasiwn.

Mi fûm y medrwn ganu cainc
Ac eiste ar fainc llawenydd;
Rwy'n siampal ichwi ar hyn o bryd,
Bob meinir glyd drwy'r gwledydd.

Mi fedrwn ddawnsio, pincio peth,
Lle bai gerddwrieth ddiried;
Suo rŵan raid bob awr,—
Mae blinder mawr i ferched.

Enter Mr Atgas

Atgas   Dyma Nani oedd echdoe'n eneth;
Ti est tithe toc yn fameth;
Rwy'n siŵr y cefest ti od o giwr
Gan ryw stalwyn,—dyma biwr tystioleth.

Nani   Blinder merched sydd yn fawr;
Rwyf finne a'm gwawr yn llwydo.
Atgas   Ni chefest ti mewn difri' da
Ond y peth oeddit ti agosa' i'w geisio.

Nani   Yr oedd o 'n addo'n deg ei wawr
Y gwnâi o 'n fawr amdana'.
Atgas   Ie, tros ba hyd, y gangen hael?
Tra bydde fo'n cael ei fwyndra.

Petasech chwi'n ymrwymo â'r dyn
Yn eich oes eich hun neu ynte!
Cym'rwch chwi weithiwr fesul y dydd,
Fo all fod yn rhydd bob tridie.

Nani   Gwae fi erioed o'r dydd y daeth,
Neu'r cast a wnaeth â myfi.
Atgas   Ni wiw ichwi rŵan yn ddi-wad
Fod yn anynad, Nani.

Nani   Wel, dyna'r gŵyn a gaiff merch wen
Pan fyddo ei phen mewn dalfa.
Atgas   Ni wiw i chwi ddisgwyl cwynion mawr
O ran chwi aeth i lawr yn gynta'.

Medd llawer llances gwedi tripio,
"Rhiwl y blaned oedd i'm blino";
Ni chawse hithe na gwayw na loes
Heb ledu ei dwy goes i'w geisio.

Nani   Nid ydy ond pleser bach imi
             Wrando coegni'r meibion.
Atgas   Fo allasech gadw rhos y berth
             Rhag cywilydd o nerth eich calon.

Nani   Rwy'n gweled fod eich gwawd yn fawr;
             Mi af i lawr oddi yma.

Exit Nani

Atgas   Ni fyn y merched ddweud mo'r gwir,
             Ffarwél ichwi, feinir fwyna'.

             Wel, ni waeth mynd â'r Traeth Mawr i Ruthun,
             Neu Ddyfrdwy fawr dros Ferwyn,
             Cynghori lodesod yr un peth,
             Ni wnaiff yr eneth ronyn.

             Er imi ac eraill wneud ein gore
             At rwystro dynes yn bendene,
             Er maint o gynghorion a roes pob sawl,
             Mae naturieth ddiawl mewn torre.

             Mi ganaf un gerdd go fechan
             Wrth 'Ffansi'r Bardd' ei hunan;
             Oni chanw-i 'ngwaetha' i'r hardd a'r hyll,
             Mae arna-i ofn mai'r hen ddull ddaw allan.

Cerdd ar Siwsan Lygad-ddu

Pob cangen dyner fwynber foch
Sydd fel y rhosyn gwyn neu goch
Mewn cyflwr natur, glanbur glyd,
Yn rhodio byd yr hyd y boch,
Ail ydych chwithe i'r seinie sydd
Wrth dai tafarne ddarne o ddydd
Yn denu llawer wyneb llwyd,
A phwy o'u rhwyd all fynd yn rhydd?

A chwithe fel blode'r afale
Ar glame sydd glir,
Un awel fach wan a'u chwyth yn y man,
Diffrwythan', fe doddan' ar dir;
Fel seren yw meinwen neu heulen
Wawrfelen ar fanc;
Goleuni'r holl fro yn bwysi tra bo
Cyn hurtio na llwydo efo llanc.

Diflanna'n sydyn rhosyn 'r ha'
Os torrwch chwithe'r deddfe da;
Fel iâr a'r cywion byddwch blwc
O glwc i glwc dan gnwc rhyw gna';
On'd gwell yw cadw rhos y berth
Cyn mynd yn ddwy o nwy' a nerth
Na mynegi "Dyma'r bâr;
Dowch ata-i, 'nghâr, mae'r wâr ar werth"?
Os collwch, gwybyddwch, hyfrydwch
Gwir degwch gair da,
Pa beth a gewch, gwen fwyn gu, ar eich pen?
Ewch, meinwen, un glirwen, yn gla';
Pob munud o'ch bywyd mewn adfyd,
Go drymllyd yw'r dreth,
A'r llygad main bach oedd gynt yn bur iach
Fydd yn edrach mwy bawach o beth.

Daw drostoch gafod, syndod syn,
Fel tannu inc ar bapur gwyn,
A'ch gwrid a dry ar hynny o dro
Fel pridd a gro yn llwydo llyn;
Petaech chwi yng ngwaelod Afon Glwyd,
Ni ylch mo smotie'r lliwie llwyd;
Petaech yn trin y llanw a'r trai,
Ni ylch mo'r rhai fo yn y rhwyd.
Os golchwch drythyllwch fo fyddwch
O anialwch yn nes;
Haws na gwneud hyn droi'r blac yn ddyn gwyn
I'ch calyn draw, landdyn, drwy les;
Mae golchiad ar ddillad,
Rwy'n dirnad, a'u 'mgeleddiad yn glir.
Ni olchir mo'ch gwedd 'r ôl diwrnod y wledd,
Y fwynedd wawr daeredd ar dir.

Hawdd ichwi rŵan fyw'n ddi-fraw
Tra byddo'r tyddyn ar eich llaw;
Hawdd gan landdyn ffals ei fin
Ar ôl ei drin ef sefyll draw;
Hawdd yw, meinir, gadw'r âl
Cyn mynd yn syn a'ch gwedd yn sâl;
Cyn y lledoch eich dwy glun,
Dweud wrth y dyn "Nid hyn a dâl";
Ond llithrig yw'r cerrig,
Toddedig yw'r ewig erioed;
Llawer merch gu gadd ddiwrnod go ddu
A'i llygru ar ôl caru yn y coed;
Ar eich dwylo cyn misio mae eisio
Contreifio ym mhob tre';
Ple gogwydd y chwant? I'r bryn ai i'r pant,
Er trachwant, oer nwyfiant, ai i'r Ne'?

Terfyn

        Ond mae llawer llances lysti
        Yn mynd i'r môr i ymolchi
        Na bydd hi, os dilyn hi natur ffôl,
        Fawr lanach ar ôl y leni.

        Ond nid am y glana' ei galon
        Bydd merched yn ymryson
        Ond am y cynta' at lencyn tal,
        Am y fwyna', ac am ddal yn feinion.

Exit Mr Atgas. Enter Trachwant Bydol

Cybydd   A glywch chwi, 'r glân gwmpeini?
               Mae hi'n amser talu rhenti;
               Ple mae fo, 'r stiwart clyd?
               Ple mae o hyd i'w hoedi?

               Arno fo mae dyled
               Rhoi rhybudd i'r tenantied:
               Dweud yn deg wrth bob gŵr clên
               Heb wneud fawr wên ar weinied.

Mae darn o gig yn rhostio
Yn aros, myn dyn, amdano;
Dyma fo'n dyfod,—gwaed fy nghaill!—
A rhyw gyfaill gydag efo.

Enter Mr Atgas a Gruffudd Legach

Atgas   Dyma Gruffudd Legach yn dechre lygio;
       Ni wn i ydy 'i rent ai peidio;
       Roedd o 'n cerdded o glun i glun
       Ac yn crefu pob dyn adwaeno.

Gruffudd   Wel, gyda'ch cennad, meistr mwynlan.
Cybydd   Gadewch gael gweled peth o'ch arian.
Gruffudd   Mae 'mhorthmon i heb ddwad adre' o Gent.
Cybydd   Tyrd i'm gafel i â'r rhent yn gyfan.

Gruffudd   Ni thalwn i mo'ni hi mewn munud;
       Mae gen-i ryw hyder, mi werthaf fy hadyd.
Cybydd   O! mae'n rhyfedd iawn gen-i
       Nad oeddech chwi'n pori'r puryd.

Gruffudd   Dyma ichwi'r hanner; 'gym'rwch chwi hynny?
Cybydd   Mi fynna'r rest cyn nos yfory;
       Mi wertha' d'eiddo di, wyneb hwrdd,
       Ac a dawlaf fi i ffwrdd dy deulu.

Atgas   Mi af fi, ynte, i ddechre marcio.

Exit Mr Atgas

Cybydd   Cerdd, a brysia i brisio;
       Gwerth y cwbwl sy gan y cna',
       Na ad lwy gwta i Guto.

Gruffudd   Gobeithio na wnewch chwi byth mo', 'r fulen.
Cybydd   Gwna', cyn byddwy-i 'n ôl o chweigien.
       Beth sydd gennyt? Dwed ar frys;
       Oes gen ti iachus ychen?

Gruffudd   Nid oes gen-i, 'r gŵr diwyd,
       Nac ychen na dyniewyd.

| Cybydd | Mi glywes na feddit ers llawer tro |
| | Gan y bobloedd ond dau lo piblyd. |

	Ydy'r caee, f'enaid, mewn repâr go fwynedd?
Gruffudd	Na, maen nhw'n llanast er y llynedd.
Cybydd	Onid oes drwy gaee, hir ei geg,
	Un garreg ond yn ei gorwedd?

	Oes gwrw yn dy dŷ di, 'r Cymro?
Gruffudd	Mae rhywfaint o frandi gwedi lecio.
Cybydd	Mi ddeudes i i chwi ar goedd
	Mai'r pwns a oedd yn pinsio.

Gruffudd	Gadewch imi'i gael o flwyddyn eto.
Cybydd	Na chei, na diwrnod; dwed "Rhad arno".
Gruffudd	I'r sawl a'i cym'ro dra bo chwyth,
	Fy melltith fyth a fytho.

Exit Gruffudd. Enter Andro Lawen

Andro	Drwy'ch cennad, feistr mwynlan,
	Mi deles y rhent Ŵyl Ifan;
	Mae gen-i ychydig ar 'y mraich,
	Nid ydy'r baich ond bychan.

Cybydd	Iechyd i'th galon ufudd,
	Mi lenwaf fi dy goludd;
	Mae yma siwgwr ac mae yma de,
	Mae yma gige on'd ydw-i 'n gogwydd.

	Tyrd yma, 'r dendwraig, â diod i Andro,
	Eiste i lawr i aros cinio;
	Iechyd iti i fyw yn dy nyth,
	A dedwyddach fyth fo d'eiddo.

Andro	Mae'r tir yn ddrud i'w droedio,
	A chryn fagwreth arno;
	Nid oes yrŵan, hawdd ichwi wybod,
	Ond digon bychan o fwyd i'r buchod.

| Cybydd | A fyn di dyddyn bychan |
| | Os bydd neb wedi'i daflu allan? |

Andro	Fo wnâi dyddyn imi les, Mae'r fuches yn rhy fechan.
Cybydd	Mi ddweda' iti gyfrinach: Fo dorrodd Gruffudd Legach; Ni chaiff gen-i na chae na choed; Dyna dyddyn na bu erioed ddedw'ddach.
Andro	Os byddwch mor fwyn â'i dderbyn, Dyma ernest ar y tyddyn.
Cybydd	Cym'ra', cym'ra' gennyt ti; O! moliant, dyma gini melyn.
Andro	Mi ostyngwch beth, gobeithio, A chymin gwaith repario.
Cybydd	Os bydd arian ar helw'r gŵr ei hun, Mi gaiff mewn modd gwystyn gostio.
Andro	Ffarwél, 'y meistr mwynlan.

Exit Andro Lawen

Cybydd	Rhwydeb iti, Andro druan, Ac i bob gŵr a fo'n ddi-gêl Yn byw mewn gafel gyfan.

Myn diawl, mae te a brandi
Yn gwneud i beth cynddeiriog dorri;
Mae gwraig pob tenant ar ei thin
Yn siarad a thrin soseri.

Mi af finne i ffwrdd yn wisgi
I ddarllen yr infentori;
Os ca-i bymtheg punt, myn y geiniog wen,
Mi ddof i ben, he boni.

Exit Trachwant Bydol. Enter Bronwen

Bronwen	Ar hyn o fan mi eistedda' I waetio'r marsiant yma; Mi gawn, petai fo ar gerrig Lloeger, Y peth a fynnwn dan ei faner.

Mi wela' ddyn tylawd yn teithio,
Mi wn mai bugad hwn yw begio;
Ni wiw ichwi aros yma yrŵan,
Prynu'r cwbwl rwyf fy hunan.

Enter y Marsiant yn dlawd

Marsiant   Ow! fy nghalon, Ow! fy nghowled,
            Y fi sy'n dyfod mewn caethiwed
            Drwy amynedd, ryfedd ri';
            Pur dda gen-i dy weled.

Bronwen   Pwy ydych, ac o ba gymdogeth?
            Mae gen-i atgo' 'ch gweled unweth.
Marsiant   Y fi ydy'r marsiant, mwyn ei mant,
            Fu gynt mewn hwyliant heleth.

Bronwen   O! na ddiwynwch mo'm parlyre!
            Ffei na sychech eich esgidie!
            Mae clymsi begars hyd y ffyrdd,
            Fo ddiwynan' fyrdd o fyrdde.

Marsiant   Dod imi rai o'r aur, fy anwylyd,
            I geisio ychydig bach rhag annwyd.
Bronwen   Mi 'gweries i nhw i gyd am de,
            Dos ymeth, gegle' goeglyd.

Marsiant   Dod imi un tamed twymyn.
Bronwen   Tendio arnat ti, fegeryn,
            Cyn cei gen-i na bara na chaws
            Mi a'th gura' di ar draws dy gorun.

Marsiant   Dod imi'r trwnc a rhai o'r sidane,
            Mi a-i i hel 'y mywyd eto i rywle.
Bronwen   Mi wisges y rhain o'm cwmpas fy hun
            On'd aethon nhw, 'r dyn, yn dene.

            Ow! 'r marsiant mawr ei fenter,
            Ti, o suddodd ei long i'r dyfnder,
            Ni wna-i fawr gadw hen ddyn gwan
            Un munud dan fy maner.

Ni ro-i mo'm corff i'w hacsio
I'r sawl na thâl amdano;
Mi af i 'mofyn rhyw ddyn doeth
Y ca-i gyfoeth gydag efo.

Exit Bronwen. Enter Gwraig y Marsiant

Gwraig   Wel, dyma fi, 'r amddifad;
[   ]
Pe clywn i y clyche yn rhoddi song
Am fod ei long yn dwad!

Gobeithio daw fo i Loeger
Ac y gwareiddia lawer:
Yr edrych arnaf fi'n ddi-feth
Yn lle'r buten afieth ofer.

Enter y Marsiant

Marsiant   Mi ddeuthum at eich annedd
I 'mofyn peth trugaredd.
Gwraig   Cewch ddim a wnelo les i chwi
A feddwyf fi'n ufuddedd.

Ow! f'annwyl briod fwyna',
Mi a'ch adwaen chwi, debyga';
A ddaeth rhyw anlwc yn eich tra'el?
Y chwi'n o wael a wela'.

Marsiant   Mi golles y llong a'r gweision hefyd,
Gwaith mawr a ges yn safio 'mywyd:
Tynnu 'y nillad bod ac ede,
Nofio i'r lan hyd gefn y tonne.

Gwraig   Dyma'r dillad ynghynt adawsoch,
Trowch yn awr y rhain amdanoch;
Mi fynna'ch gwneud yn amgenach eto,
Cewch bob peth fyth ar allwy' 'i geisio.

	Gobeithio y gwnewch yn fawr amdana'.
	Yr wy'n eich derbyn mewn cyfyngdra.
Marsiant	Gobeithio y bydda-i dipyn bach
	Trefnusach y tro nesa.

Ond petawn yn berchen
Ysgotland, Ffrainc a Llunden,
Ni thro' 'i wrthyt fyth hyd fedd,
Arafedd fwynedd feinwen.

	Gobeithio y gwnei di, 'nghangen fwynedd,
	Fadde a fwries mewn oferedd.
Gwraig	Duw madde i chwi; y fi sydd fodlon
	I'ch caru ag 'wyllys culwys calon.

Marsiant	Awn gyda'n gilydd adre' heno.
	Pan gaffwyf amser, a gorffwyso,
	Fo gewch glywed mwy helyntion
	Fu arna-i ymysg y bobol dduon.

Gwraig	Mi ddo' gyda chwi, fy mhriod,
	O wir lawenydd gael eich canfod;
	Ni chadd fy nghalon fawr esmwythdra
	Er pan droesoch chwi'ch cefn ata'.

Exit y Marsiant a'i Wraig. Enter Mr Atgas

Atgas	A welsoch chwi'r cybydd crintach?
	Dyma gyfri' Gruffudd Legach.
	Mi fydd yn nadu yn waeth na mul,
	A chyn y Sul yn salach.

Tra byddo fo'n rhodio'i lifin,
Y dyn â'r ffidil, rhwbia'i phwdin;
Os peidian' â thorri, *glip the glep*,
Mi wna'r ystep dros dipyn.

Mr Atgas yn dawnsio

O! 'r aflwydd i'th wareflo!
Cadw dy badell; gwell iti beidio;

Mae hi yn dy ddwylo, dweda-i 'n blaen,
Yn llefen fel hen faen llifo.

Enter Trachwant Bydol

Cybydd	*God dam the Devil,* hen grwytgi!
	Let see the Gruffudd cyfri'.
Atgas	Na bo ond ei grybwyll, dyma gais,
	A fu erioed Sais mor sosi?

Ond dyma fo'n bur hwylus,
You can read in English.

Cybydd	Dyma felltith ym mhob man,
	Be' 'nilliff un anneallus?

Huw mawr! Dyma ryw Frythoneg
Gwedi'i 'sgrifennu yn Saesoneg,
A maint fy awydd er hynny i gyd!
Is, ei can reed ar redeg.

The Bytyr sold ddydd Gwener
Five pens a farddin, dim tegwch na phurder;
Pa fodd mae'r farchnad yn mynd yn is?
Ow! 'r llugwy, gwell pris yn Lloeger.

'Ydy hyn yn burlan? Dyma weat an barli
Six siling y mesiar, hangmon misi.

Atgas	Yr oedd y bobol yn dweud nad oedd ond mân
	Na hanner glân mewn g'leuni.

Cybydd	Three pens y pownd, hen leidir,
	Ar y cawsach, hangmon coesir;
	Four pens an halfpeni heb ffyrlin is,
	Loest price the chees in Cheshire.

Myn y gole, dyma gyfri' gwiwlan;
Moes imi'r pwrs a'r arian.

Atgas	Dyma ŵr a wna blesio'r plant
	Ar droee, f'Yrth Trachwant druan.

Cybydd	Nid oes yn y pwrs—pe gwele'r person
	A Beili Caer—mo'r hanner coron.

186

Atgas	On'd ydych yn gweled yn eu lle Wmbrethol o bapure brithion?
Cybydd	Pa fodd y caf na rhent na threth Os aeth f'arian i beth yn fyrrach?
Atgas	Mi newidies yr arian i gyd yn dre'; Yr oeddwn i 'n gweled *bank notie* yn netiach.
Cybydd	Diawl a dorro d'wddw Oni ladda-i di yn ddigon marw.
Atgas	Ow! f'ewyrth annwyl yn y byd, Gadewch i bawb eu hiechyd, hiwchw.

Exit Mr Atgas

Cybydd	Gwae finne fyth! Gwae finne! *Come up*, Mr Price Atwrne; Ni ddalltes i erioed pan oeddwn yn llanc Mo natur rhyw hen *fank notie*.

Enter yr Atwrne

Atwrne	*What ye want, old fellow?*
Cybydd	Gyda'ch cennad, Syr, Huw a'ch catwo, Mi gefes rywbeth nad wy' yn ei ddallt, Torri imi 'ngwallt i 'ngwylltio.
	Look here, Sir, God bless-io, Ai *bank note* ydy hwn ai peidio?
Atwrne	*No, no, no, give me my fees,* *There is a foolish fellow.*
Cybydd	Yr ydych chwi am ffis yn brysur Cyn dweud imi beth yw'r papur; On'd ydyw twrneiod yn arw i gyd? Mae hwn o'r un frid â'i frodyr.
Atwrne	*I cannot tell, old body*; *Something Welsh or poetry.*
Cybydd	Mi ddaliaf ag y chwi hyn a hyn Mai Welsh baled a ges i gyn y bwli.

187

Atwrne	*Give me my half a gini.*

Exit yr Atwrne

Cybydd	Hwde, dos i'th grogi; Gobeithio bydd o ar fyr o dro Wrth wden efo a thydi.

Ow! bobol, mae arna-i bibo,
Mae'n helynt a bâr f'anhwylio;
Yn lle *bank note* am f'aur ar led,
Welsh baled gwedi'i sbwylio.

Rhywyr imi fyned
I wneud cyfri' â'r holl denantied;
Fo all mai 'nghogio gaf fi yn rhwydd
Gan y llugwy yng ngŵydd fy llyged.

Exit Trachwant Bydol. Enter Bronwen

Bronwen	Y fi sy'n dechre mynd yn llom, A chalon drom sydd genny; Ar ôl fy nghariad yr ydw-i 'n syn Oedd dirion cyn ei dorri.

Fo gariodd imi aur mewn pwrs,
Parhaeson' gwrs o ddyddie;
Mae gen-i lawer gwedi'u cloi
Yn dyner o'i sidane.

Mi welaf ŵr bonheddig iawn,
Mae ef yn llawn o lasie;
Ni hwyrach eto daw gerbron
Rai'n fwynion ataf finne.

Enter Marsiant

Marsiant	Dydd da fo i'r gangen gymen gu, Mi ddois i'ch caru, meingan.
Bronwen	Mi fûm i 'n torri angen cant Ar droee'r Marsiant druan.

188

Y Marsiant mwyn, fy hen gydymeth,
A wisgwyd chwi yn eich lasie eilweth?
Y mae fy nghalon yn llawn gwres;
Dowch yma yn nes am nosweth.

Marsiant   Ni bu mo'm lasie erioed oddi wrtha':
Eu cuddio wnes i 'r tro diwetha';
Mae'r llong a'r cwbwl gennyf eto
A mwyfwy llwyddiant sy i'm holl eiddo.

Bronwen   Dyma ichwi gader ffeind i eiste,
Fo gewch weled eich sidane,
Ond am yr arian,—mi a'u gweries
Pan fûm i heb wybod dim o'ch hanes.

Marsiant   Gadewch gael gweled y sidane.
Ple mae'r trwnc a'r gwerthfawr dlyse?
Bronwen   Dyma nhw o'ch blaen yn gryno,
Ac mae'n edifar gen-i 'ch digio.

Marsiant   Mae'n fwy gen inne ddigio'r Arglwydd
A digio 'y ngwraig fy hun o'ch herwydd;
Mi gadwa' 'rhain, af ati yn union,
Yr ydwy'n ail i'r mab afradlon.

Exit y Marsiant

Bronwen   Yr hen ddihareb sydd wir ddigon:
Drwg y ceidw diawl ei weision.
Mi gana' bennill o 'difeirwch
I edrych alla-i haeddu heddwch.

Cerdd ar y Captain Morgan

O! gwelwch, ferched, bod ac un,
Fy nihirwch i fy hun;
Os garw gamwedd, drymwedd draw,
A drig i ddyn, Ow! drwg a ddaw;
Myfi a ddenes, hudes hwn,
Caf gan yr Arglwydd gerydd, gwn.

Ffarwél ifienctid, rhydid rhwydd,
Ffarwél ardderchog serchog swydd;
Ffarwél i 'mlode 'y nyddie nwy',
Mae'n wael 'y modd, ni wela-i mwy
Mo'm hen gariadon, lawnion lu,
Mae'n alar tost im 'n ôl i'r tu.

Mi rois fy amsere 'nyddie nerth
I ddilyn pechod, syndod serth:
Ymdrwsio, yswagro, pincio'r pen,
A'm tŷ â mawr wawd fel Tamar wen;
Ond yn fy henaint rhaid ymroi,
Mewn dychryn trist rwy'n dechre troi.

Gobeithio, f'Arglwydd hylwydd hael,
Fod maddeuant imi i'w gael;
Nid wyt Ti'n deisy' marw yr un
Yn ei anwiredd, lesgedd lun
Ond iddyn' droi a ffoi drwy ffydd
O rwyde aflan Satan sydd.

Chwithe, ferched, byddwch gall
Rhag ofn aflendid, gwendid gwall;
Yr wy' fel y lleidir ar y Groes
Yn dechre ystyried fyrred f'oes;
Gweddïaf bellach yn fy myw,
Tro gore'i ddawn, trugaredd Dduw.

Terfyn

Ffarwél i bawb o'r cwmni clau,
Y fi fu'n hau cyrch gwylltion,
Ond yn awr—gwae fi o'r llid!—
Yn medi cegid coegion.

Exit Bronwen. Enter Trachwant Bydol

Cybydd   Mi ges y mawr gòg oherwydd
                Gwneud ffair ar bethe Gruffudd;
                Mae'r stiwart i'w gwario yn *Three Boars Head*;
                Ni ches i, Ned, werth nodwydd.

Ond pan ddelo fo yma eto,
Mi fynnaf fi edrych ato;
Oni wnaiff o gyfri' â m'fi ar fanc,
Mi gaiff yr hen lanc ei lincio.

Enter Mr Atgas

Atgas   A ddarfu ichwi gowntio'r cwbwl,
              A chael pob peth wrth eich meddwl?
Cybydd   Tyrd yma'n union, hangmon hy,
              I roi dy gyfri' i fyny yn fanwl.

Atgas   Nid oes arna-i 'r un ffyrlin i chwi.
Cybydd   Ni thelaist ti erioed mo'r rhenti;
              Ni chefes i na dime na darn
              O'r arian cadarn codi.

Atgas   A glywi di, 'r hen grwybyr?
              Mae 'nghyfri'n ddigon eglur.
              Mi deles y cwbwl i'r hen goes,
              Mae'r codiad imi yn f'oes am fesur.

Cybydd   Y codiad, gene diffeth?
Atgas   Mi 'cariaf oll drwy gyfreth.
Cybydd   Mi ddwedaf finne 'y marn pob sawl
              Mae'n dy gyfreth di, myn diawl, hudolieth.

              Ple mae arian y Tyddyn Isa'?
Atgas   Fo'i gwariodd eich mab yn ffair y Bala.
Cybydd   Ni hidiwn i rŵan, drwg ei radd,
              Mo'r meipen er lladd y mopa.

Enter Oferddyn

Oferddyn   Mi godes bumcant o bunne
              Ar f'ystad er gynne.
Cybydd   Yr wyt ti yn codi yn abal ffest
              Rhwng bwrw yn dy gest ac eiste.

              A chwithe, hangmon lleuog,
              Yn mynd â'r codiad i gyd yn gyflog.

191

Atgas	Mi gaf fi 'chwaneg ond gwneud anser:
	Rhyw rwymedi i'r Cownsler Madog.
Cybydd	Wel, myn y gŵr mawr a'i foche,
	Mi dynna' dy ben di oddi wrth dy glustie.
Atgas	Edrychwch, edrychwch, yr hen ŵr,
	Hi aeth yma yn gynnwr' gwine.
Oferddyn	Pwy sy'n isa' yrŵan?
Cybydd	Yr wy'n dallt mai fi fy hunan.
Oferddyn	Y fi a'ch gwna' chwi'n bowdwr ddu
	On'd ydech am yrru imi arian.
Atgas	Dos hyd ei hen bocede
	I chwilio am ysgrifeniade.
Oferddyn	Dyma barsmant cymin â chroen llo.
Atgas	Gad yno fo i gwyno, gene.

Exit Mr Atgas ac Oferddyn

Cybydd	Mae drwg mewn plant, fy eneidie,
	Pan elon' i guro eu tade,
	A dwyn o'm pocedi weithred y tir;
	Mi 'ffeirian' o am fir yn fore.

Yr ydwy'n anobeithio
Na wela-i werth dime ohono;
Mae 'nghalon bach yn mynd yn brudd;
Ni ches i fawr fudd o f'eiddo.

Dyma 'mhwrs, tra byddwy'n cofio,
Mi 'rhof o dan 'y mhen i orffwyso,
A dyma'r fan lle cysga-i 'n syth;
Nid wy' yn disgwyl byth mo'r deffro.

O edifeirwch gasglu f'arian
Mi wna' niwed i mi fy hunan:
Mi ollynga' 'y ngwaed â'r gyllell fawr
Mewn gofid i'r llawr yn gyfan.

Y cybydd yn marw. Enter Mr Atgas ac Oferddyn

192

Atgas	Gwaed y carth o'r pared!
	Beth? Y mae dy waed yn cerdded!
	Mae'n rhyfedd gen-i na rydd o dro.
	Oni ddarfu ffeirio'r ffured?
	Na welw-i mo Gastell Rhuthun!
	On'd ydy o fel penhwygyn?
	Mae'i gorff yn debyg i gorff 'y nhaid:
	Nid oes yma o'r enaid ronyn.
Oferddyn	Os bu farw 'y nhad fy hunan,
	Nid rhaid imi bellach eiriach arian;
	Cewch chwi fod yn ystiwart clir,
	Mi a' 'n feistr tir fy hunan.
Atgas	Mi wnawn arwyl trefnus iddo,
	Gwnawn farwnad i'r gŵr dan fowrnio.
Oferddyn	Mi ganwn ddau bennill yma'n llawn
	I ddweud fel y gwnawn â'i eiddo.

Cerdd ar y Fedle Fawr

Fy holl gyfeillion, byddwch fwynion,
Mae 'nhad yn eiste a'i ferre'n feirwon,
Rwy'n fodlon iawn i'w fyd;
Nid ydyw'n ceisio dim amdano:
Bwyd i'w boced na thobaco;
Ond os caiff o 'n gryno gryd,
Caiff gen-i arch yn barch am byth,—
Ces inne'r nyth er neithiwr;
Cawn eto ein deuwedd eiste wrth tân
Yn ei burlan barlwr;
Cawn ddawnsio ac yswagro,
Cawn bwynsio a rhodio yn rhydd;
Cawn arian 'r hen ddynan
O'i godan yn ddi-gudd.

Mi gadwa' 'leni wnna' milgi,
Caf drin ceiliogod hynod heini
Heb neb yn sorri'n syth;
Awn drwy Gymru i brynu a gwerthu,
O nerth ei arian gallwn yrru,

Ni wnawn ni fethu fyth;
Mi allwn eiste ac yfed te
Os awn i'r dre' cyn marchnad,
A gallwn fwyta ar dda'r hen ddyn
Ein cinio heb ofyn cennad;
Pwy ddiolche am un ddime
Ddaw fyth o'i fache fo?
Pe gwele ni yn chware,
Yr wy'n siŵr y gwaedde o'i go'.

Terfyn

Oferddyn	Mae hi rŵan yn bur fwll;
	Gwna-i 'i rolio i dwll i rywle.
Atgas	Mae o 'n dechre malu poer,
	Myn Elian, ac yn oer anaele.

Codwch eich pen, y cene.
Gwaed drwg! dyma un o'i byrse.
Os bu fo farw yn lled ddi-ffydd,
Fo dale ei obennydd bunne.

Yr oedd o 'n mynd â hyn o ddarne
I dalu'r *turnpike* a'r tolle;
Cadw di'r pwrs ar hyn o fwrdd;
Mi gaiff fynd i ffwrdd heb ddime.

Exit Mr Atgas ac Oferddyn. Enter Gwraig y Marsiant

Gwraig	Os darfu i niwl fy nghuddio,
	Mae heulen arnaf eto;
	Os bûm mewn blinder a thrwm gystudd,
	Yr ydw-i 'nawr mewn mawr lawenydd.

Os darfu i'm gŵr fy ngadel unweth,
Gwyllt yn ifanc oedd o 'syweth,
Ond pan heneiddiodd hwn a sobri
Cefes eilweth ei gwmpeini.

Enter y Marsiant

194

Marsiant	Fy annwyl briod, hynod henw,
	Pa fodd yr ydych chwi'r dydd heddiw?
Gwraig	Yr ydw-i yn iachus weddus wiwdda
	Er pan droes eich wyneb ata'.

Pa le y buoch er y bore?
Fo gawsoch frithion leision lasie.

Marsiant	Efo'r llong yr wy'n dadlwytho
	Ond 'y mod yn dyfod adre' i'm cinio.

Gwraig	Fe ddywedasoch golli'r cwbwl.
Marsiant	Do, i gael imi ddallt eich meddwl.
Gwraig	Fy meddwl i oedd yn sefydlog
	I'ch caru chwi petaech chwi heb geiniog.

Marsiant	Felly gweles yn fy llymdra
	Y chwi yn gwneud yn fawr amdana',
	Ac nid arall ond eich hunan;
	Am hynny mi a'ch caraf o hyn allan.

Y geiniog goch a roesoch imi,
Hon a wnaeth y mawr ddaioni;
Wrth fynd i geisio ei gwerth o synnwyr
Cyfarfu henwr fi ar y llwybyr.

Rhoes hwnnw gyngor am y geiniog
Imi wisgo dillad clytiog
A mynd o flaen fy ffrins anwyla'
I edrych pwy a'm care fwya'.

Gwraig	Am ichwi droi at ras yr Arglwydd
	Mi gana' bennill o lawenydd.
Marsiant	Fel Dafydd, Job ac fel Manase,
	Mi wrandawa' 'n fwynedd, finne.

Cerdd ar Droad y Droell

Duw, gelwest bechadur o'r llwybyr a'r lle
I gyfreth a chrefydd, dawn ufudd, Duw Ne';
Os oedd eich buchedd yn ddi-rôl,
Rhoes Duw ichwi droad fel Sant Paul;
Un gair o Nef a'ch gyr yn ôl

195

O arferol oer farieth:
Ow! gado'ch annwyl wraig eich hun
A chadw puten wrth eich clun;
Mae hynny yn dost i henw dyn,
Oer lun ar elynieth.

Fel yr afradlon yn burion heb wad
Caf eto wledd addas yn nheyrnas 'y Nhad;
Ond dweud, a'ch llygad yma yn lli,
O! Arglwydd, peches o'th flaen di,
Y Nefol Dad a wrendy'ch cri
A'ch trueni tra anian;
Tydi sy'n codi'r marw o'i fedd,
Lle bo rhyfel Ti wnei hedd;
Wyt amddiffynfa gwaela' eu gwedd,
Da agwedd diogan.

Mae'n codi'r tylodion, wŷr llymion, o'r llwch,
A'r rheidus o'r domen, hoff lawen a fflwch,
I'w gosod uwch penaethied byd
Yn eu hannedd glaerwedd glyd;
Gall fadde i chwithe droee drud
Y munud y mynno;
Y Fo sy'n galw'r cloff a'r gwan
Hyd y priffyrdd a phob man;
Caiff pawb o'i swper rwyddber ran
O'r rhai gwiwlan a'i gwelo.

Nid at y rhai cyfion sydd fwynion o faeth,—
At ddefed colledig, oen diddig, y daeth;
I oleuo'r dall, i helpu'r ffôl,
I esmwytho'r lloerig gwyllt di-rôl;
I droi'r mudanod yn eu hôl
I 'morol am arwydd;
Duw, rho i ninne grefydd gre',
Mwynder a nawdd a mynd i'r Ne'
I gael llawenach llawnach lle,
Diboene yw Fo beunydd.

Terfyn

196

Marsiant	Adre' er llwydd mor rhwydd yr awn,
	Cawn eto lawn lawenydd.
Gwraig	Cawn fyw'n ddi-drist er hyn o dro
	Yn un galon efo'n gilydd.

Exit y Marsiant a'i Wraig. Enter Mr Atgas

Atgas	Wel, iechyd i'ch calonne,
	Dyma ni gwedi darfod chware;
	Oni wrandawsoch yn abal llon
	Ar wirion oerion eirie?

Fo gawsoch siampal eglur
O'r buten, faeden fudur;
Pan aeth i nesu at ddiwedd oes,
Netied y troes ei natur.

Os cadd hi'r ffordd ar gyhoedd
O uffern at y Nefoedd,
Bydd yn ei chyfwrdd yn llawn chwys
Drafaelwyr gofalus, filoedd.

A rhaid iddi fynd yn sydyn,—
Roedd hi yn nos cyn cychwyn;
Ni wiw iddi eto mo'r ymroi
Mewn adwyth, na 'mdroi munudyn.

Nid awn i'r 'Mwythig fwyngu
Pan gaeer Porth y Cymry,
Na neb i'r Ne' heb 'i olchi yn wyn,
Ŵr glewddoeth, cyn ei gladdu.

Mae puteinied a charnlladron
Yn tybio eu bod yn gyfion,
Ond mi af fi yrŵan i roi tro i'r llan;
Aed pawb i'r fan y fynnon'.

Ffarwél, y cwmni hawddgar,
Derbyniwch hyn yn dringar;
Ni welodd neb hyd hyn o'i oed
Gan Huw Llangwm erioed waith llungar.

Collwyd tudalennau olaf yr anterliwt

Enwau'r Chwaraeyddion

Ffalster, y Ffŵl
Traethydd
Gwgan Gogiwr, y Cybydd
Cydwybod
Neilltuwr
Protestant
Siân Ledchwelan, Gwraig y Cybydd
Mal Bedleres, Siopwraig Llangynog
Siopwr Caer
Gwirionedd

Protestant a Neilltuwr

Enter Ffalster, neu'r Diddanwr

Ffalster   Wel, gosteg yn ddigwestio,
Dyma ŵr bonheddig o blwy' Gwallgo'
Gwedi bod mewn purion lle
Efo'r cigydd o Bentre'r Cogio.

Mi drewes wrth ŵr o'r diwedd
Cyffelyb i Ysgweier Ffoledd;
Gan galyn hwnnw i ffordd yr es
I gegin yr Arglwyddes Gwagedd.

Roedd yno glamp o 'sgoldy,
A phawb am y gore'n dysgu,
A gradd i bob un, mi ddweda' ar goedd,
Da'i 'madrodd, fel yr oedd yn medru.

Roedd i'r brenin gael yn gynta'
I'w breseb y darn cig brasa';
Yr oedd i'r d'wysoges yn ddiddisbiwt
Gael caru Lord Bute, a bwyta.

Swydd yr arglwyddi oedd gwledda
Efo'r ducied am y dioca',
A chymryd gofal am wadu'r gwir,
A'r trethi oedd eu bir a'u bara.

Roedd llawer yno'n rhodio
O golectors yn cael actio
Gan dderbyn arian yn ddi-gwrs
A'u bwrw nhw i bwrs i bersio.

Roedd llawer pennaeth arni:
Mr Gogan a Mr Ymgegi,

A Mr Camwedd, suredd sen,
Ŵr hynod, oedd pen y rheini.

Roedd mwy na deugen o blant Mr Diogi,
A phlant Anffortun yn cymryd ei pharti,
A Madam Hawddfyd, goeglyd gêr,
Gwedi gollwng Trawster trosti.

Fe ddaeth yno swp o Lunden
Ar unweth o hil Alis Rhonwen;
Roedd yno ferched yn haeddu clod
Am fingamu a bod yn gymen.

Fe'm cym'rwyd finne i fyny;
Fy 'wyllys oedd ysgol felly,
Ac mi fûm yno dan y Pasg;
Fe roddwyd i mi dasg i'w dysgu.

A'm henw inne yw Ffalster;
Dacw nai i mi fab fy nghefnder;
Corff y gŵr mwyn sy o fewn y plwy'!
Dacw enethod i'm dwy gyfnither.

Mi ddysges i gogio hylltod
Ac ysgwyd fy nghynffon (os bydd neb yn fy
        nghanffod),
A ffalsio yn wyneb gwŷr o ddysg,
A gwenheithio ymysg genethod.

Enter y Traethydd

Traethydd	Pwy sy'n rhuo neu'n dondio ar dir?
Ffalster	Cefnder yng nghyfreth i farchog y sir.
Traethydd	Beth yw dy fugad a'th siarad yn siŵr?
Ffalster	Dweud fod fy chwaer Nansi yn gweiddi am gael gŵr.
Traethydd	Oes rhai yn perthyn i ti yn y wlad?
Ffalster	Dacw imi fodryb gyfnither fy nhad.
Traethydd	I ble'r wyt ti'n myned, ŵr, dywed, ar daith?
Ffalster	At wragedd o gwmpas i 'mofyn am waith.

Traethydd	Gad i mi wybod, y Cymro mwyngu,
	Pa beth rwyt ti'n ddilyn heb osio meddalu?
Ffalster	Os dweda-i wir i'r cwman ci,
	Teiliwr oeddwn i a'm teulu.

	Pa beth yw dy fusnes dithe
	Pan foch di o gwmpas cartre'?
Traethydd	Ai ni wyddost ti mo'r ddisbiwt?
	Mae genny' enterlute i'w chware.

Ffalster	Dyma fusnes purion
	Gan lawer o weinidogion;
	Nid ydyw honno, mi gym'raf fy llw,
	Yn boddio mo'nyn nhw'r cybyddion.

Traethydd	Yn wir, fe wnaeth Huw'r prydydd
	Ryw bwt o chwaryddieth newydd.
Ffalster	Mi 'gweles o ddywllun yn y dre'
	Gwedi rhwystro rhai manne o'i 'mennydd.

Traethydd	Rwyf fi a'm ffrind yn osio
	Mynd hyd y wlad i'w hactio.
Ffalster	Dyna'r gwaith ffitia' i chwi, nos a dydd;
	A gaf finne'n drydydd droedio?

Traethydd	Os doi di gyda nyni,
	A fedri di fod yn ddigri'?
Ffalster	Fe fydd y merched yn chwerthin 'faes eu co'
	Pan fyddwy'n ceisio eu cosi,

	Ac mi a'ch dilyna' am flwyddyn
	Drwy degwch yn drydydd diogyn.
Traethydd	Wel, dos oddi yma i lawr ar hast
	Tra bwy'n rhoi tast o'r testun.

Exit Ffalster. Y prolog, sef mynegiad y chwarae

Y glân Brotestanied diniwed dan awyr
Sydd yma yn yr unfan, rywioglan rai eglur,
Byddwch mor fwynion, naws union, drwy synnwyr
 gwrando rhyw hanesion a gawson o gysur.

Holl sylwedd ein traethod i'r parod wŷr pura'
Fel y darfu i genfigen rhy filen ryfela;
Llygru wnâi gantodd er dechre'r oes gynta',
Gwnâi honno ddigofent rhwng plant Adda ac Efa.

Fel dyn yn hau hade, da ddeilie, yn ei ddolydd
Gan ddisgwyl er bendith daw'r gwenith ar gynnydd,
Cenfigen echryslon o galon ddig'wilydd
Sydd yn hau efre i'n moese yn y meysydd.

Dau frawd oedd yn cychwyn, rai dygyn diogel,
Cain fawr ei bechod (rwy'n gwybod) ac Abel;
Cenfigen w'radwyddus, mawr awchus mor uchel,
Gwnaeth rhwng y rhai diddysg amryfysg ymrafel.

Peder mil o flwydde hi rede trwy w'radwydd
Ymysg yr Israelied yn galed ddig'wilydd;
Bu newyn a heintie a dagre o lidiowgrwydd,
A brodyr un galon a fwrdren' ei gilydd.

A'r grefydd Gristnogol, nod unol, pan danne,
Drwy Ewrob bob amser yn dyner hi d'wynne;
Cenfigen a rhagfarn yn gadarn a gode
I hudo penweinied i wneud opiniwne.

Sylfaenwyd yn Lloeger ar hyder cael rhwydeb
Eglwys ddiledryw dan unDuw 'n uniondeb
Ordeiniwyd yn dyner er mwynder gymundeb;
Cenfigen i dwyllo dôi yno â dau wyneb.

Hi gododd heresïe ac efre, goeg afrad,
A gwŷr i groesddadlu neu ddylu'r addoliad;
A dangos eu cabledd yn beredd yw'n bwriad
O'ch blaene drwy gynnydd os rhowch i ni gennad.

Cewch glywed am Grwmwel y chwedel a chwydodd
A'r gwŷr mewn drygioni dioleuni a'i dilynodd;
Ar ôl ei farwoleth mor heleth yr hwyliodd
Yr unffordd yn ddiame ag ynte rai cantodd.

Cewch glywed yr hanes am Whitefield a'r henw
A llawer ar gerdded o'i ddeilied un ddelw,

A Harris a'i grefydd a'i gerydd, ddyn garw;
Cewch glywed ar draethod, dull hynod, dwyll hwnnw.

I roddi'r hanesion mwyn gwiwlon mewn gole
Daw dau ddyn yn ebrwydd heb lonydd o'ch blaene:
Un Protestant gweddus o'r eglwys bêr 'rogle
A'r llall fel Cariadog nodidog ei dade.

Cewch glywed holl ddadle yn ddiame 'r ddau yma
Yn pleidio 'nghylch crefydd, a phawb am y cryfa';
Gwrandewch yn bur fwynedd wŷr iredd air ara',
A bernwch, rai dethol, p'run fydd y doetha'.

Bydd un efo'r eglwys, dda ddawnus ddiddanwr,
A'r llall yn ymddadlu heb angharu ei gynghorwr;
Gwrandewch ac edrychwch ar ddull y ddau ymdrechwr,
Ond Duw edwyn galon, cry' foddion, crefyddwr.

Er maint eu 'mddiddanion croes oerion, cras eirie,
Hwy drôn' yn wych iredd cyn diwedd y chware
I fyned i'r eglwys, deg wiwlwys dŷ gole,
Gan fod yn ddyledus i'r un addoliade.

Cewch weled hen Gybydd, nod ufudd, yn dyfod
Sydd am y byd yma yn gyfa' ar un gafod,
Ac ato daw'n ddiddig (mae'n debyg) Gydwybod;
Mae ynte, 'n rhyfygus ŵr gwarthus, i'w gwrthod.

Daw Ffalster o'r neilltu i fynnu'n bur fanwl,
A hwn fydd i'w blesio a'i foddio wrth ei feddwl;
Cewch weled o'r diwedd ei gamwedd e 'n gwmwl,
A'r gŵr mwya'i aflwydd yw'r Cybydd o'r cwbwl.

Mae'n syrthio'n bur glafedd, ŵr gwladedd, dan g'ledi,
Cydwybod sydd hefyd bob ennyd i'w boeni,
A Ffalster sy i'w ado i gwyno dan gyni,
Ac yno'r hen ddynan sy'n troi at ddaioni.

A dyna'r ystyrieth, wych afieth, i'w chofio
Fel y darfu i ddigynnwr' ddarllenwr ei lunio
Gan hel rhyw hanesion yn gyson (neu geisio)
I wneud yn ddiddanol awch buddiol i'ch boddio.

Mae'r prydydd, wŷr gwaredd, yn mwynedd ddymuno
Cyd-ddygwch â'i 'madrodd,—gwnaeth ore ag y medro;
Y gwanna' o feirdd Gwynedd o anrhydedd sy'n rhodio,
Er hynny rhai dynion a gofian' amdano.

A ninne, chwaryddion go ddylion i ddelio
Neu wneuthur yn drefnus ran gofus ag efo,
Gobeithio rhowch osteg diriondeg i wrando;
Cyd-ddygwch â'n maswedd lle gweloch ni'n misio.

Exit y Traethydd. Enter Ffalster

Ffalster   Wel, gwir yw'r ddihareb, gwmni hoyw,
                  Mai gyda'r gwynt yr â da gwraig weddw,
                  Ac felly hwn a'i rigwm ffôl;
                  Ni adawodd ar ôl fawr elw.

                  Wel, myn y gole, on'd oes arna-i gywilydd
                  Gael enterlute gan hen Huw'r prydydd,
                  A chymaint o'r rheini sydd wedi bod
                  Yn cael mawr glod trwy'r gwledydd?

                  Fe aeth Twm o'r Nant trwy Gymru,
                  Ac Owen Cae Cwna fu yn neidio ac yn canu,
                  Ac wrth yr un arfer syber syn
                  Roedd Siôn o'r Glyn yn glynu.

                  Fe ddaeth y Cowper tan wneud copa,
                  Rhwng 'Gras a Natur' fe wnaeth waith o'r netia',
                  A Siôn y prydydd a gymerth riwl
                  Ac a ddaeth drwy'r niwl yn ola'.

                  Medd ambell ŵr ni hwyrach,
                  "Mae Twm o'r Nant yn ddoethach",
                  Ond medd un arall gwedi hyn,
                  "Mae Siôn o'r Glyn yn gleniach".

                  Ac yno medde rhyw ŵr doethber
                  Na feder o prin mo'i bader,
                  "Rhaid i'r prydyddion i gyd yn glap
                  Dynnu eu cap i'r Cowper".

Mae rhai tua sir Feirionnydd
Yn canmol Siôn y prydydd,
Ac eraill yn dwedyd hyd y wlad,
"Yn boeth y bo'i nâd annedwydd".

Ac felly pawb o'u cyrre
Sy'n gyrru am y gore;
Ni welodd neb, na mawr na bach,
Fawr letach enterlutie.

Pan ddelwy' i fysg y merched,
Fe fydd arna-i g'wilydd, mae hynny'n galed,
Er pan ddwedodd morwyn Plas yr Hal
Na feddwn i un gal i'w gweled.

Ond ni ddarfu i mi mo'r ceisio
Gwneud cal o hen ledr i ddrewi ac i lwydo
O ran mae gennyf, teg ei gwawr,
Ei stiffiach heb fawr ystwffio.

Mae gennyf ddodrefnyn taclus
(Fe'i gwyddoch), dau mwy gweddus,
Ond mae ysbryd drwg yn ei chlol foel
Yn ei gyrru hi'n hoel anhwylus.

Petai dynes yn dechrau denu
O'r golwg i fynd i'r gwely,
Mi w'rantaf fi ceir gweled Gwen
Ar funud a'i phen i fyny.

Mae rhyw natur yn yr hen hwtw':
Pan safo hi yn fonyn hi edwyn y fanw;
Prifio yn ei lle a mynd yn llai,
Ni bydd hi llonydd mwy na'r trai a'r llanw.

Och y fi, mi a' i ffwrdd yrŵan,
Mi glywaf y Cybydd yn cau drws y caban;
Fe fydd fy nghroen yn ymadel â 'nghig
Pan welwyf big y bwgan.

Exit Ffalster. Enter Gwgan Gogiwr

Gwgan Wel, dyma hen leidr diried
      Yn difa coluddion defed;
      Ni bydde fater petai, 'r dyn,
      Dy goludd dy hun i'w gweled.

      Mae arnaf ofn trwy 'nghrwper
      Fod yma bart o ddynion ofer;
      Ai heddiw ydyw'r diwrnod talu'r dreth
      Neu'r *meeting*? Beth yw'r mater?

      Mae pobol y byd wedi hanner ymgrogi,
      Mi wela' yma ddynion pur ddiddaioni;
      Ni wela-i fawr mewn llan na thre'
      Hwylustod ar lancie lysti.

      Beth am ymwchu mae pob mochyn
      A'i wasgod fraith a'i gadach melyn?
      Ac ni byddan nhw funud yn byw mewn hedd
      Oni bydd dynes yn gorwedd danyn'.

      Mae merched gwedi myned weithian
      Ni wnân' nhw fawr ddaioni at wasaneth hen
        ddynan,
      Ond hwy ddalian' i garu hyd y llan,
      Lawlaw o hyn i Ŵyl Elian.

      Ac nhw fedran' gocian, gwaed y gwcw!
      Nage, edrychwch ar nec hon ac acw
      A gwalc yn ei gwegil, hafnes hurt,
      O ddeuddeg o gurt am ei gwddw.

      Pan oeddwn efo 'nhad roedd y byd yn o galed:
      Ni chawn i fawr garu ac ymlid merched
      On'd e mi gawswn ymado â'm poen;
      Y bore fe roese 'nghroen i ar bared.

      Maen nhw rŵan drwy'r nos yn rhodio,
      Ac yn cysgu'r dydd dan ginio,
      A toc, cyn siwred â bod ŷd mewn sach,
      Fe fydd plentyn bach yn beichio.

Mi weles fy nain yn corddi'n noethlymun
Ac yn mynd allan i garthu, nid oedd e ddim yn
    dro gwrthun,
Ac yn dwad i'r tŷ, os da ydy 'ngho',
Mewn munud i g'weirio menyn.

Nid rŵan un forwyn a wna mo hynny;
Hwy fynnant ddydd gole i godi o'u gwely,
Ac nid oes fawr waith yn nwylo yr un
Mwy na mochyn, ond ymwchu.

Yr oedd gen-i forwyn yr haf diwedda',
O! 'r oedd hi'n hyweth gefn y cynhaea';
Ni chribinie hi mewn diwrnod mo lond ei het,
Ond wfft i Fet am fwyta.

Nid yw'r byd yma draean cystal ei droee:
Mae'r farchnad yn gostwng a phob rhyw gastie,
A'r dreth dylodion dan y glob,
A'r Malisia yn gwneud pob rhyw leisie.

Oni bai fod rhyw beth yn troi ata',
Ni bydde i mi fawr esmwythdra,
Os ydy'r farchnad yn mynd dipyn is,—
Mae ar y menyn bris o'r mwyna'.

Enter Cydwybod

Cydwybod	Gyda'ch cennad, hen ŵr hynod.
Gwgan	Wel, fe ddaeth rhyw felltith ata-i 'n barod;
	Ai tydi a weles i gynt yn dre'
	Yn cario afale ar fulod?

Cydwybod	Taw â'th wagedd, oeredd arw,
	Y fi yw Cydwybod hynod henw.
Gwgan	Fe fu Cydwybod—myn gwaed y gog!—
	Yn ystryd Lanfwrog farw.

Cydwybod	Ni bu farw mo Gydwybod;
	Rwyf fi yn y byd erioed mewn trallod
	Yn ffaelu cael fy ngwrando yn groyw
	Gan un y ffordd y cerddw'.

Gwgan	Oes gennyt na phlwy' na chartre' Na thrigfa yn y byd yn unlle? Dywed i mi yrŵan gerbron Ple ganwyd ti, 'r hangmon gwine.
Cydwybod Gwgan	Ym Mharadwys y'm cenhedlwyd. Oes gennyt ddim crefft ond hel dy fywyd? Un i ddeg, mi w'rantaf fi, Yr ei di o ddiogi i ddygyd.
Cydwybod	Y fi sydd yn rhybuddio dynion I fod yn onest ac yn union; Gochelyd arfer dan y sêr Ddim cilwg na ffalster calon.
Gwgan	Rhoi pwys a mesur a fo cyfaddas Yn ôl cyfreithie Duw a'r deyrnas. Ni wrendy yma neb mo'i lol On'd aiff y rhòl i'r Rhiwlas.
Cydwybod Gwgan	Dod gardod dda i dylodion A dillad i rai llymion. Ni cheisia-i ond barn y rhan fwya' o'r wlad; Dyma ffŵl digariad gwirion!
	Rhannu cardode, a glywch chwi fo'n dwedyd Mai dyna'r ffordd ore i mi ennill fy mywyd? A dilladu—nad elwy' 'mhell!— Y noethion, nad oes dim well i'w wneuthud?
	Ond nid wrth roi i dylodion Yr aeth cymaint yn fon'ddigion, Ac nid wrth ddilladu'r noeth—myn tân!— Y rhoir parsel o wlân i'r person.

Enter Ffalster

Ffalster	Nas gwelwyf mo nos Galan! On'd oes yma gwmni diddan? Ai brawd i Robin, y chware teg, Sy'n lledu ei geg, f'Yrth Gwgan?

Gwgan	Nis gwn i pwy, nac o ble daeth e yma,
	Mae e 'n edrych fel un o'r hen Falisia;
	A cheisio fy nghynghori mae e ar dwyn
	I wrando ar gŵyn y gwanna'.
Ffalster	Nid dyma'r ffordd, f'Yrth Gwgan,
	I chwi gasglu aur ac arian.
Gwgan	Nage, nage, mi gym'raf fy llw.
	Pa beth yw d'enw, 'r dynan?
Ffalster	Fy enw i ydy Ffalster.
Gwgan	Ho! un o'r gwŷr mwya' yn Lloeger.
Ffalster	Mae gennyf lawer ym mhob man
	O wŷr mwynion tan fy maner.

Rwy' gyda gwŷr boneddigion
Yn eu camu yn yr *House of Common*;
Rwyf fi i'r Arglwyddi yn burion gwas
I'w gyrru heb ddim gras yn groesion.

Ac mi fedra' ddysgu i chwithe,
Hen gostog, gant o gastie.

Gwgan	Os medri di ddysgu i mi gasglu da,
	Yn fwynedd mi wrandawa' finne.
Ffalster	Byddwch siŵr o fynd yn wastad
	Yn olygwr ar blant ymddifad,
	A dygwch eiddo'r rhain gerbron.
Gwgan	O! mae gennyf burion bwriad.
Ffalster	Gwerthwch yr ŷd yn gynta'
	Dan drotian pan fo druta',
	A gyrrwch e i eitha' pen yr hoel,
	A gwerthwch ar goel y gwaetha'.

Os llogwch chwi arian fyth ond hynny,
Oni ddaw'r gŵr diles mewn diwrnod i dalu,
Galwch e'n union yn gnaf ac yn rog
A mynnwch ddau log i ddilygu.

Os daw dyn tylawd dan gwyno
I geisio benthyg coron, ac addo cywiro,

Tyngu a rhegi wrth hwnnw a wnewch
A mynnu chweswllt pan ewch i'w cheisio.

Os gwerthwch chwi ŷd, a choelio am arian,
Rhowch yn eu bache nhw fesur bychan;
Teflwch wehilion bob yn ail to
A dysgwch gogio, Gwgan.

Gwgan   A glywch chwi hyn, y bobol?
Dyma ddyn â phen rhyfeddol;
Ai tybed na buost (a dweud y gwir),
Mwyn osgo, yn hir mewn ysgol?

Ffalster   Do, mi fûm yn eitha' Lloeger
Lle mae llathen yn dri chwarter,
A'r dimeie yn cerdded amser ffair
Heb oedi bob tair yn beder.

Gwgan   Wel, yn wir, y cwmni gweddus,
Mae Ffalster yn ddyn go ddawnus;
Fe fydde well gennyf farw'r byd o'i ben
Na marw Owen Morus.

Ond yr ydwyf yn dechre meddwl
Nad yw Cydwybod ond rhywbeth un drwbwl;
Ti elli di fynd lle gwelech chdi'n dda
Pan gaffoch chdi odfa, adfwl.

Cydwybod   Gwrando lais Cydwybod fwynlan:
Gochel fynd yn was i Satan.
Gwgan   Gwell gennyf wrando dan y sêr
Ar droee Ffalster druan.

Cydwybod   Fe ddaw diwrnod cyfri' eto.
Gwgan   Mi ddof fi â Ffalster gyda m'fi yno.
Cydwybod   Cei di ac ynte tua'r prydnawn
Le perigl iawn i ympirio.

Gwgan   Wel, Ffalster, ffarwél heno,
Rwy'n rhoi gwadd i ti yfory i'th ginio;
Mi af i edrych ar hyn o bryd
'Ydyw'r gwartheg yn yr ŷd yn rhodio.

Exit Gwgan

Cydwybod	Ow! ystyriwch hyn, y Cymry, Cydwybod sydd yn pallu.
Ffalster	Ffalster a Chenfigen wen O'i thin i'w phen sy'n ffynnu.
Cydwybod	Mi ganaf yma o gŵynion Felly i'm hen gyfeillion.
Ffalster	Pan glywaf fi'r tanne, os da ydy 'ngho', Rwy'n tybio y rho' finne atebion.

Cerdd ar y Princess Royal bob yn ail awdl; Cydwybod yn dechrau

Cydwybod	Ffarwél, Ddiniweidrwydd dedwydd da, Fy chwaer Gonestrwydd aeth yn gla'; Fe dderfydd am Gydwybod dda, Hon ydoedd deca' ar dir.
Ffalster	Fe ddaeth Ffalster yn eich lle A Chenfigen groenwen gre'; Fe dyfodd Trawster ym mhob tre', Cawn drin y cledde clir.
Cydwybod	Gweles ddydd y cawn i barch, Nawr yr ydwyf ar fynd i'm harch; Mae Anghyfiawnder ar ei farch, Amharch yw digio Duw; Mae holl ddynol raddol ryw, Gwae'r cyfryw ddistryw a ddaw.
Ffalster	Myfi yw'r gŵr, ni cheisiaf gêl, Ar dir a dŵr mor siŵr â sêl; Ni waeth i undyn beth a wnêl, Ni ddaw na gwŷr nac arfe dur Ym mhlaid Cydwybod, sorod sur; Mae'r llwybyr dan fy llaw.
Cydwybod	Bûm yn y cynfyd glyd dan glo Gydag Adda a'i deulu yn trefnu'r tro; Ces le ar y tir gan lawer to I nofio tan y Ne'.

211

Ffalster	Myfi a Balchder o wir wawd A dwylle'r cynta' a wisgodd gnawd; Mi hwylies Gain i ladd ei frawd, Bu fe'n dylawd ei le.
Cydwybod	Bûm gydag Abr'am ar y tir, Gydag Isaac bûm yn hir, Gyda Jacob, dyna'r gwir, Y rhain oedd dri ffrind i mi; Trwy orfoledd, ryfedd ri', Ces eu cwmpeini pur.
Ffalster	Gyda'r brodyr ces le bras Pan werthwyd Joseph yn gaeth-was; Lledu'n chwyrn roedd llid a chas; Mi fûm yn tŷ efo'r Eifftes gu Pan oedd trwy anlladrwydd hylwydd hy Yn methu â chelu ei chur.
Cydwybod	Bûm gyda Dafydd, llywydd llu, Yn canu'r delyn geinfwyn gu; Mi gefes yno dendio ei dŷ I riwlio ei deulu doeth.
Ffalster	Es inne at wraig Urias lon, Mi a'i gyrres ato i frifo'i fron; Mi 'tynnes o trwy hudo hon O'i foddion cyfion coeth.
Cydwybod	Mewn garw ystŵr ti a'm gyrrest i O'r plase mawr; pa les i mi? I'r rhain mor ffest eisteddest ti, O! beth a wna'? Rydwy'n gla'; Rhowch le i Gydwybod, ddefod dda, Letya yng nghyrre'r tir.
Ffalster	Rwyf fi'n alluog iawn fy llaw, Mi fedraf drin holl Lunden draw; Mae gen-i arglwyddi wyth neu naw, Rwyf fi 'mhob peth, rhent a threth; Mae gen-i o hyd, da fyd di-feth, Lywodreth heleth hir.

Terfyn

Cydwybod   Mi af ymeth ar ddisberod,
                   A'r neb sydd heddiw i'm gwrthod,
                   Ar Ddydd y Farn mi ddo' gerbron
                   I ympirio yn ddigon parod.

Exit Cydwybod

Ffalster   Wel, mi gym'raf finne 'nghennad
                   Gyda'r ferch â'r llygad anllad;
                   Rwy'n credu'n siŵr y dowch i'r tŷ
                   Y lligys dan gamu llygad.

Exit Ffalster. Enter Neilltuwr

Neilltuwr   Cyfarch gwell i'r cwmni hynod,
                   Yrŵan y des o'r tŷ cyfarfod;
                   Yr oedd yno ŵydd o sir Forgannwg,
                   Efe bregethodd yn odidog.

                   Yr oedd gydag efô Ysbryd nerthol
                   Pan oedd e'n sefyll yn y canol,
                   A phawb ar unweth yn cyhwfan
                   Tan eu traed wrth guro Satan.

                   Yr oedd e'n dweud yn eglur ddigon
                   Mai colledig yw plant dynion
                   Nes i ni gaffel ein haileni
                   Trwy wrando'r dynion sy'n cynghori.

Enter Protestant

Protestant   Dydd da fo i chwi, y cyfaill ffyddlon.
Neilltuwr   Dydd da fo i chwithe o ewyllys calon.
Protestant   O ble ceir newydd heddiw gennych?
                   Rych chwi'n trafaelio i fanne'n fynych.

Neilltuwr   Nid oes dim n'wyddion, rydwy'n adde',
                   Cynghorwr da wrandawes gynne.
Protestant   Ym mha ryw eglwys, fwyn gydymeth,
                   Roedd heddiw synied y gwasaneth?

Neilltuwr	Beth yw'ch meddwl yma'n gymwys
	O'r gair yr ych chwi'n alw'n eglwys?
	On'd tŷ cloch yw hwn yn unig
	A wnawd o galch a choed a cherrig?

Protestant	Eglwys y galwn ni'r tŷ sanctedd
	Lle mae addoliad Duw'n ddiduedd
	A'r sacramente i'w cael yn ebrwydd,
	Sef bedydd, a Swper Crist yr Arglwydd.

Lle'r ym ni yn myned ar ein glinie
I wneuthur cyffes o'n pechode,
A gofyn nawdd a mawr drugaredd
Am droseddu'r gyfreth sanctedd.

A gwrando pregeth y gweinidog
Sydd yn ddysgedig ac yn bwyllog,
Ac yn gyfreithlon wedi ei ordeinio
I drin y swydd ardderchog honno.

Neilltuwr	On'd y galon ydyw'r eglwys?
	Dyna'r demel lle mae'n gorffwys;
	Ysbryd sydd yn golchi'r Cristion
	O'i fudreddi a'i ddrwg arferion.

Protestant	Mi wn fod calon lon rinweddol
	Megis temel deg ysbrydol,
	Ond mae'r eglwys yn weledig
	Lle mae i ni gredu'r ffydd gatholig.

Saint Paul a ddwedodd i'r Corinthied,
"Mae ganddoch dai i fwyta ac yfed;
Na ddirmygwch drwy fawr wegi
Mo eglwys Dduw pan ddeloch iddi".

Mae'r gloch yn sŵn neu arwydd hynod
I bob Cristion sydd tan bechod
Fod Duw'n ein galw i'r gwasaneth
Lle mae addoliad cwbl berffeth.

Neilltuwr	Eich arferion chwi, ran amla',
	Wrth fynd i'r eglwys yn gyn'lleidfa,

Holi a 'mofyn y bydd llawer,
"A ddaeth y porthmyn adre' o Loeger?"

A'r lleill mor brysur yn ymofyn
Am bris yr ŷd a phris yr enllyn;
Bydd mwy eich gofal am negese
Nag am ymborthi eich eneidie.

Protestant   Fe ddwedodd Apostol Paul yn ddiball,
"Pwy sydd yn barnu gwas un arall?"
Ni farnodd Crist mo'r odinebus
Ond dweud, "Ymâd â'th ffyrdd drygionus".

Barnu ar olwg yr ydych chwithe;
Duw ydyw chwiliwr y calonne;
Casáu yr eglwys lân Gatholig
A gwrando dynion annysgedig.

Pan oedd y Publican yn cwyno,
Fe aeth i'r eglwys i weddïo;
Gwrandawodd Duw e 'n fwy ffyddlongar
Na'r Pharisead balch rhodresgar.

Neilltuwr   Nid wy'n casáu mo'r eglwys, finne,
Ond mae ynddi seremonïe;
Yr wy'n eu llwyr gasáu'n fy nghalon,
Ac onid e down iddi'n fodlon.

Protestant   Yn rhodd, mynegwch beth yw'r rheini
Sy'n peri i'ch calon anfodloni;
Prysur ydyw Satan ddiffeth
I'ch rhwystro i ymostwng i'r llywodreth.

Neilltuwr   Mae seremonïe yn Eglwys Loeger,
O'r rhain mae'n deg na wna-i mo'u harfer:
Rhoi croes â bysedd, yr wy'n ei basio,
Ar wyneb plentyn wrth fedyddio.

A'r tade bedydd gyda hynny,
A'r bedydd esgob yr ych chwi'n ddysgu,
A'r gwisgoedd gwnion rych yn arfer,
Llygredigeth ŷnt yn Lloeger.

Mynd ar eich glinie i gydgymuno,—
Ni arferodd Crist mo'r ffasiwn honno;
Yr Iesu a'i holl ddisgyblion sanctedd
A'i cymerasant o'u lledorwedd.

Pan ddeloch gynta' i'ch tŷ neu'ch eglwys,
Plygu'ch glin neu fowio'n rymus;
Nid ydyw'ch gwaith i gyd ond ofer
Heb blygu'r galon yr un amser.

A'r Apocrypha ddarllenwch chwithe
Yn lle rhan o'r Ysgrythure,
A chadw yr ydych ddyddie gwylion;
Am hyn rwy'n erbyn eich arferion.

Nid wyf yn hoffi 'chwaith mo'r organ
I ganu mawl i Grist ei hunan,
Na'r gweddïe gwneuthuredig
Sydd yn eich *Common Prayer* yn unig.

Protestant   Yr wyt yn ail i'r had a syrthiodd
Ymysg y drain,—a'r drain a'i tagodd;
Croes feddylie sydd yn dy galon
Yn gweu fel drain yn bige llymion.

Am amser llun y Groes mewn bedydd,
Nid ydy hynny ddim ond arwydd
Yn nerbyniad y diniwed
Mai ar y Groes bu Crist 'n ein gwared.

Am dade bedydd yn ddiame,
Mae'n rhaid i rywun fod yn feichie
Nes y delo'r dyn i oedran
I gyflawni'r siars ei hunan.

A'r conffirmasiwn sy'n ddibendod,
Cyflawniad bedydd y babanod;
Ym mhen y ffordd, os hwyliwch blentyn,
Ni 'mad â hi, bydd siŵr o'i chalyn.

Ond am y wenwisg, on'd yw gweddus
I weinidogion pur ofalus

Fod rhyw ragorieth yn eu gwisgiad
I ddyrnwr gwael neu ddaliwr arad'?

Mewn gwisg wen ddisglair gyflawn drosto
Ympiriodd Crist i Ioan ac Iago,
Ac felly ympiriodd angel nefol
Mewn gwisg wen laes i'r gwragedd duwiol.

Neilltuwr   Nid mewn hen gadache budron
Ymddangosodd yr angylion;
Na chyffelybwn wisgoedd nefol
I'r cadache brau daearol.

Protestant   I ba beth y cenir Salme ysbrydol
Ond i ddynwared gwnfyd nefol?
A'r bobol dduwiol ddyddie'r Sulgwyn
Rhoent ddillad gwnion oll amdanyn'

A hynny i ddangos diniweidrwydd
A'r cariad perffeth sydd mewn crefydd.
Felly y diwrnod hynod henw,
Sulgwyn y gelwir ef hyd heddiw.

Os rhannodd Crist y Sacramente
O'i ledorwedd neu o'i eiste,
Mae'n fwy gweddus i bechadur
Fynd ar ei ddeulin a theimlo'i ddolur.

Ac eraill sydd o'r seremonïe,
Yr Apocrypha a gwyro penne,
A chadw hyfryd ddyddie gwylion,
Nid yw ond arfer sydd gyfreithlon.

A'r organ sydd yn llais hyfrydlon
Gyda lliaws o gantorion,
Gwell na'r hymne rych chwi'n ganu
Mewn ysgubor neu mewn beudy.

Yn y *Common Prayer* mae gwell gweddïe
O gyfan osodiad yr hen dade
Nag a wnaiff na gŵydd na chobler
Sydd heb fedru prin mo'u pader.

Enter Ffalster

Ffalster	Ow! 'r disenter sanctedd,
	A ddest ti, hen gegle', i'r gogledd?
	Edrychwch arno fe, 'r gwragedd a'r gwŷr,
	Mae e 'n ddelw pur dduwioledd.
	Mae e 'n edrych yma ar gyhoedd
	Fel dyn gwedi syrthio o'r Nefoedd;
	Mae calonne'r dynion duon del
	Yn edrych fel y nadroedd.
Protestant	Mae'i galon e 'n anesmwyth
	Tan rwyde,—dyna'r adwyth.
Ffalster	On'd ydyw Mr Gwenwyn yn ei frest
	Yn dilio fel y rest o'i dylwyth?
Neilltuwr	Mi af at fy nghynghorwr,—caf yno fy ngharu.

Exit Neilltuwr

Ffalster	Chwilia am lodes a fyddo'n ymledu,
	A chymer arnat fynd o'th go';
	Gwna un ai neidio ai nadu.
Protestant	Mae gwag fyfyrdod yn eu penne.
Ffalster	Nis gwyddom ni amcan pwy sydd ore;
	Mae llawer o wenwyn, mi gym'raf fy llw,
	A choethi rhyngddyn nhw a chwithe.
Protestant	Yr ydym ni'n byw'n ddiniwed
	Tan ymgeledd ein bugeilied.
Ffalster	Nid ydyw'r bugeilied ond eiste wrth tân
	A difa gwlân y defed.
Protestant	Lle'r bugeilied yw'r llwybr gwiwlwys,
	Cywir rywioglan yw caere'r eglwys.
Ffalster	Mae llawer ohonoch ym mhob lle
	Yn camu'r llwybre cymwys.
	Ond mi fynnaf fi bastwn collen
	Ac a landiaf i ffwrdd i Lunden

I edrych am Wilkes pa fodd y mae fo,
Ac ni godwn i fopio am feipen.

Exit Ffalster

Protestant   Ynghylch y byd helbulus yma
Trwy Dduw, a'i gŵynion, myfi a gana';
Duw, cadw grefydd o fôr i fôr
Ar yr ochor ucha'.

Cerdd ar Monday Morning

O! Arglwydd Dduw Tad,
Mae'n gwlad ni dan g'ledi a didoli'n bur dynn,
Mae'n crefydd a'n cyfreth, ysyweth, yn syn;
Ti heaist had da,
Sef gwir fara'r bywyd, fe'i rhoddwyd mewn rhith,
Daeth llêr a daeth efrau fel plaâu i'n plith;
Lle'r oedd yn ein gardd lysie,
A'i rhosys yn rhesie,
A'i holl goed afale a'i blode'n un blaid,
Daeth chwyn a daeth llindro
Ac ysgall drwg osgo
Fel danadl i'n d'wyno a'n brifo ni heb raid;
Daeth crabas crwys surion annhirion yn haid;
Gorchfygwyd eleni y lafant a'r lili,
Fe dagodd mieri'r rosmari o ras mwyn;
Tafol sy'n tyfu a'r *time* sy'n diflannu,
Fe gadd ei orchfygu a'i gefnu'n ddi-gŵyn;
Drain duon sy'n dwad yn llygad pob llwyn.

Mae'r eglwys dan bwys,
Mae dwys ymrafaelion un moddion i'n mysg,
Rhai wadant eu bedydd, gwnânt grefydd fel gwrysg;
Mae blinder i'n gwlad,
Duw Dad a'i gostego neu a'n dyddio ni ar dwyn
Rhag digwydd o'u plegid oer ofid i'r ŵyn;
Duw, cadw Di'r bedydd
Rhag anair a gw'radwydd,
A chyfreth a chrefydd eglwysydd yn glau;
Gwasaneth a phregeth
Trwy'r holl weinidogeth,

219

A boed i'n llywodreth bur heleth barhau;
I'n blino na ddelo rhai'n gwyro i'r ffordd gau;
Duw, trefna i'r un pwrpas i'n brenin a'n teyrnas
Rhag dyfod rhyw andras a Suddas rôi sen;
Os cwympa'r aelode i ymrafel feddylie,
'Rhain ydoedd o'r dechre a'u llunie'n un llen,
Pa fodd, os chwal 'rheini, er poeni, fai'r pen?

Terfyn

Yrŵan af i lawr o'ch mysg,
Duw, cadw ddysg heddychlon
Nad allo'r blaidd, ruadwr blin,
Mo drin y gwerin gwirion.

Exit Protestant. Enter Gwgan Gogiwr

Gwgan   Wel, myn y gŵr mwyaf sy oddi yma i Ruthun,
Mi wna' 'ngwraig yn ystyllod cyn nos dywllun
A'r holl wragedd sy'n calyn ei chwt;
Na bo hanes pwt ohonyn'.

Er i chwi 'ngweled i y tro diwetha',
Mi es tuag atyn' yn o gwta;
Rwy'n siŵr na welodd na chi na chath
Erioed mo'r fath ddifetha.

Yr oedd fy ngwraig i yn eiste ar ganol ei chrwper
Efo Mari-gwlyb-da a Siân-siarad-llawer,
Neli'r Cnich a Phegi-uchel-gais
Fydd yn cario yn ei phais ei phiser.

Roedd Mrs Hawdd-ei-hepgor
A nith Mrs Dows o Lanfor,
A Mrs Ymdrolio-hyd-y-bryn,
A Modlen-gelwydd-gwyn, a Gaenor.

Yr oedd yno sŵn ar linyn
Fel peti cwrt llid yn Lladin,
Ond mi roeswn iddyn' burion cec
Pe cawswn na phec na phicin.

220

Mi sefes wrth y post i wrando,
Mi welwn y dengwraig yn dechre dwndro,
A rhywbeth pur debyg i flaen cal
Wrth ryw botyn, ac yn ei ddal i bitio.

Roedd yno rywbeth mewn papur, a phawb yn ei
    drwyno,
Yn edrych o bell fel dail tobaco,
A thywallt dŵr chwilboeth am ei ben;
Roedd rhyw fowlen i gael i'w fwydo.

Roedd yno gryn ddas o fara newydd,
O! roedd fy nwylo yn ysu am eu gwneud yn uswydd;
Roeddent yn cwafftio hwnnw yn llym,
Roedd yno fenyn sym cryn fynydd.

A chwpane beth aneiri',
A'r wraig yn dechre sôn am desni;
Mi fuaswn yn leicio, yn ddigon siŵr,
Pe bai odyned o bowdwr dani.

Pan aethont yn ddigon llawen,
Mi dynnes inne 'nghlocsen;
Er maint oedd cost eu *toast* a'u te,
Mi a'i tefles i botie'r buten.

Nhw godasan' i gyd oddi yno
Fel cacwn gan ddechre cicio:
Rhai yn fy nhin i â darn o bren
A'r lleill tua'm pen yn pwnio.

Fe lynodd rhyw faeden asw
Yn fy nghwd i a chorn fy ngwddw;
Fe'm gwasgodd honno fi'n ddigon siŵr
Oni cholles i 'nŵr yn arw.

Hwy fuont yn pwtio 'mherfedd
Ac yn gwneud â mi amarch ffiedd:
Fe dynnodd un ei thin—myn caws!—
Yn union ar draws fy nannedd.

Enter Siân Ledchwelan, Gwraig y Cybydd

Siân	Wel, lladd ar eich gwraig yr ych, mi w'ranta',
Gwgan	Fe ailgyfododd pen siwa';
	Dyma un â gorchwyl bychan bach,
	O! ddynes iach ddiana'.

Siân	Mi weithies fy ngore lawer diwrnod,
	A chwithe'n etifedd pur ddrwg eich tafod.
Gwgan	Y neb a'i coelio hi mae'n burion ffŵl,
	Nid oedd hi ond go bŵl bob aelod.

Siân	Wrth godi cyn dydd fe aeth oerni i'm haelode.
Gwgan	Dyna gelwydd,—hi fydde yn ddydd gole;
	Ni chode hi gan ddiogi i lenwi mo'i chaul
	Nes gwele hi'r haul yn rhywle.

Siân	Yn wir, yn wraig lân mi feges
	Saith o blant i'r hangmon diles.
Gwgan	Roedd gymaint ei chlwc wrth fagu ei phlant
	Â phe b'ase'n magu saith gant, hen gowntes.

Siân	Do, mi ges lawer diwrnod rhengllyd;
	Fe fuase well i mi hel fy mywyd.
Gwgan	Fe fuase hynny yn well ar les
	Yr enllyn, hen gnawes rynllyd.

Siân	O! rydwyf gwedi hanner fecsio.
Gwgan	A ddarfu am y te a'r blwch tobaco?
	Beth yr ydych yn geisio, crwper hen bawl,
	Efo'r cetyn? Diawl a'ch coto!

Siân	Mae 'ngwynt i yn fyr, hen gene,
	A fflems yn fy mygu weithie.
Gwgan	Mi weddïaf finne, O! f'Arglwydd gwyn,
	Mai byrrach a fo cyn y bore.

Siân	Wel, ped fawn i 'n marw'n sopen,
	Fe fydde chwith i chwi amdana-i, fulen.
Gwgan	Fe fydde chwithach i chwi, mi gym'raf fy llw,
	Am de ac am gwrw, garen.

Siân	Fe fydde chwith i'r plant fy ngweled i 'n cychwyn.
Gwgan	Wel, cym'rwch chwithe y rheini i'ch calyn;

Ni fynnwn i rwystro mo'noch chwi
Er a wnêl i mi fod hebddyn'.

Siân	Mae rhan o'r plant i chwi, hen lelo.
Gwgan	Oes, a rhan i'r cymdogion, peidiwch â digio;
	Siôn y Malisia pan oedd yn y dre'
	Fu yn gyrru rhwng eich coese i'w ceisio.

Siân	Wele, ferched, on'd dyma Satan
	Yn ceisio torri calon gwreigan?
Gwgan	Pe torret ti dy wddf, hafnes hir!
	Rwy'n dweud y gwir yrŵan.

Siân	Nid oedd gennyf ddim cariad i doncerieth,
	Weithie'n feichiog, weithie'n fameth.
Gwgan	Hi drawe'r plentyn yn y crud
	Ac a ddôi'r rabi o hyd i rywbeth.

Siân	O! mi ges ddolurie lawer cant
	Yn geni i chwi blant ddigonedd.
Gwgan	Y mwyaf dolur a gefes i
	Pan dynnwyd tri o'm dannedd.

Siân	Rydwy'n bur sâl; rwy'n ofni
	Fy mod i gwedi magu'r dropsi.
Gwgan	Ni waeth gen-i, wyneb pobty teils,
	Pe megit ti'r *piles* a'r palsi.

Siân	O! na alwech am ddoctor; fe alle fy helpio.
Gwgan	O! nid oes ar uffern ond eisie ei thrwsio;
	Ond yr ydwyf yn tybied mai gore peth
	Tra bwy'n fy ngwybodeth beidio.

Siân	O! yr ydwyf yn mynd i farw o ddifri'
	Gwedi magu fecsasiwn, hangmon sosi.
Gwgan	Ai tybed na fendit pe cait heb gêl
	Forwyndod y botel frandi?

Siân	O! pe cawn i'r cymun! Rwyf jest yn darfod!
Gwgan	Gwell i chwi odardied o fara a diod;
	Mae'r person a'r gwas gwedi mynd i'r dre',
	Ni bydd e dan y bore'n barod.

Siân	O! goleuwch gannwyll, rwyf ymron departio.
Gwgan	Fe fu feirw digon tan eu dwylo;
	Mae'r canhwylle rŵan mewn modd dwys
	Am saith ceiniog y pwys yn pasio.

Enter Ffalster

Ffalster	Gwaed cetel! Corff barcutan!
	Dyma'r wraig a'i thafod allan!
	Rhencian, a hithe ym min y bedd,
	Nid ydyw hynny ond gwagedd, Gwgan.
	Oes dim gwin na brandi hynod
	I roi dropyn ar ei thafod?
Gwgan	Ni fedda-i ddim gwin, yn ddigon siŵr,
	Mae yma lastwr, os gwna hynny hwylustod.
Siân	Wel, dyma fi'n ymado,
	Fe fydd chwith amdanaf eto.

Siân yn marw

Gwgan	Rwy'n siŵr nad af, os bydda-i 'n iach,
	Ddim culach yr ydwy'n coelio.
Ffalster	Dywedwch chwi mewn difri'
	Pa fath ddistemper sy arni.
Gwgan	I grogi'r neb a ŵyr, mi gym'raf fy llw;
	Fe fu ddigon farw o ddiogi.
Ffalster	Wel, dyma hi gwedi ffeintio,
	Mae'n gywilydd na bai crio ac wylo.
Gwgan	Os wyt ti'n siŵr na roiff hi'r un wach,
	Dyma fi, Siân bach, yn beichio.
Ffalster	Dowch â dŵr ac ede ddigon gwydyn
	I gael ymgeleddu'r corffyn.
Gwgan	P'run ore i ni yn hyn o le:
	Ai ei gadel o'i heiste ai ei hestyn?
Ffalster	Ni 'rhown hi ar fwrdd i gychwyn;
	Unionwch garre'r geryn.

Gwgan	Fe fuase well—nad elwyf o'm co'!— I'm hiechyd ysgaldio mochyn.

Mae arni hi dyrre go derrig
A 'rogle trwm gythreulig;
Byth mae'i chrwper hi "Biff, biff, biff ";
Mae ei haelode hi'n stiff ddiawledig.

<table>
<tr><td>Ffalster</td><td>Wel, dyma hi gwedi'i hymgeleddu;
Os ydych chwi yn chwennych hynny,
Ni wnawn iddi rŵan farw-nad
Os rhowch chwi gennad i mi ganu.</td></tr>
<tr><td>Gwgan</td><td>Os wyt ti'n leicio, cân dy ore
Dros ddau neu dri o funude;
Mi ganaf finne ar ôl ei thrin,
Ac a'i claddwn yn nhin cloddie.</td></tr>
</table>

Y ddau yn canu ar y Fedle Fawr

Trwm yw cwynfan mawr a bychan,
Ange chwalodd Siân Ledchwelan
Dorlydan aeth i lawr.
Nid oedd ail iddi am gysgu a drewi,
Un abal gweledig am folgodi,
Hen ddwndi firi fawr.
Y hi oedd yn cynnwys gwragedd y dre'
A'r hen bisere i siarad.
Fe gafodd llawer ym mhob man
Wneud ei 'wyllys dan ei dillad.
Diddaioni ydoedd Siani,
Roedd diogi gwedi ei dal;
Ni cherdde mo'r pethe
Ond i rywle y gwydde am gal.

Mae'r pot llaeth cadw yn gweiddi hwchw,
Ni bydd fawr chware am de a chwrw
Na'r cig o'r berw byth.
Ffarwél botele maidd ac wye
A'r bara a graswyd—pwy na ymgroese?—
Aeth tan ei hasenne'n syth.
I lenwi ei pherfedd, lwyredd lwyth,

Bydd chwith am olwyth melys.
Bydd chwith i lawer iawn o wŷr
Am garoden bur gariadus.
Hi eistedde hyd gornele,
Ni syfle mwy na sant.
'Mystwyro a bytheirio
A ffleirio wrth fagu ei phlant.

Ni cheir yn unlle un gair o'i gene,
Ffarwél sipian llysie siope,
Gwnewch nade, dyma eich nyth.
Ni welir coges o'i chymhares
I drin a phitio cig a photes,
Ni ddaw mo'r beunes byth.
Bydd digon chwith i'r siwgwr gwyn,
Mae hwnnw'n syn ers ennyd;
Bydd chwith i lawer cwpan wen,
Bydd chwith i'r hufen hefyd.
Na ddelo fath honno
Fyth eto i ymbledio i'n plwy',
Nac ysbryd anhyfryd
I ympirio un munud mwy.

Terfyn

Gwgan   Wel, nad elwyf byth i'r dolydd,
               On'd dyna burion barnad newydd?
               Nid oes ynddi, cyn siwred â bod ŷd mewn ffair,
               E goelia-i, yr un gair o gelwydd.

               Wel, gad i ni dreio ei chladdu.
Ffalster   Ni waeth amcan pa'r du i fyny.
Gwgan   Na welwyf mwy mo'i phryd a'i gwedd;
               Ond dyna hi yn ei bedd i'w baeddu.

Ffalster   Fe fydd y person yn disgwyl offrwm.
Gwgan   Mae fo gwedi 'nigio am godi fy negwm;
               Ni ro-i fawr ddegwm i wr mor ffast;
               Nid yw ond rhyw gast neu gystwm.

Exit Gwgan

Ffalster	Wel, yn goelcerth y bo'r hen gilcyn!
	Mor gynafedd yr aeth o i'w gynefin!
	Os b'ase fawr iddo roi i mi'n rhad
	Am fy marwnad fenig mowrnin.

Mae'r merched gwedi sorri
Eisie 'mod i'n ddawnsiwr gwisgi,
A phawb yn dweud tan falu poer
"Mae e'n chware yn oer aneiri' ".

A rhai yn dweud mewn cyffro
"Nid awn i byth lle byddo";
"Mi af", medd un arall, "i dre' ac i lan
At Isaac Rowland i bob man yr elo".

Ond cân di, 'r cerddor tene,
I minne diwn ar danne;
Mi ddawnsia' beth i dwymo 'ngwaed;
Ni threies i mo'm traed ers tridie.

Ffalster yn dawnsio

O! yn boeth y bo dy 'styllen!
Rwyt ti'n canu fel cacynen;
Nad elwy' oddi yma oni choeliaf fod
Yn ei bache hi gathod bychen.

Exit Ffalster. Enter Neilltuwr

Neilltuwr	Ystyrio a ddylwn y perthynas
	Sydd rhyngwyf fi a'r gwir Fesias;
	Nid alla-i 'n gywren lai na'i garu,
	Rwy'n un o wir aelode'r Iesu.

Yn llwyne Adda gynt y'm llunied,
Fe neidiodd Crist o'r Nef i'm gwared;
Mi fûm ar lawr y carchar oerddu
Nes i'r Prynwr fy nerchafu.

Yn nhragwyddoldeb ces arfaethiad,
Cefes gysur o'm mabwysiad;

227

Ces fy nghynnwys mewn cymundeb
Pan anwyd Brenin yn y preseb.

Nid aeth Crist na mewn nac allan
Hebddwy'n gorffwys ynddo'n gyfan
Ym mhob terfysg, ym mhob tyrfa
Tra bwyf yn y bywyd marwol yma.

Yng Nghrist cenhedlwyd fi'n ddioedi
Pan gadd y wyryf wraig feichiogi;
Pan anwyd Crist ym Methle'm ole
Yn yr unrhyw fan y ganwyd finne.

Yn yr enwaediad ces fy mhuro
Pan oedd ar fronne Mair yn sugno;
Yn ôl y Ddeddf, gwirionedd hyfryd,
Yn y demel fe'm cyflwynwyd.

O'i anedigeth i'w dderchafiad
Yr oeddwn oll yng Nghrist yn wastad,
Ac ar Ei orseddfainc rwy'n eistedd
Yn cael cofleidio 'Mrenin sanctedd.

Enter Ffalster

Ffalster	O! mi glywes inne ddau gynghorwr:
	Huw Tŷ'r Chwain a Gruffudd Moelrhoniwr,
	Ac yr ydwy'n cerdded ers rhyw hyd
	Hyd y byd yn bowdwr.
Neilltuwr	A fuest ti yn gwrando cynghorwr o ddifri'?
Ffalster	Yr wy'n eu dilyn heb osio didoli,
	Ac mi fedraf ddwedyd tan y sêr
	(Neu ogwyddo) llawer gweddi.
Neilltuwr	A fuest ti'n cynghori peth dy hunan?
Ffalster	Yr wyf ers ennyd o gwmpas Llansannan;
	Yr wyf cystal twyllwr, y dyn di-wg,
	Heno â'r gŵr drwg ei hunan.
Neilltuwr	Rhaid i ti ddweud, cyn cael dy goelio,
	Fod yr Ysbryd yn dy ddeffro.

Ffalster	Mi ddwedes hynny'n gynta' peth, Ac y medrwn i yn odieth neidio.
Neilltuwr	Rhaid i ti lefaru yn gryf ac yn nerthol Oni bo'r pared yn chwysu cyn bo nhw'n iachusol, A lledu dy geg nes cryno'r llawr; Mae syrthni mawr ar bobol.
Ffalster	Mi fedraf fi dwyllo o'r gore: Mi fûm yn y Rhydgaled yn rhodio'r gwylie; Mi yrres lawer o wragedd da I dre' Rebecca yn bacie.
Neilltuwr Ffalster	O! roedd yno gynghorwr dedwydd. Yr oedd Howel Harris yn ôl ei herwydd Yn rhoi ar y bobol burion barn Fel pe bai ddarn o arglwydd.
	Mi fûm inne'n tendio'r gwragedd Ac yn gwneud gwelâu iddynt orwedd; Erioed ni weles—myn gwaed y gath!— Mewn goleuni mo'r fath gelanedd.
Neilltuwr Ffalster	O! roedd yno weddïo hwyr a bore. Yr oeddem ni'n bur amal ar ein glinie, A llawer gwraig yn cael twymo'i thrwyn Rhwng Howel fwyn a m'finne.
Neilltuwr Ffalster	O! nid oedd hynny ddim yn w'radwydd; Roedd trostoch chwi fantell sancteiddrwydd. Roedd arna-i wrth gychwyn, dweda-i 'n hy, Tan ddillad y gwely g'wilydd.
Neilltuwr Ffalster	Nid natur y cnawd oedd yno; Natur yr Ysbryd oedd yn ysbrydio. Roedd llawer un, a dweud y gwir, A gâi lwdwn wrth hir gofleidio.
Neilltuwr Ffalster	Nid plant y gaethes o'r carchardy; Plant y wraig rydd a enillwyd felly. Wel, gwell i bob gwraig, yn ddigon siŵr, Fynd heibio i'r gŵr i garu.

Mi fûm yn hel gwlân i'w drwsio
I ambell i hen grwb i'w gribo,
Ac yn gwneud i'r merched oedd yno'n llu
Ryw gordial am nyddu a gardio.

Berwi blawd haidd mewn ffwrnes
(A'i gario fe i ddwylo ambell hen howden ddiles,
A hithe'n ei fwyta dan estyn ei phig)
Yn lle eu ffitio nhw â chig a photes.

Neilltuwr	Cosbi'r cnawd roedd Howel felly
	Rhag ofn i'r Ysbryd gael ei orchfygu.
Ffalster	Roedd yno lawer o brudd-der brest,
	Ac un eneth jest yn n'wynu.

Enter Cydwybod

Cydwybod	Wel, dyma Gydwybod eto'n dwad,
	Myfi sy'n un o'r plant ymddifad;
	Chwilio'r deyrnas rydwy'n brudd
	O'i chyrre am ffydd a chariad.

Ffalster	Wel, dyma ŵr enwog ond ei fod e 'n o ronwyn;
	Ti gait hwn yn gyfaill pe bait ti ond gofyn:
	Un o'r ffeindia' a fu erioed,
	Yn drugarog o'i droed i'w gorun.

Cydwybod	O! un o'r Methodistied pengaled,
	Na bûm erioed yn un o'u deilied!
	Ysbeilio'r cysegr maent yn heleth,
	Lledrata swydd yr offeiriadeth.

Ffalster	Mi gym'raf fy llw yr â'n ffrae gynddeiriog;
	Gore po bellaf yr â pob dyn pwyllog;
	Mi af fi adref ac a eisteddaf ar fy nhin
	(Rwy'n credu) yn lle trin Cariadog.

Exit Ffalster

Neilltuwr	Llawer o ysbeit a gwawd a gawson;
	Nid ydym ni ddim gwaeth Cristnogion;

Ymddwyn yr ydym yn ddi-nag,
Yn onest ac yn union.

Cadd Mr Whitefield ei amharchu,
Ond mwyfwy byth roedd e'n cynyddu
Yn debyg i'r Iachawdwr drud
Fu'n prynu'r byd mewn beudy.

Cydwybod   Mi fûm ym mynwes yr Iachawdwr,
Fe fu Mair Forwyn i mi'n swcwr;
Nid ydoedd Whitefield ond cydymeth;
Erioed ni ches i lety nosweth.

Rwyt tithe hefyd yn rhyfygwr
Cyff 'lybu Whitefield i'r Iachawdwr:
Un oedd Fab i Dduw pan aned
A'r llall o epil pechaduried.

Mewn beudy ganwyd Crist a'n gwared
Ond yn y dafarn fe'i gwrthoded,
A'r llall a anwyd, cadd yr enw,
Tan *Sign y Bell* yn nhre' Caerloyw.

Roedd mam Whitefield yn ei gwely,
A phob danteithion oedd o'i deutu,
A Mair mewn preseb, gallwch wybod,
Heb neb yn rhoi iddi fwyd na diod.

Yr oedd rhagorieth mawr i'w farnu
Rhwng gwraig tŷ tafarn yn y gwely
Yn cael esgor clau mewn gwely clyd
A mam Aer y Byd mewn beudy.

Neilltuwr   Bu'r wraig mewn trafel ar ei phlentyn
Bythefnos gyda chwarter blwyddyn;
On'd ydoedd hyn yn arwydd hynod
Y dôi fe i'r byd yn gryn ryfeddod?

Cydwybod   Yr oedd yn arwydd ei fod yn oeri
Wrth Eglwys Loeger a'i chwmpeini,
Ac y dôi'n offeryn hynod
Yn erbyn crefydd a chydwybod.

Mae'i hanes gole'n ddigon gwiwlan
Ei fod yn plyndro'i fam yn fychan:
Dwyn ei harian o'i phocede
A'u colli gyda phlant wrth chware.

Tyngu, rhegi, dwedyd celwydd,
Llysenwi dynion, oerion arwydd;
Mae'n wir dan rod ei fod o'i fedydd
Mewn drygioni mawr ar gynnydd.

A chwedi hyn fe aeth yn dapster
I gario ar y Sulie gwrw o'r seler;
Pan fydde neb yn galw arno,
Ar hyd y gegin rhede i gogio.

Ac wedi pasio hyn o'i fywyd,
Fe ymgyfeillachodd â drwg ysbryd
Rodd yn ei ben ryw ymffrost ofer;
Ac un dyn drwg a lygra lawer.

Neilltuwr Nid allaf oddef i Gydwybod
Farnu'r gŵr â dawn mor hynod;
Mi af i 'mofyn â'i ddilynwyr
Sy gwedi ymwrthod â chwrs natur.

Exit Neilltuwr

Cydwybod Mae'r rhain yn tybied eu haileni,
A nhw mewn siglen gwedi soddi;
Roedd hwn yn ffraeth ar flaen ei dafod
Ond cilio wnaeth pan ddaeth Cydwybod.

Canu wnaf, rwy'n ddigon unig,
I'm Creawdwr bendigedig
Wrth gofio am ddynion y byd isod
Sydd gwedi mynd yn ddigydwybod.

Cerdd ar Drymder

Myfi, Cydwybod, aeth yn wan
Mewn llan ac mewn lle;
Ffalster sydd heb gudd tan go'

Yn troedio pob tre';
Ffals yw'r mab gerbron y tad,
Ffals yw'r ferch i'r fam heb wad,
Ffals yw llawer sy yn y wlad
Mewn brad a briw;
Ffalster sydd yn tynnu ei rwyd
A Thrawster gydag ef a gŵyd;
Ni chaf fi'n wir na bir na bwyd,
Rwy'n llwyd fy lliw.

Ffals oedd hi Dalila lon
I Samson yn siŵr;
Ffals fu'r Eifftes yn ddi-wad,
Digariad, i'w gŵr;
Gwnâi meibion Jacob ffalster maith,
Troi mewn gwaed y siaced fraith
I dwyllo eu tad a dallu taith
Eu hanrhaith hwy;
Ffalster Tamar fawr ei gwg
A dynnodd Juda i draha drwg;
Dyna'r modd i dân a mwg
Bu'n denu mwy.

Merched Lot oedd ffals dros ben
Pan dynnen' eu tad
I orwedd gyda nhw heb gudd
Oherwydd cael had;
Ffalster Balaam oedd o hyd
Nes y llefare'r asyn mud
Fod angel Duw ar hyn o bryd
A'i lid i'w ladd;
Ffalster Sechem oedd yn gry'
Pan dreisiodd Deina fwyna' fu;
O'i wely roedd ar goedd mor gu
Yn gyrru i'w gwadd.

Ffalster eto sy'n lle gras
Mewn plas ac mewn plwy';
Mewn ffair a marchnad a phob peth
Mae'i farieth e 'n fwy;
Ffalster sydd yn y Parliament,
Cyfiawnder aeth o'i hen ystent;

233

Ffalster sydd oddi yma i Gent
Yn ddiame i'w gael;
Ffalster afiach, sothach sur,
A lygrodd Eglwys Loeger bur;
Yn ffeilstion aeth rhan fwya' o'i gwŷr
O'i mur a'i mael.

Cariad perffeth aeth i lawr
Yn awr efo ni;
Fe aeth gonestrwydd, Duw a ŵyr,
Yn llwyr efo'r lli;
Natur dyn orchfygodd ras,
Yn lle diniweidrwydd gwenwyn glas;
Ar fainc uniondeb tyfodd cas,
Nid bas mae'n byw;
Nid oes ond haeddiant Crist ei hun,
Mae E 'n ein caru er llygru ein llun;
Tro gore ddaeth trwy guro o ddyn:
Trugaredd Dduw.

Terfyn

        Mi af ymeth, fe ddarfu 'nhraethod,
        I ymofyn am breswylfod;
        Duw agoro galonne mawr a mân
        I dderbyn glân Gydwybod.

Exit Cydwybod. Enter Gwgan Gogiwr

Gwgan   Wel, mae Siân Ledchwelan yn nhylle'r chwilod;
        Mae lwc i'r bandie iddi gael dibendod;
        Ond yr ydwyf eto mewn helynt flin
        Oherwydd trin ei haerod.

        Mi es adre' y bore gwedi hanner ymrwystro,
        Roedd y plant hyd yr aelwyd yn dechre riwlio
        Ac yn dechre piso o fesur y dau neu dri,
        A Nedi a Doni yn d'wyno.

        Yr oedd un gwedi syrthio i'r lludw
        A llosgi ei din yn arw;

Mi welwn un arall yn dwad ata-i 'n ffrit
Gwedi codi o'r mit llaeth cadw.

Gofyn am y forwyn firi,—
Nid oedd hanes dim ohoni
Gwedi carthu a rhoi bwyd i'r hwch
A gweiddi, " Codwch, Cadi".

Ni chlywn i leferydd undyn,
Ond mi es i'r llofft yn sydyn;
Mi welwn yng nghanol y gwely glas
Ferre'r gwas a'r forwyn.

Fe neidiodd y gwas i fyny ar fyrder
Ac a gipiodd ei glos oddi ar y gader;
Os daw e ond hynny ger fy mron,
Mi a'i hanafa', hangmon ofer.

Fe ddarfu i mi ddechre sgowlio
A dweud, "Y Gŵr Mawr a'ch coto";
Mi welwn y forwyn yn codi ar gais
Ac yn gwisgo ei phais, a phiso.

Ac yn dweud a'i llygad wantan,
"Beth sydd arnoch chwi, meistr druan?
Ysgowlio eich gwas o faes eich co',
Nid oedd o yn ceisio ond cusan".

Enter Ffalster

Ffalster	O! f'Ewyrth Gwgan, pa beth rych yn ymgegu?
	Mae gair gwŷr cadarn fod y farchnad yn codi.
Gwgan	Mi fyddwn yn edrych yn llawer mwy pinc
	Pe cawn i ryw sinc i ymsionci.
Ffalster	Go gaeth ydyw eich byd yrŵan;
	On'd gwell i chwi ymofyn gwreigan?
Gwgan	A roi di hanes rhyw ysled
	A chanddi dyrred o arian?
Ffalster	Mae siopwraig yn Llangynog
	Ag arian beth cynddeiriog;

235

Hi 'nillodd ganpunt ryw flwyddyn dafl
Wrth ledu ei gafl am gyflog.

Gwgan   Gwaed hen bibell, bobol!
Dyna ddynes bur ddiddanol!
Onid ydyw honno, meddwch chwi, 'r gwŷr,
At arian yn bur naturiol?

Ffalster Hi 'nillodd fil o bunne
Ar gyrens a'r siwgwr gore;
Naw punt a chweigien a 'nillodd hi'n grwn
Wrth ddau bwn o binne.

Gwgan   A fyddi di mor fwyn o ddifri'
Â nôl yr oludog ladi,
A dweud fy mod i am deg ei gwawr
Mewn dwned, ac y gwna-i yn fawr amdani?

Enter Mal Bedleres

Ffalster Gwaed! dyma hi'n mynd heibio i rywle.
Gwgan   O! gad i mi ei gweled rhyngwyf a'r gole.
Ffalster Hi dâl hylltod trwy chware teg,
Mae'i bonion yn werth deg o bunne.

Gwgan   *Pray sit down!* Dyma burion dynes!
What is your name, good Mistress?
Ffalster Nid yw hi yn feistres ar ddim ond ar gal;
Ei henw yw Mal Bedleres.

Eisteddwch gyda hyhi,
Rhowch gusan, a dechreuwch gosi;
Nid ydych chwi ond rhyw garwr syn;
Rhowch eich dwylo yn dynn amdani.

Gwgan   Wel, mi rof fy nwylo am d'wddwf di unweth;
Ni bûm i yn caru erioed ond peder nosweth.
Ffalster Nid ydyw hynny ond rheswm ffôl;
Rhowch eich dwylo am ganol geneth.

Codwch eich llaw ddehe
A hwthiwch hi rhwng ei bronne.

Gwgan	Ple rhoi'r llaw arall? Ai yn yr un fan?
Ffalster	Fe fydd digon yn ei rhan ffedoge.

Gwgan	A wnei di 'mhriodi, Mali fwynlan?
Mal	Yr ydych yn gofyn yn abal buan.
Gwgan	Ni feddaf neb i olchi 'nghrys,
	Ac mae arnaf frys yrŵan.

	Mi a'th gymeraf di os oes gennyt bower.
Mal	Nid oes drwy dre' Lunden un siop â mwy
	lawnder.
	Mae gennyf siwgwr saith ac wyth,
	Gallaf henwi tri llwyth a hanner.

	Mae gennyf lunens beth aneiri'
	Yn lôn ac yn sidan gryn lond hocsedi.
Gwgan	Mae gen inne glamp o syrcyn gwyn
	Gwedi ei lenwi ag aur melyn, Mali.

	Ac mae gennyf gystal blawd o gistie
	Saith mlwydd oed er clame,
	A dyniwaid lond y Ddôl Gron
	A heffrod tirion teirie.

	A fyddi di mor ufudd
	Â chymryd cryn gwb o gybydd?
Mal	Gwell i mi hynny na byw fy hun
	Os ydych chwi, 'r dyn, mewn deunydd.

Ffalster	Wel, gwell i chwi er maint eich power
	Alw am gwrw o'r seler.
Gwgan	*Bring a full mug with all my heart*
	Mixed one part with porter.

Ffalster	Wel, dyma atoch, y ddau garwr glandeg.
Gwgan	Yf at y feindw' yma, Malen fwyndeg.
Ffalster	Dyma i chwi gwrw a dwyma'ch brest.
Gwgan	Wel, mi yfaf fi y rest ar osteg.

	O! 'nghalon i, hwde lymed.
Mal	Dyma atoch chwi, 'r mwyna' ar aned.

| Gwgan | Wel, mi yfaf fi eto lymed bach, |
| | Mae arnaf lond sach o syched. |

O! tro yma, Mali,
Rydwyf wedi darnwirioni;
O! ni weles na mawr na mân
Â thrwyn mor lân eleni.

Mae rhyw fâr drwg mewn merched:
Rhoi llwch yn eu trwyne mae pob trueinied;
Nid allwch chwi rŵan mo'r mynd i dŷ
Na bo pob pwnsach yn begio pinsied.

Mal	Ni usiaf fi mo'r fath arferion
	Fel y gwna hogennod gwnion.
Gwgan	Na ddod di mo'th drwyn i fynd ar led
	Yn dwll lludw fel merched llwydion.

O! glŷn ynddwyf, Mali,
Mae'r ystaets oddi tana-i 'n colli;
Dacw geffyl gwyn yn dwad â llo,
Mi 'gwelaf fo'n neidio, Nedi.

Dacw fy chwaer Mari a'i morwyn
Yn eiste heb ddim tine tanyn';
Dacw Foel yn troi—myn gwaed y gath!—
I'w gweled yr un fath ag olwyn.

Ffalster	Dos di tuag adre', Mali,
	Os wyt ti am fynd i'th briodi;
	Mi ddeuaf finne yn y man
	Gyda Gwgan tan ymgegu.

Exit Mal

Gwgan	Ow! Ow! mi es yn ddigon ynfyd,
	Mae 'nghorff ar fy mhen yn ysgwyd,
	A dacw f'Ewyrth Phylip Brenin Ysbaen
	Yn mynd i dendio saer maen mewn munud.

Dacw geffyl coch anferthol
Yn 'hedeg dros benne'r bobol;

O! na chawn i fo yn fy mreichie i lawr!
Mi a'i gwelaf yn fawr ryfeddol.

Dacw gafod o law tarane,
Maent yn edrych yr un fath â syllte;
Pe gallwn i gerdded, y cwmni ffel,
Oni bydde dirion i mi eu hela'n dyrre?

Ffalster	Ar fy einioes i, Gwgan fwynedd,
	On'd ydych chwi yn canfod eto'n rhyfedd?
Gwgan	Dacw bac o ddyniwaid o'r Erw Deg
	Yn mynd o'r borfa i'r Garreg Berfedd.

Ffalster	A glywch chwi, f'Ewyrth Gwgan? Nid yw hyn
	ond gwagedd;
	Chwi leddwch eich hun o'r diwedd;
	Dowch adre' i'r gwely gyda myfi,
	Yr ydych chwi'n ymguro yn ddidrugaredd.

Exit Gwgan Gogiwr a Ffalster. Enter Protestant

Protestant	O! Eglwys Loeger gynnes,
	Blin ydyw dweud dy hanes;
	Na chait amgenach brafiach bri;
	Ar Ewrop ti yw'r aeres.

Nid ydoedd gynt gyfreithlon
I grefftwr nac i hwsmon
Bregethu'r gair trwy ddiwair ddawn
Yn filwrus iawn fel Aaron.

I feibion Lefi unweth
Rhoed swydd yr offeiriadeth;
Pregethu yn uwch na pherson y plwy'
Ceir digon trwy'r gymdogeth.

Mae hen ysgubor ledagored
(Lle i drin bwyd yr anifeilied)
Mor llawn yn awr o fawr a mân
Ag yw'r eglwys lân fendiged.

A gŵydd neu gobler ffraeth ar dafod,
Er bod yn ysgafn ei fyfyrdod,
Fe geir ei weled tua'r prydnawn
Yn dordyn iawn ei awdurdod.

Gwreiddyn sur yn tyfu
A'i ffrwyth oddi wrtho'n tarddu,—
Ni cheir mo'r afal pêr ar bren
Neu frig afallen felly.

Nid ar yr ysgall dyrys
Mae casglu grawnwin melys;
Ni cheir gwirionedd gan y rhain,
Ni cheir ar ddrain mo'r ffigys.

Enter Neilltuwr

Neilltuwr   Y Cymro mwyn difales,
Rhowch gennad i mi'n gynnes;
O'm myfyrdod, syndod syn,
Mi draethaf hyn o'm hanes.

Mae'r Protestanied creulon
Fel Cain oedd gynt yn hwsmon;
Nyni'r Neilltuwyr sydd mewn hedd
Fel Abel waredd wirion.

Abel drwy raglunieth
Gwnaeth lân offryme perffeth,
A phan edrychodd Duw ar y rhain
Fe lanwyd Cain o elynieth.

Fel hyn drwy lid a chyffro
Cadd Abel bach ei fwrdro,
Ac amryw o'r Ceinied drwg eu ffydd
Trwy'r teiroes sydd yn tario.

Gwŷr Sodom gynt oedd greulon
Fod Lot a'i deulu'n gyfion;
Bu meibion Joseph groes hyd fedd
Wrth Joseph waredd wirion.

A Jezabel mewn andras,
Erlidiodd hon Elias;
Bu'r tri llanc mewn ffwrnes dân
Am gadw glân gymdeithas.

Cadd Ifan y Bedyddiwr
Yn amser ein Hiachawdwr
Dorri ei ben, mi ddweda' ar goedd,
Gan Herod oedd ddihirwr.

A'r apostolion sanctedd
A fwrdrwyd yn y diwedd
Am gynghori hyd y wlad,
A hyn mewn rhad anrhydedd.

Trwy'r oesoedd, myfi sy'n tystio,
Y Ceinied sydd yn cwyno
Am ddydd i fwrdro pob dyn mwyn
Na chaffo'r ŵyn mo'r raenio.

Pe gallech, rhoech Bretender
I riwlio teyrnas Loeger;
Cael gosod o gwmpas y *Tower* Gwyn
Swyddogion,—hyn sydd eger.

Mae'ch calon yn sychedu
Am waed y dynion hynny,
Sef y cynghorwyr sydd yn y wlad
Mewn pur wellhad yn lledu.

Protestant   Y cyfaill, aros funud,
Gochel gamgymeryd;
Ni welaf neb rhwng lloer a llawr
Heb feie mawr i'w fywyd.

Dy blaid dy hun, debygaf,
Yw'r Ceinied gwyllt mileiniaf;
Er bod eich geirie hyd wlad a phlwy'
O'r gore,—ond pwy gywiraf?

Y mwynder sydd ar eich tafod
A rwystra i ni eich adnabod

Fel Phariseaid ar bob taith
Â drwg eilwaith yn y gwaelod.

Am Gora a'i wŷr darllenes
A gode yn erbyn Moses;
Rych chwithe i'w ddilyn oll ei gyd
Mewn milen lid a males.

Eich epil fu'n rhyfela
Yn erbyn Charles y Cynta';
Un Olfyr Crwmwel, pen y rhain,
Oedd megis Cain fab Adda.

Codi a wnaech yn fyddin
I geisio dal y brenin,
Ac ynte i Sgotland rhag byd caeth,
Ŵr llonydd, aeth yn llinyn.

Yr Ysgotied a'i gwerthason'
I Grwmwel a'i gyd-weision
Fel gwerthwyd Joseph i fyd llwm
(A hynny am swm) gan Seimon.

A'r brenin a garcharwyd;
Yn lle cael barnwr hyfryd
Eistedde cnafied ar y bar
Yn fuan ar ei fywyd.

Tyngasoch gelwydd am eich cyflog,
Mynasoch dorri pen yr eneiniog,
A'i blant ymddifad orfu ddihengyd
I Ffrainc (rai bywiol) am eu bywyd.

Ac Olfyr Crwmwel gadd yr onor,
A'i alw wnawd yn *Lord Protector*;
Fe werthodd berle coron Loeger
Fel gwerthu buwch neu werthu heffer.

Dygasoch fywyd aer y Goron,
Chwi ysbeiliasoch blant ac wyrion;
Dygasoch dda y cywir ddeilied
Trwy godi i gneifio wrthyn', gnafied.

Dygasoch renti'r holl esgobion,
Dygasoch diroedd y gwŷr mawrion;
Dygasoch drysor y tenantied:
Moch, ceffyle, gwartheg, defed.

Dwyn y cwrw, y gwin a'r clared,
A'r perchenogion yn dwyn syched;
Treisio gwragedd a morynion
Fel paganied neu Iddewon.

A phwy, debygech, erbyn chwilio,
Ydyw pobol Cain sy'n cwyno?
On'd chwychwi trwy lid a thrawster
Sy'n magu chwyn yn nheyrnas Loeger?

Neilltuwr   Nyni sy'n cymryd poen mewn gweddi
Gan dreio'r dynion droi er daioni;
Mynd yr ydym hyd bob ynys
A'n lleferydd yn llafurus.

Protestant   Chwychwi sydd yn ymosod allan
Yn ail i bresiach ar Ŵyl Ifan;
Maent hwy'n felynion hyd y bronnydd
Ac yn gorchfygu ffrwythe'r meysydd.

Neilltuwr   Rhag tyfu rhyngom fwy o gynnwr',
Mi af i gyfarfod fy nghynghorwr;
Bydd da gennyf fi 'ch cyfarfod eto
I gael ychwaneg o ymgomio.

Exit Neilltuwr

Protestant   Mi af finne i'r eglwys sydd fel Seion,
Duw, cadw honno i mi'n heddychlon:
Temel ole tŷ mawl eiliad
Lle mae'r bugeilied yn rhoi galwad.

Exit Protestant. Enter Ffalster

Ffalster   Wel, dyma ddau gwedi ynfydu'n arw:
Un y ffordd yma, y llall ffordd acw;

Ai tybed na byddent, fy Modryb Gwen,
Mwy eu cariad uwchben eu cwrw?

Soniant hwy am Eglwys Loeger,
Am y seintie ac am Ddisenter;
Agorant eu llyged a chym'rant bwyll;
Mae ynddynt dwyll bob amser.

Mae'r Protestant dan erthwch
Am dwyllo er budd, gwybyddwch,
A'r Methodistied, wŷr di-fai,
Am dwyllo rhai, deallwch.

Mae twyll ym mhob crefft, e goelie,
Yn oed trwsio hen esgidie;
Nid ydyw'r cryddion ond gwŷr di-ffrwyth,
Ni thynnant ar eu pwyth mo'r pethe.

Mae twyll mewn teilwried mawrion:
Ânt gyda'r gwelle gynta' y gallon'
At ddarn o frethyn gore yn y fro
I'w bario fo'n biberion.

Ac mae llawer twyllwr lysti
A rydd gyngor da yn ddioedi
Er na wnaiff mohono ei hun;
Dyna ddyn diddaioni.

Fel gwraig y dafarn fwynlan
Wrth wŷr, pan ddarffo eu harian,
Cynghori pawb i fynd adre'n rhes,
A hynny er eu lles eu hunan.

A minne, er fy ffalsed,
Af i ddywedyd natur merched
O ran bod anffortun llydan mawr
I bob geneth er y'i ganed.

Cerdd ar Amor Illis

O! chwi, ganghenni heini hardd
Sydd megis rhosyn gwyn mewn gardd,

Trowynt bychan, medd y bardd,
A'ch gwnaiff yn anhardd eneth;
Mae rhai heb geiniog yn eu pwrs
Yn torri wrth gwrs naturieth,
A rhai goludog, rywiog ran,
A fedran' anllyfodreth.

Dyma eich natur, teg ei phryd,
Yn fuan wedi ymado â'ch crud,
Dysgu yn ysgol Rhagrith glyd
I foddio'r byd yn bowdwr;
Mynd ar ei thro i lan a thre'
A gyrru ei gore am garwr;
Hi a dery wrth rywun hyd y fro
Yn ychydig o ferchedwr.

Bydd hwn yn hwsmon rhadlon rhydd,
Pan wêl hi ar dwyn (mor fwyn a fydd),
Twymo ei ruddie â'i boche y bydd
Fel eira'r dydd ar doddi;
Gwell na'r mêl ar ben eich bys
Fydd ei gusan melys, Mali,
Ac ynte a'i ddwylo i'w ledio i lawr
Am ei chanol, mawr ei chyni.

Ni fedr fy nghalon ffyddlon ffydd
Mo'r dweud yn union fel y bydd;
Ofni'r ydwy' y llwyda'ch grudd,
Naturieth fydd i'ch torri;
A chwedi cael eich angen-rhaid,
Hawdd i chwi, f'enaid, fonni;
Clwy'r tri chwarter, dicter dawn,
Sydd amal iawn eleni.

Pan welo'r gŵr chwi'n mynd yn brudd,
Ac ambell ddeigryn ar eich grudd,
A llinynne'ch peisie chwi'n lled rhydd,
Oed oeri bydd, gwybyddwch;
Ni wna fe ond hynny, dweda-i 'n hy,
Fawr galyn tŷ'r dirgelwch;
Fe fydd yn gofyn, blode'r wlad,
"Ai fi ydy ei dad e, deudwch?"

Bydd rhywyr myned at eich mam
Yn fawr eich cest, yn fyr eich cam;
Medd honno, "*What's the matter, dame?*
Ti est i ddryglam rhyw lûman";
Dweud wrth ei gŵr, "Ewch at y *rogue*
A wnaeth Nani'n feichiog, fechan",
A chwithe'n sefyll yn un twr
Neu'n mynd i ryw gwr i geran.

Fe alle y daw o hyd ei din
I'ch cyrchu i'r eglwys, foddus fun;
Dyna'r dydd y troiff yr hin
Pan aiff i drin y draenog;
Mae rhai o'r meibion, meinir glau,
Yn abal dauwynebog;
Hwy adawsant lawer cangen glyd
Yng nghanol byd anghenog.

Gwedi rhwymo eich pen wrth bost,
Er bod yn deg, mae'r byd yn dost,
Nid allwch chwi mo'r cymryd cost,
Efe trwy fost â'n feister;
A dweud, pan welo'r babi ar hynt,
"Mae hwn yn gynt na'i amser";
Eich galw wnaiff yn afr ddi-les
Neu'n swga lafnes eger.

Nid eiste wrth tân ac yfed te,
Fe newidir llawer ar eich lle;
Bydd ynte gyda'i ddiod gre'
Er dechre difie yn y dafarn;
A chwithe fydd yn fawr eich cri
Yn ceisio ei godi yn gadarn;
Fe dyr yr efel, meinir glau,
Os gwnewch chwi ddiodde', 'n ddeuddarn.

Ond os gwrthodir meinir glyd
Gwedi'r gwasgu a'r caru cyd,
Bydd honno siŵr o siglo'r crud
'R ôl gwneud rhyw ddrud ddireidi;
Mynd hyd y wlad ag wyneb llwyd
I fegio bwyd heb oedi;

Na orweddwch dan un llencyn gwyn
Medd y prydydd, cyn priodi.

A chwithe, feibion, clywch fy nghân,
Ystyriwch hyn, o fawr i fân,
Y tawdd y cwyr o flaen y tân,
Ac felly'r glân ganghenni;
Er bod anffortun yn gryn faich,
Aiff rhwng dwy fraich heb frochi;
Na wnewch mo'r merched oll mor ffôl
Olynol ar ôl eleni.

Terfyn

> Wel, yr ydych chwi'n llewyrchu eto
> Fel yr haul ar y bonc dan bincio,
> Ac oni chofiwch chwi gadw riwl,
> Chwi a fyddwch yn y niwl yn wylo.
>
> Ond gofynnwch i rai o'r rheini
> Sydd gwedi cael codwm, Cadi,
> Ni ddarfu iddynt wybod erioed mewn pryd
> Y byddent hwy cyd yn codi.
>
> Ni waeth im, myn cebyst', dewi a mynd i'm
>   caban;
> Os cerrig fydd yn y god, cerrig a ddaw allan;
> Gwnewch chwi a fynnoch hyd y fro,
> A chenwch, gyda'ch dwylo eich hunan.

Exit Ffalster. Enter Gwgan Gogiwr

Gwgan   Wele, moliant, mi briodes Mali,
            Bob tamed boed llwyddiant imi,
            Ond yr ydwy'n ffaelio sadio'n syth;
            Is wybren ni wnes i byth mo'r sobri.

            Ni aethom i'r eglwys, a minne'n lledfeddw,
            Fe roed arnom ni gwlwm wrth hir ddal a galw;
            Mi es adre' ac a syrthies i baste o gig llo
            Oni losges i 'nwylo yn ulw.

Roedd yno *chamber-maid* a choges
Yn darparu cinio cynnes;
Mi welwn ryw ŵr mewn dillad da
Yn dechre bwyta ei botes.

Mi geisies at hwnnw yn ddirgel,
Ond newydd i mi jest gael gafel,
Fe roes rhyw lafnes i mi bwt
Onid oeddwn i ar fy mhen cwt mewn cetel.

Ond mi fûm yn ymgribo yn rhy gynddeiriog;
Mi lynes am foche rhyw wreigan feichiog,
Ac yn y fantell mi drewes fy mhen,
E deimles agen y gunnog.

Ond fe awd â m'fi i fwyta i'r gegin;
Roedd y cig mor frased (ni phrof'swn i friwsyn),
Ond cysgu a wnes i a'm traed ar led
A'm trwyn budur mewn dysgled bwdin.

"*God bless my soul*", ebe Mali,
"*Yeur hands are very durty*";
"Ond", ebe finne, "mi fynna' wybod pam
Na cha-i bwdin, *Damn my body*".

Ond fe awd â m'fi i'r llofft, a mi'n lled-sefyll,
Yn gweiddi ac yn udo yn waeth nag adill;
Mi bises trwy honno'n ddigon siŵr
On'd oedd e'n rhedeg fel dŵr trwy'r rhidyll.

Hwy a'm cawsant i lawr i gysgu,
Ond mi fwries lond y gwely,
Ac erbyn y bore—dyna'r bâr!—
Roedd y ci teigar gwedi tagu.

Ond mi es i'r siop y bore;
Ni welwn i ddim o'r siwgyre;
Nid oeddwn i'n gweled o'r llofft i'r llawr
O'i dichell fawr gadache.

Roedd yno ryw baeled o fache bolie
A dwsin o hen ardyse,

A rhywfaint o gareie pur ddi-les
Ar y bonion, a dwy res o binne.

Enter Siopwr Caer

Siopwr   Amdanoch chwi rwyf yn ymorol.
Gwgan   Dacw Siôn y Go'n mynd â'r plant i'r ysgol.
Siopwr   Mi wnaf i chwi er undyn sefyll i wrando.
Gwgan   Mae pont yr Allt Goch heb ei gorffen eto.

Siopwr   Dyn wy'n ymorol toc am arian.
Gwgan   Prydydd go liwdeg yw siopwr y Rhydlydan.
Siopwr   Telwch eich arian! Na wnewch mo'no-i 'n chwerw!
Gwgan   Mae fy iad i'n agored; mi ges ormod o gwrw.

Siopwr   Mae arnoch ganpunt i mi, 'r gŵr gweddedd.
Gwgan   Celwydd a ddwedwch yng nghig eich dannedd;
                 Gofyn i mi am ddime o bres,
                 Mi rof i ti dres fedrusedd.

                 O ba le dest ti, a ph'eth yw dy fusnes
                 Ofyn dyled i mi, hangmon diles?
Siopwr   Gwell i chwi dalu cyn cael eich dal
                 Holl arian Mal Bedleres.

Gwgan   Wel, dyma ŵr mawr anaele!
                 Pe bai 'ngheffyl melyn i yr un gymale!
                 Mae hocsedi o siwgwr loned trol
                 Yn rholio yn ei fol yn rhywle.

Siopwr   Mae'r wlad yn torri â myfi mor amled,
                 Prin yr wyf yn dyfod yn ddigolled.
Gwgan   Mae cryn gadwreth ar y rhòl:
                 Fe all roi yn ei fol 'nifeilied.

Siopwr   Mae arnaf arian mawr i'w talu,
                 Mi fynnaf fi fy *nue* yng Nghymru.
Gwgan   Ni hidia'r porthmyn deisen gri,
                 Ar fy einioes, er torri i fyny.

                 Hwy dorrant yng Nghymru i ddechre
                 Ac yna chwi dorrwch chwithe;

Fe dyr yn Llunden lawer llen
Gwedi trydar cyn pen y tridie.

Ond pe torrech chwi'ch gwddw yn gynta'!
Rhaid bilie go hirion i'ch cadw chwi i hwria;
A chwi ydyw'r gwŷr sy'n cadw nâd
Ac yn rhwystro'r wlad gael bara.

Siopwr   Ni chym'raf fi mo'ch coegni ffyrnig,
Mi gaea'ch siop chwi, 'r gŵr bonheddig;
Cewch chwithe fynd i'r *jail* yn syn,
Neu dalu, cyn Nadolig.

Exit Siopwr Caer

Gwgan   Wel, dyma i mi burion banced:
Rhoi fy nghanpunt i gerdded,
A meddwl unweth fatsio yn dda,
A chael yr eneth fwyna' ar aned.

Wel, dyna *witch* oedd Mali
A chroen dynes gwedi ei wisgo amdani;
Ynghrog y bo hi a'i cheg yn gam
Wrth ryw swmer am fy siomi!

Ond rhaid i mi fyned adre';
Mae hynny'n g'wilydd gole,
Mi w'ranta' ŵr Caer yn codi top
Ac yn gwerthu'r siop os hapie.

Exit Gwgan. Enter Protestant

Protestant   Mae'n flinder mawr gennyf eto glywed
Fod Eglwys Loeger mewn caethiwed;
Mae opiniwne, croese cry',
Yn chwenychu dylu ei deilied.

Mae'r Crynwyr a'u carennydd
A hwythe o'r ailfedydd;
Ceir gweled llawer hyd y fro
O'r Morafied,—O! mor ufudd.

Ni ymostwng amryw ddynion
I'r brenin a'i swyddogion;
Ni wnânt i'r bugel ostwng gwar,
Iaith rywiog, a'r athrawon.

O! na chofie pob dyn enwog
Ei ddyletswydd i'w gymydog
Lle addawsant, bawb, yn eglur
Y gwnaent ymostwng i'w dysgawdwyr.

Enter Neilltuwr

Neilltuwr   Mae'n rhyfedd sôn na chawsit tithe
Fod yn berson mawr yn rhywle,
Ond eto darllen gan ystyried
Y bumed bennod o'r Galatied.

Saint Paul a ddwedodd yno lawer,
"Os yn y ddeddf y mae'ch cyfiawnder,
Syrthio a wnewch yn fuan ymeth
Oddi wrth ras i golledigeth".

Ni sydd yn yr Ysbryd yn cydrodio,
A'r gannwyll sanctedd i'n goleuo,
A Christ yn wastad ar ein cyfer,—
Mae ganddom obeth am gyfiawnder.

Eich gweithredoedd chwi sydd atgas:
Casineb mawr a thor priodas,
Delwaddolieth a chynhenne,
Casineb, llid ac ymrysone.

Anlladrwydd, medd-dod a chyfeddach,
A pha ryw beth arferir fryntach?
Y rhai sy'n gwneud mor anufuddol,
Ni dderbyn deyrnas Dduw'n dragwyddol.

Ond ffrwyth yr Ysbryd ydyw cariad
Hirymaros, a dioddefiad;
Ac felly ni sydd frodyr ffyddlon
Pa le bynnag ymgynullon.

251

Protestant O flaen gorseddfainc gras mae'n gymwys
Galw ar Dduw, sef yn ei eglwys,
A chyfaddef ein pechode
A deisyf ar Grist o'r Nef eu madde.

Nid crochlefain ac ystumio
I ddychrynu'r rhai wrandawo;
Geirie'r doethion, deall a gwybydd,
A wrandewir mewn distawrwydd

Yn rhagor bloedd y rhai sy'n cerdded
I lywodraethu ymhlith y ffylied
Mewn ysgubor neu mewn beudy
Neu ryw dai myglyd gwedi maglu.

Gweled gwraig—ai da ydyw hynny?—
Yn gado ei gŵr a'i phlant a'i theulu,
A mynd i galyn gwŷr a llancie
I ryw ysgubor neu fol cloddie.

Rhannu eiddo'r gŵr mewn munud,
Tylodi ei phlant, a hithe hefyd
Wrth fynd i galyn crwydredigion
I gyfarfodydd anghyfreithlon.

O! cofia ddarllen un darn diwrnod
Ddechre Matthew, y seithfed bennod;
Cei weld yn union ar dy gyfer
Y gair "Na fernwch fel na'ch barner".

Yr wyt yn gweled y brycheuyn
Sydd yn ein llygad ni trwy'r flwyddyn,
Ond tyn di'n gynta'r trawst sy'n gyfan
Yn dy lygad di dy hunan.

Neilltuwr Mi ddarllenes cyn fy ngoleuo
Fel rwyt tithe'n awr heb ddeffro;
O les oddi wrth y gair yn unig
Ni dderbynies i ond ychydig.

Tra bûm i yn ofer ac yn meddwi,
Neu mewn cyfeillach drwg gwmpeini,

A thra dilynes chwante cnawdol,
Yr holl gymdogion oedd i'm canmol.

Ond pan ges fy argyhoeddi
Ag unwcth lewyrch y goleuni,
Fe aeth pob cyfaill ar y ddaear
I'm galw "Pengrwn balch rhodresgar".

Ond Crist a ddwedodd i ni'n bendant
Mai gwyn eich byd pan y'ch erlidiant
Gan ddweud amdanoch ddrygair euog
Er Ei fwyn, a nhw'n gelwyddog.

Protestant   Pwy sydd gelwyddog, moeswch wybod?
Gochelwch chwi hyderu gormod
Neu ddweud yn ôl eich tyb eich hunan
Nes profi'r ffrwyth sy'n tarddu allan.

'Ych chwi'n dylodion yn yr ysbryd
A'ch cyrff yn ôl eich geirie hefyd?
A ych chwi'n addfwyn ac yn dyner
Gan ddwyn syched am gyfiawnder?

A ydych chwi'n drugarog weithie
Ac yn cadw glân galonne?
A ydych chwi yn gwneud tangnefedd
Gan ochel cas ac anhrugaredd?

A ydych chwi yn diodde' blinder,
A hynny o achos eich cyfiawnder?
Ac os ydych rwy'n hyderus
Eich bod yn byw mewn cyflwr hapus.

Neilltuwr   A ydych chwi, 'r proffeswyr tyner
Sydd yn arddel Eglwys Loeger,
Yn cyflawni eich ordinhade
Heb droi ar asw nac ar ddehe?

Neu pa fodd y meiddiwch enwi
Eglwys Loeger neu'r tŷ gweddi
Yn eglwys Crist i fod i'ch plith
Tra bo'r fath ragrith ynddi?

Protestant   Ni bydd yr eglwys byth heb ragrith
Nes chwynnu'r efre o fysg y gwenith;
Tydi, 'r rhagrithiwr, sydd yn benna'
Yn troi dy gefn o'r eglwys yma.

Yn Eglwys Loeger y'th fedyddied;
A wyt ti'n cofio mo'th adduned
A wnaethpwyd trosot ti yn dy fedydd?
O! gwadu hon, mae hynny yn w'radwydd.

Yr eglwys yw dy fam ysbrydol,
Rhoes i ti laeth o'i dwyfron nefol;
Y rheini ydyw'r testamente
Lle mae gair Duw yn bur a gole.

Fel hyn y gellir dweud yr hanes
Am blant a gilio i ffwrdd o'i mynwes:
Rhoddi'ch safne i draethu camwedd,
Cydblethu'ch tafod ag anwiredd.

Nid iawn i blentyn, gwyddoch hynny,
Ddadlu â'i fam pan fo'n llefaru;
Fe ddylech chwithe yn fwy o lawer
Roi parch i'ch mam, sef Eglwys Loeger.

Nid galw'n Llyfr Gweddi'n fynych
Yn beth disylwedd fel cod eurych
Sy'n cynnal cymysg ynddi lawer,
Sef haearn, pres a phlwm a phewter.

Yn dy wyneb mae pres, considra,
Mae yn dy galon ddig'wilydd-dra,
Ac nid yn sanctedd lyfr y plygen
Sydd a'i wisg fel esgyll c'lomen.

Neilltuwr   Awn adre' am funud oll yn fwynion,
Ni gawn ailsiarad am gysuron;
Mae dy 'madrodd yn fy mlino;
Mi a'th wrandawaf unweth eto.

Exit Protestant a Neilltuwr. Enter Ffalster

Ffalster   Yn iwin y bo'r papur newydd!
Os ydyw ond dechre aflwydd;
Nid oes un dyn o'r deau i'r nordd
A goeliaf o'r un ffordd â'i gilydd.

Mae'r rhain yn ymgrafu am grefydd
Ac eisie'n glosiach fynd i'r eglwysydd,
Ac ni waeth gan y ddau, myn botwm fy nghlos,
Pe baent hwy cyn y nos yn uswydd.

Pan eloch chwi i ffair neu farchnad,
Cewch glywed pawb a'i fugad:
Un am dân a'r llall am dŷ,
A'r llall yn gyrru am gariad.

Bydd un ar ben bore yn canmol ei buryd,
Llall ymhen ychydig yn brolio'i gyrch hadyd,
Un arall yn y dafarn gwedi meddwi'n drwm
Wrth yfed cryn swm cyn symud.

A'r gwragedd mor gwic yn gofyn,
"A fuoch chwi ym marchnad Rhuthun?"
"Naw ceiniog y pwys", medd y llall mor ffri,
"Mewn munud a ges i am fy menyn".

A'r tylodion am y cynta'
Yn tuchan fel y gwŷr crintacha',
Ac yn dweud nad oes dim yn mynd i dre'
Mwy bawlyd na sane'r Bala.

Mae'r lleill yn gweiddi a rhuo
Am Wilkes a *liberty* i gael dechrau labio,
Ond chwi allwch er hynny gael purion cast;
Rhaid gwŷr go ffast i ffustio.

A holl gythrwbwl Lloeger,—
Nid yw e ddim ond ffalster;
Yr ydwy'n ŵr bonheddig clên
Gwedi marw yr hen Bretender.

Tyrd, y cerddor pendrwm,
Dod ar dy goludd gwlwm;
Cân i mi, llygad iâr mewn mwg;

Ffalster yn dawnsio

Oni wnest ti ryw ddrwg, hen ddragwm?

Dyma i chwi ganwr trefnus,
Mae cacynen yn fwy amcanus;
Dyma i ti swllt tuag at fwrw'r Sul,
Dos adre', hen ful anfelys.

Mi af finne i ffordd at f 'eiddo,
Mae'r deyrnas gwedi'i darnio:
Rhai efo Wilkes yn faw ac yn chwys,
A'r lleill mewn brys am bresio.

Exit Ffalster. Enter Gwgan Gogiwr

Gwgan   Wel, fe ddarfu hynny,
Mi dales ganpunt wrth dalcen y penty;
Gwell oedd hynny, gan eu bod mor daer,
Na gadel i bobol Gaer mo'r gyrru.

Roedd y beili, pan es i adre',
Yn gyrru'r ceffyle gore,
A siopwr Caer yn estyn ei geg
A'r gaseg rhwng ei goese.

Fe aeth Mal i ffwrdd i rywle,
Yn griples y delo hi adre'!
Mi ges ymadel ag y nhw yn awr,
Mae gen-i beithin mawr i bethe.

Mae anferth sôn eleni
Fod Wilkes yn gwneud mawr ddaioni;
Pe gwelwn i unweth yn y wlad
Ryw gidwm a wnâi i'r farchnad godi!

Pe gwelwn i 'r dyniwaid hyd y ffeirie
Yn mynd i beder punnoedd cyn codi mo'u penne,

A'r gwartheg dwy flwyddi yn myned yn ffloc,
Mi wnawn barsel toc o byrse.

O! pe gwelwn i 'r Teifis bendigedig
Tu yma i Ferwyn, ar wynt ac ar farrug,
O! fe fydde arna-i fyd braf o'i go'
Pan fyddon nhw yn ceisio cesyg.

Pe gwelwn i unweth ffair Ddolgelle
A'r caws am ddwy bunnoedd a'u gwerthu nhw'n
    bynne!
Nid oes fawr yrŵan i'w gael am ddim 'n y byd
Ond y menyn sy'n o ddrud mewn manne.

Hai ho, hynny heno,
Mae arna-i ryw gryndod, rwy'n dechre grando;
Mi eisteddaf i lawr am dipyn bach;
Nis gwn i a ydwy'n iach ai peidio.

Enter Ffalster

Ffalster	Gwaed gwden! ceisiwch godi,
	Onid ydych chwi gwedi meddwi?
	Mae'r gwartheg hesbion er cyn y nos
	Yn ŷd Cae'r Rhos yn rhesi.
Gwgan	Mae fy aelode i, y Cymro mwynlan,
	Gwedi methu yma weithian.
Ffalster	Ni chefest ti bwyth o chware teg,
	O! agor dy geg, da Gwgan.
Gwgan	O! fe drawodd rhyw glefyd arna'.
Ffalster	Gwaed batog! wyt ti'n gallu bwyta?
Gwgan	O! nac wyf, mae 'mrest i yn gaeth,
	A'r galon aeth yn gwla.
Ffalster	Nis gwn i beth a fedraf geisio
	Ond potes pys neu laeth gwedi'i dwymo,
	Neu ysgadenyn coch, os leici di,
	Hen frolyn, gwedi ei frwylio.

257

Gwgan	Nid yw 'nghalon i 'n chwennych dim yrŵan.
Ffalster	Dyna gelwydd mawr, f'Yrth Gwgan;
	Mi w'rantaf fi y cawn i glod
	Ond gyrru am god ac arian.

Gwgan	Nid wy'n hidio am arian beunydd
	Mwy na'r mwswg hyd y mynydd.
Ffalster	Fe ddarfu i rywun, mi ddweda'n hy,
	Myn cebyst', lygad-dynnu'r cybydd.

Gwgan	O! rydwy'n mynd yn sâl aneiri'.
Ffalster	A fynnwch chwi nôl y gaseg Darbi
	A'i gosod hi yn y gwely am dro
	Wrth eich ochor efo chwychwi?

Gwgan	O! na ddôi yma ddoctor toc o rywle;
	Efe gâi gennyf ddeg o bunne;
	Yr ydwyf rŵan, Modryb Gwen,
	Mewn anghysur o 'mhen i 'nghoese.

Ffalster	Mae'r doctoried yn bethe dyrys,
	A'u castie nhw yn bethe costus.
Gwgan	Pe mynne fe ganpunt am fy ngwneud yn iach,
	Mi wnawn eu madde yn ddigon moddus.

	Ow! Ffalster fwyn, moes help, os gelli.
Ffalster	Yr wyf fi'n ymadel â'th gwmpeini;
	Arfer llawer o'r wlad hon
	Yw rhoi coron i'r apothecari.

Gwgan	A ddoi di ddim ataf fi ond hynny mwyach?
Ffalster	Na ddo-i yn wir oni ddoi yn holliach.
	Mi af fi eto at ryw hen lanc
	A fo yn cario crafanc cryfach.

Exit Ffalster

Gwgan	Ow! Modryb Ann, Huw'n benna',
	Beth a wnaf, Modryb Martha?
	Nad elwyf o'm co', mae hynny'n fâr,
	Yn elyn yr aeth fy nghâr anwyla'.

Mae heno yn nosweth hynod
Heb undyn i'm gwylio ond gwely a gwaelod;
Dacw rywun yn dwad yn bur ddig,
Mae o 'n debyg i Gydwybod.

Enter Cydwybod

Cydwybod	Pwy sydd ar wely yn awr mor waeledd?
Gwgan	Dim ond myfi, Cydwybod fwynedd,
	Sydd gwedi mynd yn awr mor wael;
	O! helpia fi i gael ymgeledd.

Cydwybod	Ti a'm gwrthodest i 'n bur greulon.
Gwgan	O! mae yn edifar gan fy nghalon;
	Fe ffaeliodd gennyf gael help drwy gred
	Gan yr holl ddoctoried tirion.

Cydwybod	Mae gennyf lawer o gyffurie;
	Os cymeri'r rhain, doi eto o'r gore.
Gwgan	A gym'raf? Cym'raf ; cei dithe dâl,
	Myn Elian, rwy'n sâl anaele.

Cydwybod	Dyma ddwfr i'th galon galedwch
	A ddaeth o ffynnon edifeirwch;
	Yf di hwn, ti fyddi holliach,
	A thro gybydd-dod heibio bellach.

Mae ynddo wreiddyn pren y bywyd,
Brige ffydd a gobeth hefyd;
Had elusen a thangnefedd
A dyrned llawn o ddail trugaredd.

Gwgan	A glywch chwi hyn, y bobol?
	Dyma ffysig da rhyfeddol;
	Yr ydwyf rŵan yn llacio 'nghur,
	Yn chwysu ac yn myned yn bur iachusol.

Cydwybod	Os troi gybydd-dod heibio,
	Hwy fyddant siŵr o'th safio.
Gwgan	Nid af fi byth yn gybydd ffôl,
	Fe ddarfu i awydd bydol beidio.

Ni wisga-i mo'r dillad i fynd yn dylle
A chadw fy arian mewn coed neu furie;
Mi fynna' ddillad newydd glân
Ac mi luniaf gân o'm gene.

Y cybydd yn newid ei ddillad.

Cydwybod Mi ganaf finne o'ch blaen yn eglur
Am dröedigeth un pechadur;
Llawenydd sydd yn y nefoedd dirion
Fwy nag am drigen o'r rhai cyfion.

Cerdd bob yn ail ar Grisial Ground

Gwgan Rhof fawl i Dduw Tad, mi gefes ryddhad
Oddi wrth awydd bydol, a siriol lesâd.

Cydwybod Yn lle'r galon ddig oedd garreg oer frig,
Cest galon, ŵr ffyddlon, yn gyfion o gig.

Gwgan Cybydd-dod yn awr a'm taflodd i lawr,
Ti welest yn ole fy meie, Duw mawr.

Cydwybod Ond crefu'n o daeredd cest lysie trugaredd
I'th wneud yn iachusedd,—rai gweddedd eu gwawr.

Gwgan Gwae fi aros cyd mewn awydd i'r byd,
Ond arno myfyries nes credes o'm cryd.

Cydwybod Cest ddŵr genny' er hynny i olchi'r gwahanglwy',
Ond galw ar yr Iesu gwna'n prynu mewn pryd.

Cydwybod Un Midas, ŵr bras, pan wisgo'r arch glas,
Ei fwyd a drôi'n arian mewn cyfan fodd cas;
Ac felly tydi, a'th arian yn ffri,
A'th enaid mewn newyn cyn 'mofyn â m'fi;
A'r gŵr amser drud, cadd lawer o ŷd,
Fe wnaeth ei 'sguborie â'i gloie yn o glyd;
Fe awd y nos honno â'r cwbwl oddi arno,
Ni chadd er taer geisio mo'r rhodio fawr hyd;
Belsasar oedd gry', gwnaeth wledd efo'i lu,
Wrth yfed gwin ormod mawr fedd-dod a fu;
Llun llaw ar y pared fu'n dweud fel y pwysed
A phrin yno cafed, mawr ddwned mor ddu.

Gwgan Gwell oedd i mi ymroi, rhoi ffarwél a ffoi
Drwy ado 'nrwg fuchedd, iaith ryfedd, a throi;

Ti droist yr hen was cyn darfod dydd gras
A dyfod yr ange a'i daer gledde dur glas;
Trowch chwithe 'r un fryd cyn 'madel â'r byd,
Ni wrendy Duw mo'noch pan fyddoch yn fud;
Aur yn y pyrsc a cholli'ch eneidie,
Ni thalant mo'r ddime efo'r cloie mawr clyd;
Bûm inne'n byw'n gas, a Ffalster yn was,
Cydwybod a'm 'nillodd, fe seliodd fy siâs;
Duw annwyl a d'wynno ar bawb a daer grefo,
Rhowch arfer ddrwg heibio i gael gwreiddio
    mewn gras.

Terfyn

Cydwybod   Cydwybod aiff i lawr o'ch mysg,
                      Cymerwch ddysg, y dynion;
                      Meddyliwch am y byd sy'n ôl
                      Mewn geirie dethol doethion.

Exit Cydwybod

Gwgan   Ystyriwch bawb ar unweth
                      Nad ydwyf ond cyffelybieth
                      I ddangos y rhaid i bawb o'n gwlad
                      Gael dygyn dröadigeth.

                      Ymwisgwch chwithe o newydd,
                      Rhowch ymeth lid a gw'radwydd;
                      Rhaid calon lân garedig lon
                      I fynd gerbron yr Arglwydd.

                      Duw drotho galon cybydd
                      A'r ofer ddyn diddeunydd;
                      Duw drefno yn awr i fawr a mân
                      Gael mynd i lân lawenydd.

Exit Gwgan. Enter Protestant

Protestant   Pa le mae 'nghyfaill tra neilltuol
                      Rwyf fi amdano fe'n ymorol
                      I edrych a ŵyr ef pa reoleth
                      Wnawd gan yr hen Frenhines Elsbeth?

Y flwyddyn gyntaf o'i theyrnasiad
Y darfu llunio Act Unffurfiad
A phrintio llyfr o bur weddïe
Yn lle'r heddaberth a'r offerenne.

A dyma'r Act sydd yn gyfreithlon
At ofni Duw a pharchu dynion;
Maent yn fwy perffeth gwedi eu gosod
Na gweddi o ben a gwag fyfyrdod.

Enter Neilltuwr

Neilltuwr   Erioed ni ddarfu i mi mo ddirnad
Na darllen dim o Act Unffurfiad,
Ond mi ddarllenaf yn ystyriol
Gyda chennad y Tad nefol.

Ond a atebwch chwithe gwestiwn?
On'd ydyw Act o Dolerasiwn
Yn rhoi rhyddid i Sais a Chymro
Fynd i addoli ffordd a leicio?

Enter Gwirionedd

Gwirionedd   Pa beth yw'r anghytundeb yma?
Pwy sy'n ymdaeru am y dewra'?
A wnewch chwi ddwedyd, Gymry mwynion,
Beth oedd ddechre'ch ymddadleuon?

Neilltuwr   Sôn am Act o Dolerasiwn
Neu gyfreth rhyddid felly y galwn;
Myfi sy'n dweud wrth reol honno
Gall pawb addoli'r ffordd y mynno.

Protestant   A minne'n sôn am Act Unffurfiad
Llywodreth Loeger a'i sefydliad
Sydd i'n galw i'r eglwys sanctedd
Lle mae addoliad Duw'n ddiduedd.

Gwirionedd   Am Act Unffurfiad, os darllenwch,
Hi wnaeth i'r deyrnas fawr ddedwyddwch

262

Pryd nad oedd cyn hyn o amser
Ond Pabyddieth gwyllt yn Lloeger.

Pan awd i droi Pabyddieth allan,
Fe ddôi'r esgobion oll i'r unfan;
Hwy astudiasant hir o ddyddie
Gan wneuthur llawer o weddïe.

A'r rhain a brintiwyd, gwir yw'r hanes,
Drwy sêl a chariad y frenhines,
A hyd yn hyn maent yma yn dilyn
Yn Llyfyr Gweddïon y Cyffredin.

Gwnawd ynddo lawer o ganone
A'r namyn deugen o erthygle
Er gwneuthur undeb a gwastadrwydd
A sicrhau egwyddorion crefydd.

A dechre'ch act neu'ch cyfreth chwithe,
Nid yw hi ond caledwch eich calonne,—
Rhai oedd yn byw heb gariad perffeth
Ac heb ymostwng i'r llywodreth.

Y Brenin Wiliam wrth eich pwrpas
A sinie'r act i fynd trwy'r deyrnas
Y galle pawb fynd i weddïo
I dre' neu lan neu'r man y mynno.

Gorchymyn Duw (er bod arferion
Rhai i ymadel â'u hathrawon)
Ydyw ymostwng i'r blaenoried
Er lles i'r corff a chadw'r ened.

Rhoes Moses gennad i ddyn diball
Ymado â'i wraig a cheisio un arall;
Fe ddwedodd Crist (mae'n hawdd in ddirnad)
Nad felly ordeiniwyd o'r dechreuad.

A chwithe sy'n eich tai cyfarfod
Yn taflu llawer un i syndod
Wrth eich derchafu eich hun yn unig
A bwrw eraill yn golledig.

Nid felly dwedodd yr archangel
Pan oedd e 'n dadle gyda'r cythrel;
Nid allodd hwn ar ddiawl mo'r barnu,
Ond dymuno i'r Arglwydd ei geryddu.

Cytunwch chwithe, byddwch ddiddig
O ran crefydd bur ddihalogedig
Yw helpu'r ymddifad gweddw gwanllyd
A'ch cadw eich hun yn ddifrycheulyd.

Neilltuwr Mae eich ymadrodd i'm cynhesu;
      Ni ymneilltuaf byth ond hynny;
      Mi ddof i'r eglwys lân gatholig,
      Gobeithio byddaf yn gadwedig.

Protestant Mi chwenychwn ganu ar gynnydd
      Ein bod un galon efo'n gilydd.
Neilltuwr Pan glywn ni dynion lais y tanne,
      Nid cwyno'n union, canwn ninne.

Gwirionedd Gyda chwi, os gwrendy erill,
      Mi gana'n ufudd beunydd bennill;
Y ddau   Ni a'ch atebwn chwi, Gwirionedd,
      Gyda'r tanne a'u manne mwynedd.

Cerdd bob yn ail bennill ar Heart of Oak

Duw, cadw'r llywodreth a'r gyfreth i gyd,
Na ddêl yn ein hamser greulonder a llid
Na dim gau athrawon at ddynion o ddysg
I wneud yr eglwysydd a'r grefydd fel gwrysg.
Rhyw helynt fel hyn wna'n byd ni mor dynn,
Ni syrth neb yn arw ond galw ar Dduw gwyn.
Rhyw ddadl yn ein gwlad i ddigio'r gwir Dad
A gododd gwŷr ynfyd â chalon frycheulyd
Na wnaethant lwys hyfryd lesâd.
Ymysg y gwenith gwyn daeth efre a chwyn
Dan grynu ac ymysgwyd yn fagie go fyglyd,
Mae'r puryd ers ennyd yn syn.

Duw, cadw ferch Seion, Oen tirion wyt Ti,
Neu'r Eglwys lân gynnes, yn aeres i ni

Nad allo gwag hedion, gwŷr surion eu siop,
Trwy Loeger na Chymru mo dynnu dy dop.
Morafied, wŷr caeth, o Germani ddaeth
I geiso dy dwyllo neu lwydo dy laeth.
Y gair sydd yn bur i'w gael yn ddi-gur,
Mae'r Efengyl lân ole o bregethiad y seintie;
Rhwng congle datode dy fur.
Mae gwin ac mae llaeth, ysbrydol foddol faeth,
Mae Crist wedi'i hepgor yn well nag ysgubor
Am drysor, air cyngor, i'r caeth.

Bu Peder a'i lester, oer ddyfnder, ar ddŵr,
Bu agos â boddi neu soddi'n bur siŵr;
Y dymestl a'r tonne ar droee a'i rhôi'n drist,
Er hynny pan gredodd fe grefodd ar Grist.
Roedd Iesu ar y dŵr, fe a safiodd y gŵr,
Gostegodd y tonne ar ei siwrne fe'n siŵr.
Yr Eglwys a ddaw er gwynt ac er glaw
Ymlaen yn ein gwledydd ond galw ar yr Arglwydd
Yn ebrwydd, mae'n llywydd gerllaw.
Tydi sydd Dduw mawr, tro Dy wyneb i lawr,
Cyduna Gristnogion i garu merch Seion,
Bydd raslon neu gyfion ei gwawr.

Protestant	Mwyach na ddelo dim pleidio yn ein plith
	Na neb i groesddadlu na chamu â'r llaw chwith.
Gwirionedd	Na dim gwrthryfela mewn traha 'r un tro;
	Yr Eglwys a'r Brenin fo brigyn ein bro.
Neilltuwr	Duw, atal â'th law y gelynion rhag braw,
	Na ddelont i'n caere ar droee oddi draw.
Protestant	Duw, trefna i ni bob pryd tra bôm ni yn y byd
	Am fod ond un Arglwydd, un ffydd ac un bedydd,
	Un grefydd, rai hylwydd, o hyd.
	Duw, trefna ffordd wir yn ein heglwys a'n tir,
	A nâd i'r holl fleiddied mewn awydd wneud niwed
	I'r bugeilied a'r defed ar dir.

Terfyn

Gwirionedd	Ffarwél, mi af ymeth weithian,
	Cytunwch o hyn allan

Fel y byddo crefydd gre',
Yn flode i'n dyddie diddan.

Exit Gwirionedd

Protestant   Gobeithio byddwn un galonne
Tan ddwylo bugel mawr eneidie
Gan iwsio dawn bob nos a dydd
Yn ddeilied crefydd ole.

Neilltuwr   Rwy'n deall mai llwybyr hyffordd Cristion
Yw ofni Duw a chadw'i orchmynion;
Gochel drwg a gwneud daioni
Mae Crist o'r Nefoedd yn ei erchi.

Y ddau   Duw roddo i bawb fodlonrwydd
Am gyfreth ac am grefydd;
Ni arhoswn ni ddim yma'n hwy,
Awn adre' drwy ddiniweidrwydd.

Exit Protestant a Neilltuwr. Enter Ffalster

Ffalster   Nad elwyf byth i geibio,
Dyma'n ffoledd ni gwedi ffaelio;
Fe ddarfu i ni gytuno yn awr
Gwedi awdurdod a mawr ddwrdio.

Roedd y cybydd gynne'n eger
Am y ffordd i ddysgu ffalster,
Ac yn gweld Cydwybod yn ei ddig
Yn edrych yr un big â beger.

Ond pan syrthiodd yn ei glefyd,
Fe ofnodd am ei fywyd;
Bu dda i Gydwybod, syndod swyn,
Ddwad ato yn ŵr mwyn mewn munud.

Ac oni buase i Gydwybod ddeffro
A rhoi ffysigwrieth iddo,
Fe fuase yn uffern, y cwmni glân,
Tu hwnt i'r tân yn tiwnio.

Ac felly pob cybydd cnawdol
Heb ffysig pur hoffusol
I olchi'r galon yn bur lân
Fydd yn gweiddi yn tân tragwyddol.

Chwi welsoch gryn ymddadle
Am y grefydd, arwydd ore;
Chwi welsoch y ddau yn gwrando'n glir
Gwirionedd gywir ene.

Er brenin mawr ei ddonie,
Er gwin a gwragedd hwythe,
Efe, Gwirionedd hoywedd hir,
Medd y tri gair gwir, yw'r gore.

Ac felly, 'r cwmni tyner,
Mi ymadawaf finne â Ffalster;
Efe gaiff fyned o blwy' i blwy'
I Lunden,—mae yno fwy o lawnder.

Wel, dyna, 'r cwmni gole,
Ddibendod ar y chware;
Nid oedd ond rhigwm sâl o'i go'
Na'r dynion ond go bendene.

Mi w'rantaf fi bawb yn hyllig
A'u chwedel cyn pen ychydig
Am yr enterlute yn hyn o le
Ac amdanom ninne'n unig.

Ond ni wiw i ni ddisgwyl plesio
Yn gywreindeg bawb sy'n gwrando;
Ni bydd rhai yn iachus hoenus hael
Yn eu bywyd nes cael beio.

Ond y neb na bo yn ei leicio,
Yn hapusol hawdd yw pasio;
Ni gawn ninne fynd i rywle ar daith,
Ffarwél ichwi'n faith a fytho.

Epilogue ar Greece and Troy

Yr hardd gynulleidfa barchus,
Rhywioglan ffydd yr eglwys,
Rhowch ddiolchgarwch dawnus,
Weddus waith,
Am ichwi fod mor fwynion
 gwrando ein hymadroddion
A geisiwyd yma yn gyson,
Dirion daith,
I ddangos fod rhagorieth
Rhwng dysg ac anwybodeth,
Neu hudolieth heleth hir;
A dangos dull rhai dynion
Sy'n gwyro tan y Goron,
Gwŷr ffeilstion caledion clir;
Chwi glywsoch hanes gynne
Er oesoedd fod heresïe,
—Duw, cadw ninne'n iach—
A'r Protestant yn dywedyd
Fod efre, magle myglyd,
Yn yr hyfryd buryd bach.

Duw, cadw George y Trydydd
A'i goron yn ddigerydd;
Gad iddo eleni lonydd,
Ein Harglwydd ni;
Duw cadw'r Protestanied,
Na ddêl i'r rhain mo'r niwed,
A'r eglwys lân fendiged,
Dy degwch di;
Duw, cadw i ni'n llywodreth,
Yn grefydd ac yn gyfreth,
Tystioleth heleth hir;
Na ddelo gwŷr diwybod
Yn dordyn eu hawdurdod
I wneud syndod ym mhob sir;
Duw, cadw'r bugeilied ddynion
Ysbrydol, ac athrawon,
Yn ddynion, raslon ri';
Duw, dod i bawb trwy'r gwledydd
Haf llawen a diniweidrwydd,
Duw, cadw'n ffrwythydd ffri.

Geirfa

adfwl, tarw wedi ei gyweirio
adill, gwrach
aed, Saes. 'aid', cymorth
afrwydeb, anffawd
angharu, casáu
amcanus, medrus
amhwyllo, gwallgofi, mwydro
amryfysg, cfn. *amryfus, amryfys*,
　cyfeiliornus, annoeth
amwyll, cynddaredd,
　gwallgofrwydd
andras, drwg, adwyth
anffortun, anffawd
annethau, trwsgl, lletchwith
anser, Saes. 'answer', ateb, ?
　cyhuddiad
anufudd, anewyllysgar
anynad, croes, sarrug

bag, crafanc, coes
band, mintai, llu
batog, caib
beichio, nadu
berwig, cfn. *perwig*, gwallt gosod
blac, dyn du
blac-y-mŵr, dyn du
blaen newydd, lleuad newydd
blecyn, dyn du
blwyddyn dafl, blwyddyn naid
bobi, cfn. *bwbi*, lleban, hurtyn
boldio, Saes. 'to be bold',
　ymddwyn yn hy
bolgodi, beichiogi
bongi, costog, cynffonnwr
bontin, crwper, boch tin
bordor, ffin, tiriogaeth
borddwyd, cfn. *morddwyd*
boson, swyddog ar long
bôt, Saes. 'boat', cwch
brac, parod, rhwydd, llac
brolgi, bostiwr
brolyn, bostiwr

brwylio, rhostio
bugad, rhuad, dadwrdd,
　siaradusrwydd
bul, gorchymyn swyddogol
bwlio, erlid, cam-drin
bwndog, creadures sarrug, gwraig
　anynad
bylan, cfn. *bwlan*, pwtyn byrdew;
　math o lestr (i ddal grawn ŷd,
　gwlân &)
byrddio, mynd ar fwrdd llong
bywioliaeth, cfn. *bywoliaeth*

cadafel, hurtyn
cadw'r âl, cadw gwyliadwraeth
camddyfeisio, camddeall, methu
cameddi, un. *camedd*, crymder
canan, magnel
canffod, cfn. *canfod*
canu ffadin, canu math o gân neu
　ddawns fasweddus, ac yn ffig.
caren, gwrach
Cariadog, Piwritan, Methodist
caroden, gwr. corodyn, cymar;
　putain
cartrefa, preswylio, ymsefydlu
catie, un. *cat*, cetyn, pibell; hefyd
　llu. *cat*, Saes. 'cat', cath
caul, cylla, stumog
cec, ergyd, naid sydyn
ceglef, *ceg* + *llef*
ceibio, trin tir â chaib, hefyd yn
　ffig.
cerddwriaeth, cfn. *cerddoriaeth*
certh, aruthr
ceryn, ffurf bach. *cêr*
cest, bola, cawell
cetel, tegell, crochan bychan
cidwm, cnaf
cilcyn, dernyn, lwmpyn
ciwr, Saes. 'cure', gofal, sylw
clamp, pentwr; clobyn

clap, pentwr
cleiriach, henwr musgrell
clol, pen, copa
cnich, ? anfodlonrwydd
cnwc, chwydd, lwmp, yn ffig. cala
cocet, trwydded, sêl y tollau
cocian, baldorddi
cocin, cfn. *cocyn*, ymladd ceiliogod
coegen, putain
coethi, erlid
coetio, taflu coetennau, hefyd yn
    ffig.
coflaid, llond cofl, pentwr
cofus, pwyllog
còg, twyll, dichell
cogel, ffon at nyddu
cogio, twyllo (wrth chwarae dis)
colectors, un. *colector*, Saes.
    'collector', casglwr (trethi)
colen, gwr. *colyn*, cefn, cynffon
condisiwn, amod
consent, Saes. 'consent',
    cydsyniad, cytundeb
contreifio, cynllunio, paratoi
cordial, diod adfywiol
corffyn, bach. *corff*
côst, arfordir, gwlad
costog, mastiff, (gŵr) sarrug
costwm, treth
côt-armôr, arfbais
cowled, gw. *coflaid*
cowleidio, cfn. *cofleidio*
cowntio, cyfrif
crabas, afalau surion
cramio, gorlenwi
criples, gwraig gloff, anafus
croesddadlu, *croes + dadlu* cfn.
    dadlau
crwb, (creadur) cefngrwm
crwper, pedrain
crwybr, gwaddod (mêl), ac yn ffig.
crwytgi, cfn. *crwydrgi*, yn ffig. un
    penrhydd, anwadal
cunnog, llestr pren at odro
curt, pentwr, cylch, tro
curwr, fflangellwr, un sy'n ergydio
cwafftio, llowcio
cwff, cfn. *cyff*, yn ffig. hurtyn
cwg, cog
cwla, llesg

cwlwm, mintai
cwman, tin, (gŵr) gwargrwm
cwnffwrdd, cysur
cwrlid, gorchudd gwely, yn ffig.
    crasfa
cyfwrdd, cyfarfod
cyhwfan, ymdonni, terfysgu,
    curo'n wyllt (am y galon)
cylar, lliw, nod
cynffwrdd, cfn. *cwnffwrdd*
cynnwys, annog, croesawu
cyrch, cfn. *ceirch*
cystwm, arfer
cyweithas, mwyn
cywel, Saes. 'cowl', gŵn ac iddo
    gwfl (a wisgir yn draddodiadol
    gan fynachod)

chwarae wichi, cael cyfathrach
    rywiol
chwistil, creadur nid annhebyg i
    lygoden, creadur cysetlyd
chwit, cyfartal

dadlu, cfn. *dadlau*
darffod, cfn. *darfod*
das, cfn. *tas*, cruglwyth o ŷd &
deffol, cfn. *dethol*
deiliau, un. *dalen*
delifro, trosglwyddo
departio, Saes. 'depart', ymadael
derchafiad, cfn. *dyrchafiad*
derchafu, cfn. *dyrchafu*
diben, diwedd
dibendod, cyflawniad, terfyn
diddisbiwt, di-ddadl
difowrio, ysu, llyncu
digwestio, *di + cwestio* cynnal
    cwest, yn ddiymdroi
dilio, cfn. *delio*, trin, trafod
diloddest, syberw, dwys, trefnus,
    priodol
dilygu, *di + llwgu*, newynu, bod ag
    eisiau
di-rôl, gwyllt, anhrefnus
dirwystrus, diluddias
disbiwt, ymryson, dadl
disbiwtio, dadlau
distemper, Saes. 'distemper',
    anhwylder

dondio, dwrdio, tafodi
dowcio, trochi, hefyd yn ffig.
dragwm, cfn. *dragwn*
dropsi, anhwylder sy'n peri i hylif
   ymgasglu yn y corff
dryglam, anffawd, drwg
dul, ergyd
dwndi, ? un sy'n dondio, tafodio,
   dweud y drefn
dwndro, clebran
dwned, sôn, siarad, anghaffael
dylu, tywyllu
dynabod, cfn. *adnabod*
dynan, dyn bychan, creadur
dyniewyd, gw. *dyniwaid*
dyniwaid, dyniewyd, un. *dyniawed*,
   bustach, eidion ifanc
dyrys, garw, creulon

ecsamio, profi, arholi
ecseis, treth
ecseismon, trethwr
eisin, plisg allanol grawn ŷd; yn
   ffig. peth diwerth
engrafio, ysgythru
erthwch, tuchan
ertolwg, cfn. *atolwg*

fecsasiwn, Saes. 'vexation',
   anhwylder
fecsio, Saes. 'vex', poeni,
   cythruddo
ferdid, dyfarniad
fulen, cfn. *filen*, Saes. 'villain', cnaf

ffactor, gweithredydd,
   goruchwyliwr masnachol
ffadin, gw. *canu ffadin*
ffaelio, diweddu; methu
ffafor, ewyllys da, cymwynas
ffalsio, gwenieithio
ffast, tyn; gwyllt; cyflym
ffat, ergyd, ffonnod
ffel, hoffus, cu
ffest, gw. *ffast*
ffigarus, un. *ffig(a)r*, llun, ffurf,
   patrwm
ffilsin-ffalsach, cynffonnwr,
   ffalsiwr
ffin, dirwy

ffit, gweddus
ffitio, cyflenwi
fflat[1], diymdroi
fflat[2], traethell
ffleirio, drewi, rhechain
ffloc, praidd
ffraeth, hyfedr
ffrit, naid sydyn
ffured, chwiwleidr
ffust, offeryn dyrnu, gwialen,
   pastwn
ffyddlongar, cywir
ffyrnitur, dodrefn

gâl, gw. *cadw'r âl*
ganedigaeth, cfn. *genedigaeth*
gardio, trin gwlân
gêr, offer, taclau, yn ffig. ciwed
geran, cfn. *gerain*, dolefain, llefain
geren, gw. *geran*
gildio, cfn. *ildio*
glob, y byd yn grwn
glynyd, cfn. *glynu*
godard, cwpan, piser
godardaid, llond godard
gogwydd, sigo (o dan bwysau)
golchi, curo, dyrnu, ffustio;
   gwneud rhywbeth yn egnïol
golygwr, goruchwyliwr
goreuro, anrhydeddu, gwobrwyo
grando, ? ffurf ar *grwndio*, tuchan,
   cwynfan
gwach, gwaedd
gwalc, ffluwch o wallt, gwallt y
   pen wedi ei droi i fyny
gwantan, trythyll
gwarchad, cfn. *gwarchod*
gwareflo, Saes. 'warble', canu (am
   adar &)
gwarthrudd, gwaradwyddus
gwden, gwialen, magl
gweiniaith, cfn. *gweniaith*
gwenheithio, cfn. *gwenieithio*
gwrfed, cfn. *gwrfiaid, gyrfiaid*, un.
   gwryw
gwrysg, cyrs
gwyddo, ymbresenoli
gwystn, gwan, pwdr, crintach

hacsio, Saes. 'hack', gwerthu,
hurio; marchogaeth
hafnes, slwt, slebog
hangmon, dienyddiwr
hanswm, urddasol, medrus
heddaberth, aberth a gyflwynir yn
arwydd o ddiolchgarwch i Dduw
hegl, rhan uchaf y goes
helynt, siwrnai, mordaith
heulen, un. bach. *haul*
hitio, digwydd, hapio
hiwchw, cfn. *hai, hai wchw*
hob, mesur (ŷd &), llestr i ddal y
cyfryw fesur
hobaid, llond hob
hocsed, casgen
hoetio, cam-drin
honos, creadur tal a main
horsio, ymddwyn yn anllad
howden, merch gwrs, hoeden
howld, cell, carchar
howsgiper, morwyn
hwchw, ebychiad o alar
hwria, cfn. *hwrio*
hwtw, cfn. *hydwf*, yn ei lawn dwf,
talgryf
hwthio, cfn. *gwthio*
hwylustod, sêl, brwdfrydedd
hyder, beiddgarwch, menter
hylltod, swm mawr, lluosogrwydd
hywaith, segur

igin, ? pitw
iwin, cynddeiriog; colledig; wedi
ei anrheithio
iwsio, defnyddio

lab, dyrnod
labio, ergydio
laes, cfn *las*, Saes. 'lace', llu. *leisiau,
lasiau*, clymiad, addurn, ymyl
brodiog ar wisg
landio, glanio
lecio, Saes. 'leak', gollwng (am lestr)
legar-ladi, gwraig sy'n dilyn
gwersyll milwrol, putain
leinio, taro (ceffyl â chwip)
leisie, gw. *laes*
leisiens, trwydded
lifin, Saes. 'living', bywoliaeth

lincio, Saes. 'to link', cadwyno, yn
ffig. maeddu
lôn, math o liain main tebyg i
gamrig
lygio, Saes. 'lug', tynnu rhywbeth
trwy ddygn ymdrech

llafrwyn, cfn. *llawfrwyn*, enw ar
fath(au) o frwyn
lledchwelan, cyfnewidiog, hurt,
diotgar
llegis, gw. *lligys*
llelo, cfn. *lelo*, penbwl
llibin, llipa, llesg, difywyd
lligys, cfn. *lleigys, llegis*, fin nos,
gyda'r hwyr
llindro, llindag, math o chwyn
lliwio, edliw, ceryddu
lliwus, glandeg, golygus
llodor, cfn. *llodr, yn llodr*, ar ei hyd
llugwy, gŵr llipa, llesg
lluman, ben. *llumanes*, creadur tal,
tenau, afrosgo; tlawd; noeth

maeden, Saes. 'maiden', morwyn,
merch ifanc
maelio, masnachu
maentumio, cynnal, cefnogi
mantell, trawst y simnai, talcen
neu wal flaen simnai
matsio, cydweddu
meddalu, cilio, osgoi
mesiar, Saes. 'measure', mesur
mingamu, glaswenu, siarad yn
fursennaidd, gwatwar
ministro, trefnu
miri, llawen
misi, cysetlyd
misio, Saes. 'miss', methu
mit, llestr pren i ddal llaeth,
menyn &
monni, digio, sorri
mopa, cfn. *mop*, cadach glanhau
mopio, gwirioni
mowrning, dillad galar
mowrnio, galaru
mules, gwr. *mul*
mynci, rhan o harnais ceffyl gwedd
mynwair, coler

naturiolaidd, mwyn
nec, gwddf
negos, agos
net, gwych, hwylus, llwyr
nodidog, nodedig
nogiaid, llond nogin/nogyn, Saes.
 'noggin', chwarter peint
notis, rhybudd
nymbar, Saes. 'number', rhif

ocyn, tro gyda'r og, cyn hau
odfa, cfn. *oedfa*, achlysur
oestad, *yn oestad*, yn wastadol
onor, anrhydedd
ordor, trefn, ymarweddiad
ordrio, gorchymyn
osio, cynnig, beiddio

paeled, lwmpyn
palsi, parlys
panced, cfn. *panc*, dyrnod, ergyd
panel, yn ffig. lloches, cartref
pant, gw. *talu ar bant*
pario, uno, cyplu
part, rhan
pasio, digwydd; cadarnhau
 (deddf), mynd heibio
pec, mesur, llestr sy'n dal y cyfryw
 fesur
peipar, un sy'n canu neu yn trin
 pibau
peithin, cfn. *peithyn*, awydd, chwant
pen cwt, pen ôl
pen siwa', cfn. *pen siwan*, pen dafad
penhwygyn, cfn. *pennog*
peniaeth, cfn. *pennaeth*
penpryd, wynepryd
pensitrach, *pen + sitrach* carpiau,
 anniben ei wedd, anniben ei wallt
penty, sied
persio, sychu (yn yr haul), crasu
pertsied, llond perts, mesur tir (fel
 arfer pumllath a hanner)
peti cwrt, llys bach
pewter, llestr yfed, alcam
piberion, baw, carthion
piblyd, yn dioddef gan ddolur
 rhydd, dyfrllyd
pibo, ysgarthu, dioddef gan ddolur
 rhydd

picio, pigo
picin, cfn. *picyn*, llestr yfed
pilion, cyfrwy, eisteddfa
pincio, ymdecáu, ymwychu
pis, darn (o arian bath &)
pislyd, llaith, dyfrllyd
pitio, Saes. 'pit', llwytho, dwyn
 ynghyd, pentyrru
piwr, hynaws, purion
plac, cfn. *plag*, haint
pleidio, cefnogi, cymryd ochr
pletio, plygu, crychu (gwefusau)
plwc, *ar blyciau*, yn hyrddio, yn
 plycio
plymio, gollwng plwm wrth linyn
plyndro, Saes. 'plunder', anrheithio
popen, Saes 'pop', cariadferch,
 gordderch
pôst, swydd
poten, stumog
powdwr[1], pwdr
powdwr[2], pylor, llwch
presiach, cfn. *bresiach*, bresych
pric, ffon
priodol, yn (ŵr neu yn wraig)
 briod
procsi, y sawl sy'n gweithredu ar
 ran arall; *siarad procsi*, ailadrodd
 yr hyn y clywir eraill yn ei
 ddweud
profeidio, darparu
propor, cywir, diffuant, cyfiawn
pwnsach, *pwn + sach*, creadur
 ymhongar, neu *ponsh + terf.*
 bach. -*ach*, ymdrabaeddwr
pwt[1], ergyd
pwt[2], mymryn
pwtio, ergydio
pwynsio, cfn. *ponsio*, stwnna,
 clebran
pwyntus, graenus, helaeth

rabi, gw. rhabi
raenio, Saes. 'reign', teyrnasu
ramio, taro
repâr, cyflwr
repario, trwsio

rhabi, mursen, hoeden
rhadol, bendithiol, hael

rhengllyd, ? cfn. *rhinclyd*, crynllyd, gwenwynllyd

rhencian, cfn. *rhincian*, gwneud sŵn gwichlyd

rhic, hollt, ffos

rhiwl, Saes. 'rule', rheol, trefn

rhiwlio, rheoli

rhòl, rholyn

rhonwyn, cynffonwyn; twyllodrus

rhuchen, mantell, gorchudd

rhuso, rhwystro, atal

rhwydeb, rhwyddineb

rhydid, cfn. *rhyddid*

rhydd-did, cfn. *rhyddid*

said, ? Saes. 'side', cymar

safio, arbed

sbwylio, andwyo, difetha

sec, gwin gwyn

seciwrio, diogelu, gwarchod

seidin, carn, offeryn treuliedig

sein, Saes. 'sign', arwydd

setledig, sefydlog, yr hyn y gellir cytuno arno

setlio, trefnu

siad, putain, hoeden

siadell, cyfrwy

siampl, rhybudd, patrwm

sierfel, Saes. 'cheverell', lledr meddal o groen myn gafr

simio, cfn. *symio*, tafoli, teimlo

sinc, cafn ymolchi

sinio, llofnodi

siwa', gw. *pen siwa'*

slaf, caethwas

song, Saes. 'song', cân

sopen, pentwr

sor, trist

sorod, sothach, gwehilion

sosi, Saes. 'saucy', digywilydd

sotwraig, gwraig feddw

sownd, cadarn

starfio, newynu

stât, ystad, meddiant

stopio, rhwystro

stwrdio, ceryddu

suful, trefnus, gweddus

swagro, torsythu

swcr, elw, cymorth

swga, brwnt

swmer, trawst

sym, cfn. *swm*

syrcyn, cfn. *sircyn*, crys isaf, gwasgod wlanen

syre[1], swrth

syre[2], cfn. *syr*

tafl, gw. *blwyddyn dafl*

talu, *talu ar bant*, talu arian parod (ar bant y llaw)

tapster, barmon

tast, Saes. 'taste', blas, rhagflas

teilo, cario tail

teirie, tair blwydd oed

teit, llanw

tendio, gofalu am

tendwraig, gweinyddes

terrig, oer, caled, wedi fferru

tisied, cfn. *disied*

tonceriaeth, cyfathrach rywiol

tordyn, mawreddog, pwysig

tradio, masnachu

traenbandiau, dinasyddion wedi eu hyfforddi i drin arfau, Saes. 'train-band'

traethod, cfn. *traethawd*, yr hyn a draethir

traffic, nwyddau

treial, prawf

treio, profi; ceisio

tres, cadwyn, rhwymyn

trestel, Saes. 'trestle', ffrâm

triffowld, triphlith

tringar, medrus, caredig, hynaws

tripio, cwympo

tripins, ? Saes. 'droppings'

tropio, diferu

trostan, gwr. *trwstan*

trwblio, poeni

trwsio, atgyweirio, trin (yn rhywiol)

trwyno, arogleuo

trwynwch, *trwyn + hwch*

twymyn, ymborth a goginiwyd

tyrn, cfn. *twrn*, Saes. 'turn', tro

tyrnio, gostwng, cyflwyno

tyrryn, pentwr, coflaid

throng, Saes. 'throng', tyrfa

usio, defnyddio
uswydd, ysgyrion

waetio, Saes. 'wait', aros
waetar, gwasanaethwr
wâr, nwyddau

ymbwnio, ymladd
ymdrawiaeth, nod, rhaglen,
    arfaeth
ymdrolio, troi, treiglo
ymddadlu, cfn. *ymddadlau*
ymelyd, cfn. *ymhoelyd*, dymchwel,
    troi a throsi; ymryson (â)
ymgegu, paldaruo
ymgoledd, ymgofleidiad
ymgribo, chwilio, casglu
ympirio, ymddangos
ymrafael, cynnen
ymsifftio, ymdopi
ymwchu, cfn. *ymwychu*, yswagro
ymystwyro, cfn. *(ym)ystwyrian*
ysbeit, Saes. 'spite', malais
ysbrydio, yn cyniwair megis
    ysbryd
ysgôr, dyled
ysgorio, hel dyledion
ysgwins, ysgwns, Saes. 'scounce',
    dirwy am dorri rheolau (yn
    gyfwerth â godardaid o gwrw)
ysled, (gwraig) flonegog, slwt
yslwt, gwraig anynad
ystaets, Saes. 'stage', llwyfan
ystindi, Saes. 'stinty', crintachlyd
ystof, edafedd hir ar wŷdd
ystrôcs, llinellau (yn dynodi
    dyled)
ystwnt, crwc, casgen
ystyrio, cfn. *ystyried*
yswagro, torsythu